U0876548

新时代国有企业治理前沿问题研究

中国特色国有企业控制权的探索与实践

陈宏伟　武宝君　王　君　著

中国市场出版社
China Market Press
·北京·

图书在版编目（CIP）数据

新时代国有企业治理前沿问题研究：中国特色国有企业控制权的探索与实践 / 陈宏伟，武宝君，王君著. —北京：中国市场出版社有限公司，2022.7

ISBN 978-7-5092-2228-7

Ⅰ. ①新… Ⅱ. ①陈… ②武… ③王… Ⅲ. ①国有企业—企业改革—控制权—研究—中国 Ⅳ. ①F279.241

中国版本图书馆CIP数据核字（2022）第108731号

新时代国有企业治理前沿问题研究

——中国特色国有企业控制权的探索与实践

XINSHIDAI GUOYOU QIYE ZHILI QIANYAN WENTI YANJIU

——ZHONGGUO TESE GUOYOU QIYE KONGZHIQUAN DE TANSUO YU SHIJIAN

著　　者： 陈宏伟　武宝君　王　君
责任编辑： 晋璧东（874911015@qq.com）
出版发行： 中国市场出版社
社　　址： 北京市西城区月坛北小街2号院3号楼（100837）
电　　话：（010）68033539/68036672/68020336
经　　销： 新华书店
印　　刷： 河北鑫兆源印刷有限公司
成品尺寸： 170mm×240mm　**开　　本：** 16
印　　张： 19.75　**字　　数：** 320千
图　　数： 3　**表　　数：** 4
版　　次： 2022年7月第1版　**印　　次：** 2022年7月第1次印刷
书　　号： ISBN 978-7-5092-2228-7
定　　价： 89.00元

本书为中国铁建股份有限公司

《落实国有企业党委在重大决策事项中的决定权、把关权、监督权研究》

课题组研究成果

课题组负责人：陈宏伟

总 撰 稿 人：陈宏伟　武宝君　王　君

课 题 组 成 员：（按姓氏笔画排名）

马海龙　王　君　王　晔

刘亚鹏　李彦龙　陈宏伟

陈耀华　武宝君　周　娟

温　梅　潘兴祖

目录

导论

第二章　国有企业的发展与演变

第三章　党领导下的中国国有企业领导体制沿革

第五章　党的领导与国有企业控制权

第六章　中国特色国有企业控制权的探索与实践——以中铁十七局为例

导　论

一、国有企业与公司治理结构

1.国有企业及其治理情况

联合国、欧洲经济共同体、国际货币基金组织等机构或组织都对国有企业的概念有过界定，其中，认识比较一致的是经济合作与发展组织（OECD）对国有企业的定义：国有企业（state-owned enterprise，SOE）是指“占有全部、多数所有权或重要的少数所有权、由国家掌握控制权的企业”[1]。

国有企业作为提供公共服务、弥补市场失灵、干预经济生活的一种特殊的宏观经济政策工具，承载着在私人不能或不愿投资的基础设施等领域稳定产业基础、防止外来资本控制、维护国家安全、承担社会性负担等多种职能，发挥着一般私营企业不能或难以发挥的作用。

1929年，市场失灵导致世界经济危机爆发，凯恩斯主义兴起，政府积极干预经济成为各国普遍的政策选择，西方许多国家，如意大利、德国、西班牙、法国等都开始了国有化运动。第二次世界大战后直到20世纪70年代，西方一些国家接管了交通基础设施和能源领域的企业，国有企业迅速发展。在当时的发展中国家，印度、埃及、韩国等也普遍实行

[1] 经济合作与发展组织. OECD国有企业公司治理指引[M]. 北京:中国财政经济出版社, 2005:10.

了国有化政策，且比重大都高于发达国家。20世纪80年代后，市场经济不断成熟和完善，国有企业因其机制相对僵化，显现出经营效率低下等弊端，各国又开始了国有企业的私有化运动，比如，到1997年，英国经济中已经几乎不存在国有企业。进入21世纪后，原实行私有化的国家对部分产业又重新实行了国有化，比较典型的有俄罗斯、南美三国对石油产业的再国有化，英国政府对铁路工业的再接管，甚至日本在2003年也提出了对不良银行进行国有化的方案。据经济合作与发展组织公布的统计数据，截至2015年底，全球40个主要国家的中央政府共有2467家国有企业，资产价值超过2.4万亿美元，雇佣人数920万人。

多年来，社会上流行一种说法：国有企业是低效率的，亏损严重，对经济发展带来了不利影响。[1]这个问题在经济学界被长期研究和争议，哈耶克、斯蒂格利茨、科斯等著名学者都参与其中，但至今并没有得出一个普遍认可的结论。斯蒂格利茨认为，国有企业并非天然地没有效率，只需要对这种企业进行现代企业制度建设，做好激励机制设计，那么不需要产权明晰，就可以达到同样的效率。[2]朱安东收集建立了包含近60个国家、跨越近40年的数据库（1970年至1996年），以此为基础，对资本主义国家的国有企业财务相关情况进行分析，提出了“认为国有企业天生就是没有效率，从而总是亏损、总是增加政府财政负担并导致通货膨胀的说法缺乏实证根据”的结论。[3]

从发展情况看，中国国有企业的表现比西方更为耀眼。2021年8月2日，《财富》官方发布了最新的世界500强排行榜。中国大陆（含香港）

[1] 朱安东. 破除国有企业低效论——来自混合经济体的证据[J]. 政治经济学评论, 2014(5):141.

[2] D MCL LAMBERTON. (1995) Whither Socialism? by Joseph E. Stiglitz [M]. MIT Press, Cambridge, Mass,1994:, 270–272.

[3] 朱安东. 破除国有企业低效论——来自混合经济体的证据[J]. 政治经济学评论, 2014(5):141.

上榜公司数量达到135家，加上中国台湾地区企业，中国共有143家公司上榜，连续两年位居世界各国首位。在这些公司中，国有企业达到95家，占比近70%。

2.中国国有企业的改革历程

中国的国企改革已进行了近40年，其贯穿始终的核心内容是建立现代企业制度，总的逻辑是由政府计划管控下的行政型治理，向以市场机制为主的经济型治理转型。40年来，通过三个阶段的改革，赋予了国有企业“三个身份”。

第一阶段，从1978年到2002年，是以确立国有企业经营主体身份为主要目标而进行的改革。国有企业改革的最初目标，就是使企业成为市场主体，通过“两权分离”、“利改税”和《全民所有制工业企业法》三大基石，分别确立了国有企业在政治上、经济上、法律上的定位，构建并确立了国有企业的经营主体身份。

第二阶段，从2001年中国加入WTO开始，国有企业改革进入了以资本市场主体身份为主导的改革阶段。股权分置改革、国企上市潮、“管资产”转向“管资本”等标志性事件，表明国有企业法人治理结构及现代企业制度逐渐完善，对资本市场的运作和驾驭能力在实践中显著提升，其“资本性”属性和价值更加明显和突出。

第三阶段，从2012年党的十八大以后，国有企业的精细化改革拉开帷幕，国务院国资委开始对国有企业进行分类管理，中央企业集团层面和子企业分为商业类、公益类两大类别，商业类又分为主业处于充分竞争行业和领域的商业类国有企业（“商业一类”）和主业处于关系国家安全、国民经济命脉的重要行业和关键领域、主要承担重大专项任务的商业类国有企业（“商业二类”）。地方政府将这三类企业分别称之为：竞争类、功能类、公益类。国有企业又有了自己的分类主体身份。

纵观中国国有企业的改革历程，无论是改革初期的“放权让利”，还是后来的“利改税”“拨改贷”，以及承包经营责任制等，国有企业改革均侧重于政府控制的放松，而不是产权制度的变迁。这样造成的结果是：下放给企业的经营自主权事实上都落到了经营者手中，出现了经营者权力迅速增大，而对其监督与约束力度大大减小的趋势，以经营者为首的企业“内部人控制”问题日益突出。而未下放的权力仍然掌握在各级行政部门手中，政府部门以所有者身份对国有企业进行过多干预的问题仍然严重。

3.国有企业党组织作用的演进

随着国有企业改革的持续推进和深化，国有企业党组织在国有企业中的作用也经历了从“领导本单位工作”到“政治核心作用”，再到“领导作用”的转变过程，这一转变突出体现在党的历次代表大会党章修订的相关内容，以及出台的相关政策制度。

1956年修订的八大党章确立的“（企业党组织）讨论和决定单位的工作问题”一元化领导模式，一直延续到改革开放。直到十二大党章，关于企业党组织的定位仍然是“领导本单位的工作”。

1986年《中国共产党全民所有制工业企业基层组织工作条例（试行）》出台，将国有企业领导体制从党的一元化领导，转变为“厂长（经理）负责制”。1987年，十三大党章相应作了调整。

1992年修订的十四大党章使用了“发挥政治核心作用”的提法。

2008年出台的《企业国有资产法》，则完全没有提到党组织参与国有企业决策的问题。

2010年《关于进一步推进国有企业贯彻落实“三重一大”决策制度的意见》（简称《意见》）是个转折点。《意见》要求，所有国有和国有控股企业（含国有和国有控股金融机构）实施“三重一大”决策制度，即凡属重大决策、重要人事任免、重大项目安排和大额度资金运作（简称“三重一大”）事项须由领导班子集体作出决定，这里的领导班子包括党委（党组）、董事会及未设董事会的经理班子。

2012年修订的十八大党章提出“发挥政治核心作用，围绕企业生产经营开展工作”。

2017年修订的十九大党章明确提出“国有企业党委（党组）发挥领导作用，把方向、管大局、保落实，依照规定讨论和决定企业重大事项”，没有再使用“政治核心作用”的表述。

2021年出台的《关于中央企业在完善公司治理中加强党的领导的意见》提出“中央企业党委（党组）是党的组织体系重要组成部分，在公司治理结构中具有法定地位，在企业发挥把方向、管大局、促落实的领导作用”，将“保落实”的提法改为“促落实”。

4.党组织作用融入公司治理结构的问题及解决方案

国有企业党组织参与公司治理的作用和方式，主要是研究决定事项（作出决策）和前置讨论事项（参与决策）两个方面。

2019年实施的《中国共产党国有企业基层组织工作条例（试行）》（简称《条例》）第十一条规定“国有企业党委（党组）发挥领导作用，把方向、管大局、保落实，依照规定讨论和决定企业重大事项”，并对党组织研究决定的8个方面事项进行了明确。《条例》第十五条规定“国有企业重大经营管理事项必须经党委（党组）研究讨论后，再由董事会或者经理层作出决定”，规定了6个方面的研究讨论事项。2021年5月出台的《关于中央企业在完善公司治理中加强党的领导的意见》，规范了党委（党组）前置研究讨论重大经营管理事项的要求和程序，明确了党委（党组）在董事会授权决策和总经理办公会决策中发挥作用的方式。2021年9月出台的《中央企业董事会工作规则》对党委前置研究讨论程序作出了进一步的规定。

总的来看，在国有企业经营管理重大事项中，党委不作决策，而是通过前置研究讨论程序，对其他治理主体的决策事项把关，作出政治性判断和合规性判断，参与商业价值判断。

党组织作用融入国有企业“三会一层”（股东会、董事会、监事会、经理层）公司治理结构，需要明确两个问题。

第一，党委前置讨论事项是否会干扰“三会一层”的工作？

这个问题的重点是：由党组织讨论的问题，在决定权不在党组织的条件下，党组织与董事会、经理层等治理主体意见不一致时怎么办？

从经理层角度看，国有企业党委（党组）成员与经理层成员是高度重合的，除董事长同时担任党委书记外，其他党委成员一般也都是经理层成员。因此，二者的意见也几乎是一致的，现实中基本不会出现党委与经理层意见冲突的情况。

从董事会角度看，国有企业党委（党组）成员与董事会成员虽有交叉，但大多数是不同的。一般来讲，进入党委的董事会成员只有执行董事，而执行董事在董事会成员中的比例一般不过半，很多上市国有企业董事会成员中，执行董事比例甚至低于三分之一，因此，党委与董事会意见不一致的情况是极有可能出现的。针对这个问题，中共中央组织部在《中国共产党国有企业基层组织工作条例（试行）》发布时答记者问中专门指出，国有企业党委（党组）前置研究讨论不能代替其他公司治理主体决策，进入董事会的党组织领导班子成员必须落实党组织决定。对于董事会提出异议的事项，党委（党组）要加强分析研究，加强与董事会协调沟通并及时调整完善；沟通协调达不成一致的，应当向上级党组织或者出资人报告。也就是说，针对这种情况也有解决方案的制度安排，即“向上级报告”。这里的“上级”是“大出资人”代表，重大争议由“大出资人”之间协商解决，符合公司治理的原则。

第二，党委决策事项是否会影响“三会一层”的正常工作?

《党章》明确党委（党组）的决策事项，可以分为三个方面：第一，党组织自身建设的工作，适用于全社会各类组织、人民团体，不影响企业董事会和经理层的决策。第二，意识形态方面的工作，在企业决策时要遵守这个价值判断标准。任何社会都有自己的价值标准，中国当然也有，中国企业遵循中国社会的价值判断标准是一个常识，这里不存在冲突。第三，党管干部、党管人才，其中，董事的选用与股东权力有关，经理层的选用与董事会权力有关，字面上看似乎权力发生了重叠。但具体到一个特定的企业，根据自身股权结构以及党委的身份定位，这些问题是可以被界定清楚的。后面在中铁十七局的案例中将会作出具体分析。

二、党组织与公司治理体系的相容性和一致性分析

1.现代企业制度公司治理结构并不完美

生产力的发展带来了社会分工，进一步使古典企业的所有权和控制权发生分离，为现代企业公司治理结构的建立奠定了基础，但也随之带来了委托代理问题，企业的所有者与经营者围绕利益归属展开博弈。

委托代理问题（principal-agent problem）是指：由于委托人和代理人之间信息不对称，导致出现道德风险与逆向选择问题，代理人作出不利于委托人的行为选择，使委托人的利益受损。

现实生活中，我们不仅看到所谓产权不明确的国有企业存在委托代理问题，同样看到产权明确的私有企业，包括建立了现代企业制度的西方企业也存在委托代理问题，比如，美国安然公司和为其做假账的安达

信会计师事务所就是典型的例子。国际经验表明，无论是发达国家还是发展中国家，现代企业制度公司治理结构都面临着一些艰难的挑战。

然而，即使都存在委托代理问题，国有企业与私有企业的程度也是不一样的，委托代理问题被普遍认为在国有企业领域更为严重。这一现象被解释为国有企业存在“所有者缺位”。由于失去了所有者的监督与制衡，经营者的权力增大，加剧了委托代理问题，造成国有资产流失和管理中的一系列问题。

2.国有企业“所有者缺位”及影响分析

“所有者缺位”被认为是国有企业治理最突出的问题，主要表现为两点：一是政府过多插手公司的经营活动；二是主体缺位造成国有资产流失及企业治理中的一系列问题。[1]《OECD国有企业公司治理指引》指出，明确国家所有权的宗旨及其在国有企业治理中的作用，规范国家执行所有权政策的方法，以及政策执行过程中所涉政府机构各自的角色与职责，是国家行使所有权的必要条件。[2]这些问题在中国国有企业改革中尤为突出，产权主体缺位成为影响整个国企改革成效的最大障碍之一，同时也是导致国企资本结构不合理的主要原因之一。

过去普遍认为，国有企业治理结构的问题主要是“所有者缺位”引起的。但不管从理论上看，还是现实的制度安排，国有企业的所有者都是非常明确的。以中国国有企业为例，其所有者为全体人民，这点是毋庸置疑的。这就形成了一个多层次的委托链，即“人民代表大会→政府→（地方政府）→国资委→（国有资产运营机构）→经营者”，其中，地方国有企业由中央政府授权地方政府，再授权地方国资委管理；中央及地方国资委还授权一些国资运营机构对国有企业进行管理；特大型央

[1] 李维安. 公司治理理论与实务前沿[M]. 北京:中国财政经济出版社, 2003:166.

[2] 经济合作与发展组织. OECD国有企业公司治理指引[M]. 北京:中国财政经济出版社, 2005:12.

企还需要对多达3～5级的下属单位逐级授权委托，导致国有企业的委托代理关系异常繁冗和复杂。除所有者和处在末端的经营者外，任何一个环节的主体既是上一级委托关系的受托人，又是下一级委托关系的委托人。

由此可以得出，国有企业的所有者并不缺位，只是与私人企业相比，委托代理关系过多、代理链条过长，造成责任不清晰、信息不透明等问题，从而带来了一系列治理问题。基于这一判断，国有企业治理结构的问题，实质上是所有者的过程缺位问题——所有者已经把公司委托给董事会管理了，再去管就属于越权，如果不介入又搞不清楚状况，从而在过程中不能发挥有效作用，所有者对国有企业的控制权就无法有效行使。

“所有者过程缺位”带来了4个方面的企业治理问题。

一是问责机制缺失。引入恰当的问责机制，是国家制定所有权政策的出发点。但国有企业公司治理的受托责任涉及一系列复杂的代理链条（各级政府、所有权主体、董事会、经理层等），缺乏清晰可确认的责任人。如何构筑复杂代理链条上不同主体的责任体系，明确清晰的责任人，是多年来各国国企改革一直没能解决好的问题。

二是信息不对称。《OECD国有企业公司治理指引》第五章建议：“按照《OECD公司治理原则》，国有企业应遵循高标准的透明度。”[1] 经济合作与发展组织专门发布了《公司治理问责与透明度：国家所有权指南》。在提高国有企业透明度方面，许多国家已经积累了大量经验，国外的国有企业都建立有比较健全的信息披露制度。在中国，国有资产管理报告制度的建立也已经开始，但信息披露的完整性、真实性、有效

[1] 经济合作与发展组织. OECD国有企业公司治理指引[M]. 北京:中国财政经济出版社, 2005:13.

性等差距还很大。

三是逆向选择。国有企业激励机制的设计和完善，对于基层是有作用的，但在高层则难以达到激励效果，从而造成企业经营者采取短期行为来达到利己目标，主要表现在：其一，人为操纵财务信息，难以真实反映企业经营业绩；其二，为追求自身利益而损害公司利益，造成国有资产流失。

四是系统风险。由于所有者缺位（实际是过程缺位），导致企业运行期间一些不易观察的战略性、根本性、政策性的风险无人去揭示，问题不能改正、制度不能完善、考核不能客观，企业长期带病运转。当不得不面对问题的时候，问题往往已经发展到谁也无法解决的地步。由于解决问题的成本过大，没人能够承担；时间跨度太大，也没人有资格和意愿独自承担，从而转嫁为政府负担，造成国有资产损失。

3.党组织在公司治理结构语境中的定位与作用

从抗日战争时期根据地的兵工厂、被服厂到今天的世界500强企业，在中国国有企业中，党组织一直是企业治理的主体或主体之一，这一点是始终不变的。而股东会、董事会、监事会、经理层等“三会一层”公司治理结构，则是从外部引入进来的新生事物。那么，党组织在现代企业制度公司治理结构中的使命和作用是什么？与“三会一层”治理体系是否具有相容性和一致性？

前面讲到，由于国有企业出资人缺位（实际是过程缺位），导致公司治理出现了问责机制缺失、信息不对称、逆向选择、系统风险等4个方面的问题。这些问题对于西方国有企业来说是无法解决的，因为“三会一层”这4个治理主体都承担不了这个责任，而且也没有其他主体可以引进来解决问题，只能通过资本结构中的债务结构、外部审计等技术手段，以最大程度减小不利影响。

但是，对于中国国有企业来说，党组织已在其中，体系完整、组织高效。如果把“维护国有出资人利益”的过程监管职能和责任委托给党组织，只要其与公司治理结构具有相容性和一致性，就可以解决出资人缺位（实际是过程缺位）问题。

现行体制下，国家出资人的利益是由股东（大）会行权保护的，股东（大）会把权责委托给董事会后，过程中再没有其他办法获取更多信息，以监督董事会的行为。因此，国家出资人可以将维护自身利益的工作分成两个部分来安排：一部分赋予股东（大）会，主要是“做事”；另一部分赋予党委（党组），主要是“监督做事”，以维护出资人利益。国家的社会主义属性和国有资产的公共属性，决定了党组织有资格代表国家出资人实施监督职能，以保证国有资产的安全。将这一任务赋予党组织，既符合党组织的宗旨使命，又完善了中国特色的现代企业治理结构。

也就是说，在中国特色国有企业治理结构中，党组织作为国有出资人代表，维护国家出资人利益；因其工人阶级政党属性，在利益相关者中维护员工利益。这样定位清楚后有三个意义：一是在西方市场经济语境下，理直气壮地解释清楚了党组织的使命与作用，避免国有企业受到市场歧视；二是对解决国有企业所有者缺位（过程缺位）提供了一套符合中国国情的解决方案；三是为解决党组织作用“融入”和“嵌入”公司治理结构的问题提供了法理依据。

党组织作为出资人代表，可以有效完善现代企业制度中公司治理结构的先天缺陷：一是党的组织横向到底、纵向到边，贯穿企业各个层级和领域，基层党组织和党员通过独立渠道向上级党组织报告重大情况，能够有效解决信息不对称问题。二是党组织设置独有的纪检工作系统，党组织书记被赋予“第一责任人”身份，在信息相对充分的条件下，可以及时解决问责机制缺失的问题。三是党组织作为出资人代表参与讨论生产经营中的“三重一大”问题，能够揭示和防范国有企业面临的战略性、根本性、政策性风险，防止短期行为和利己主义对国有资产造成损害。四是与监事会对经营集体行为的监督不同，党组织的监督主要以党章、党规为依据，针对党员干部个人，监督约束和责任追究不受任期制影响，能够更有效地制衡和防止经营者“内部人控制”。

因此，党组织不是企业治理问题的制造者，而是问题的解决系统。有的企业家前期不赞成现代企业制度改革，认为设董事会是多了一个“婆婆”；现在又不理解党组织内嵌到法人治理结构，认为是“重复决策”，这并不是一种科学的、实事求是的态度。

4.党组织嵌入公司治理结构的模式选择

党组织内嵌于公司治理结构主要有两种模型，即“个体内嵌”和“组织内嵌”。

“个体内嵌”模型，就是在“三会一层”[股东（大）会、董事会、监事会、经理层]治理主体保持不变的情况下，通过“双向进入、交叉任职”的干部配置方式，把党的领导融入到董事会、监事会、经理层各环节，“一身两责”参与企业经营管理决策，实现党的领导与现代公司治理的有机融合。

“个体内嵌”在中国国有企业治理的现实中被规定为“进入董事会、经理层的党组织领导班子成员，必须全面落实党组织的决定，充分表达党组织的意见和建议，并将相关情况向党组织报告”的模式。这一模式在实践中暴露出一些突出问题：第一，董事会和经理层人员在向市场化选用、契约化管理的方向发展，所选用的人员既要是管理专家和商业精英，同时还要在党组织内具备相应能力和资历，这样的人并不多，无法满足常态化管理的要求。第二，在“三会一层”中，个人意见仅代表个人，仅承担个人行为责任，无法保证能实现党委决策目标，可能造成党组织作用缺位。第三，从监督角度看，这种模式实质上是在“三会一层”中监督“三会一层”，缺乏独立性，“自己监督自己”使得党组织的监督作用难以有效发挥。

“组织内嵌”模型，则是通过对公司章程的修改，明确党组织在法人治理结构中的法定地位，建设“四会一层”［党委会、股东（大）会、董事会、监事会、经理层］的中国特色国有企业治理结构，明确党委在决策、监督、执行各环节的权责和程序。“个体嵌入”模型中存在的问题，可以通过采取党组织嵌入公司治理结构的“四会一层”组织内嵌模型得到解决。事实上，相当一部分国有企业的公司章程中已经按照“四会一层”的治理主体进行了相关明确，并在企业治理的实践中取得了较好成效。

综上，党组织作为中国国有企业特殊的治理主体，通过赋予其“代表国有出资人利益和职工利益”的法定地位，能够有效弥补公司治理结构的缺陷，并且符合现代企业制度公司治理体系语境下的要求，对构建适应国情、国际认可、依法合规的中国特色国有企业治理体系具有积极的意义。

三、中铁十七局的实践

1.公司治理结构发展历程

中铁十七局集团有限公司（简称中铁十七局）的领导体制（治理结构），也是随着国家经济形势的发展变化和国有企业改革进程而演变的。1952年至1984年作为部队，实行的是党委领导下的军政首长负责制。1984年“兵改工”时，国有企业正在推行厂长（经理）负责制，而中铁十七局继续沿用了部队体制，实行的是党委领导下的局长书记分工负责制，一直沿用到20世纪90年代初，这是企业发展比较好的一段时间。在此之后，企业与国家各项政策深度接轨，与其他国有企业发展情况大致相同。

2.公司治理结构现状

中铁十七局是中国铁建股份有限公司的全资子公司，公司类型为“一人有限责任公司”（包括一个自然人股东、一个法人股东），也是“法人独资公司”。按照《公司法》第六十一条规定，中铁十七局不设股东会，最高权力机构为公司股东——中国铁建股份有限公司。中铁十七局董事会中的股东代表董事、股东代表监事由中国铁建股份有限公司委派。

中铁十七局建立了党委（常委）会、董事会、监事会、经理层共同构成的公司治理结构，并通过公司章程明确了党组织作为治理主体的职责和程序，包括作出决策、参与决策两个方面，主要内容按照《党章》及相关规定进行了规范和确定，在保障董事会、经理层独立开展工作、履行权责的同时，确保党组织发挥“把方向、管大局、促落实”作用，履行维护出资人利益的权责。

在党的领导“融入”公司治理体系方面，中铁十七局建立了“双向进入、交叉任职”领导体制。企业董事会有 7 名董事，其中 4 名外部董事由中国铁建股份有限公司委派，党委书记兼任董事长，总经理兼任董事，工会主席兼任职工董事。监事会有3名监事，纪委书记兼任监事会主席，总审计师兼任股东监事，工会副主席兼任职工监事。党委会中，总经理兼任党委副书记。

在党组织“嵌入”公司治理结构方面，中铁十七局公司章程明确了党组织作为治理主体的职责和程序，包括作出决策、参与决策两个方面：作出决策，即研究决定党建工作等重大事项；参与决策，即前置讨论重大经营管理事项。企业重大经营管理事项必须经党委前置研究讨论，再由董事会或经理层按照职权和规定程序作出决定。

3.公司治理主体在干部任免决策中的权责界定

中铁十七局党委会、董事会、经理层等治理主体，按照权责分工，分类、分层级行使任免、提名、推荐及前置讨论等权力，从不同角度维护出资人利益。各治理主体的具体权责如下。

经理层：履行与董事会签订的契约，对授权范围内的企业经营管理人员任免进行决策，提高经营管理队伍的素质和能力，为企业创造经济效益，完成任期责任目标。主要权责是：对除党委会、董事会决策以外的经营管理人员任免进行决策，即对总法律顾问、首席合规官等人员的任免，向董事会进行提名、推荐。经理层对干部的任免、推荐和提名，应经过党委（常委）会前置研究讨论。

董事会：依据公司章程，选聘具有较强经营管理能力的经营者，提高企业经营管理水平，为股东创造更大投资回报。主要权责是：对董事会秘书、总法律顾问、首席合规官等人员的任免进行决策；对经理层人员的任免进行提名、推荐，经考核程序后正式任免。董事会对干部的任免、推荐和提名，应经过党委（常委）会前置研究讨论。

党委（常委）会：按照《党章》及相关规定，依据公司章程，选任对出资人利益具有战略性、长期性、全局性影响的领导干部，对董事会、经理层干部任免决策进行把关监督，防范和控制道德风险、逆向选择。主要权责是：对总部、区域总部人员，子（分）公司、直属单位副处级以上干部和直管项目班子成员的任免进行决策；前置研究讨论其他治理主体的干部任免决策事项。

总的来看，中铁十七局党委会、董事会、经理层三个治理主体，以维护出资人利益为共同目标，在干部任免决策中划清了权力边界，治理功能定位各有侧重、优势互补，既尊重了董事会、经理层的人事决策权，又保障了党组织通过决策监督维护出资人利益的权力，提高了决策的协同性、科学性、有效性。

4.党组织完善国有企业治理体系的探索实践

一是强化全过程监督，健全问责机制。《OECD公司治理原则》第四条指出，“建立报告制度，允许所有权实体对国有企业的绩效进行定期监督、审计和评估，并对其是否遵守相关公司治理标准进行监督”。党组织作为出资人利益的代表，有权力也应当对危害国有资产安全、造成国有资产流失的问题实施监督、检查、处置和责任追究。

中铁十七局党委建立“巡察专员”制度，向未设董事会（母公司委派执行董事）的子公司委派巡察专员，对贯彻执行上级和企业规章制度、重点工作落实、重大和系统风险、“破坏性”管理活动等进行过程监督，解决了外部董事监督无法覆盖未设董事会企业的问题。通过“党委巡察”方式及时收集、传递、反馈子公司经营管理的情况和信息，有效解决信息不对称问题，在维护出资人利益、确保国有资产安全的同时，丰富了中国特色国有企业治理的实现形式。

中铁十七局党委发挥党的政治优势、组织优势和纪律优势，联合经理层，整合巡察、纪检、审计、财经、组织等监督资源，全面开展“治乱追损、项目减亏、计价清理、清欠清收、五项锁定”等系列活动，着力破解造成国有资产流失的违法、违纪、违规问题，在为企业挽回重大损失、捍卫国有资产安全的同时，帮助和督促经理层完善管理制度建设，“标本兼治”维护出资人利益。

二是制定中长期战略，消除系统风险。传统意义上，制定企业战略是董事会的职责。但中国国有企业面对着更大的时空背景，尤其在制定中长期战略中，由于委托给董事的权责限定在任期内，导致其难以很好地承担这项责任。党组织作为出资人利益的代表，虽然其负责人有任期，但党员身份没有任期，对其的管理和激励还有政治方法，能够在一定程度上帮助企业考量长期利益问题，维护出资人的长远利益。同时，《OECD公司治理原则》第三条指出，“设定国有企业的受托责任和经营目标，包括财务指标、资本结构目标和风险承受水平，并监督其实施”，与董事会的权责并不矛盾。

中铁十七局党委贯彻落实国家“十四五”战略规划，认真分析研判宏观经济形势及建筑业发展态势，结合企业实际提出了“向北巩固、向南发展；优化中间、拓展两端；提升存量、创新增量”的“24字”高质量发展战略，明确了“一年夯实基础、两年巩固提高、三年全面发展、五年赶超先进”的“四步走”规划目标，为企业可持续、高质量发展指明了目标、方向和路径，从政治和战略的高度维护了出资人的长远利益、全局利益。

三是加强队伍和文化建设，控制道德风险和逆向选择。从某种意义上来说，企业就是由员工和文化构成的。建筑业是轻资产行业，人才比厂房、流水线重要得多，建筑企业要实现长期存续和发展，人力资本和文化建设至关重要。党组织作为出资人利益的代表，承担这方面的职能，既与其他治理主体的权责没有重叠和冲突，还能有效解决公司治理结构的缺陷和不足。

中铁十七局党委在干部选任中注重对政治、品格和作风的考察，控制道德风险和逆向选择，确保出资人利益不受损害；在经营管理中构建“价值引领”的思想和行动共识，促进国有资产保值增值。中铁十七局党委塑造了“以客户为中心，以价值创造者为本”的“价值文化”，明确了“四种精神”（亮剑精神、忠诚精神、实干精神、专业精神）的干部选拔标尺，提出了“五型人才观”（业绩出众、真抓实干、忠诚担当、真才实学、积极进取）的人才标准，积极推进企业“三项制度”改革，大力选用业绩突出的年轻干部。通过重塑价值导向和考核体系，将各级经营管理者的思想和行动统一到推进企业高质量发展、维护并更大地实现出资人利益上来，构建起一支干事创业、兴企有为的“价值创造型”干部人才队伍。

四是履行社会责任，维护出资人利益。国有企业履行社会责任是维护和实现国家出资人利益的重要方式。在国有企业中，虽然“三会一层”也可以承担这方面的职能，但在我国，社会责任工作是由党中央和各级党委（党组）部署的，这也是党的政治属性的体现。党组织代表出资人利益，承担国有企业社会责任工作职能，既可以更高效地与上级沟通，也可以更有效地发挥优势开展工作。

中铁十七局党委立足维护人民利益和社会稳定，在服务保障民生和应对重大风险中主动作为。积极投身脱贫攻坚战，对口帮扶青海省甘德县协隆村、山西省汾西县勍香村和佃坪村这3个贫困村按期脱贫摘帽；新冠肺炎疫情暴发以来，组织160余名医护人员前往疫情一线支援抗疫；在河南、山西等地相继遭受重大洪涝灾害时，第一时间派遣国家级抢险救援队及周边地区项目300余人次参与抗洪抢险救灾，维护了人民群众生命财产安全，受到了政府和民众的高度称赞。

综上，中铁十七局党委明确其代表出资人利益和职工利益的身份定位，以“组织嵌入”模式发挥党组织的作用，有效克服和解决了国有企业问责机制缺失、信息不对称、逆向选择、系统风险等方面的治理通病，对健全自身公司治理结构进行了探索实践，同时也对建设和完善中国特色国有企业治理体系具有一定的借鉴意义。

四、需要继续解决的问题

一是国家应尽快建立针对国有企业的公司治理准则，以规则引领国有企业改革。我国现行的《上市公司治理准则》（2018年修订）以及2022年1月新出台的《上市公司章程指引》，建立起了比较完善的上市公司治理的规范要求。笔者认为，在此基础上，需进一步制定涵盖非上市公司的公司治理准则，特别是面向国有企业的治理准则。OECD已经起草并出版了国有企业公司治理指引，可供参考。

二是国有企业治理主体职权不清的问题仍然普遍存在，党委会、董事会各自的职权范围、审议事项、程序指引等缺乏必要的系统性、逻辑性和可操作性，有的相互交叉，有的遗漏缺位，有的前后矛盾。同时，党的领导在部分国有企业中存在越位、错位等情况，变相回到了“党委一元化领导”，影响了董事会、经理层的积极性。解决这些问题，需要国家进一步完善国有企业公司治理制度，明确划清各治理主体的权责边界，真正做到各司其职、各负其责。

三是国有企业股东“一股独大”，可能带来董事会虚置的问题，导致董事会决策与监督职能的弱化。要解决这一问题，一方面是引入多元股权结构，做实董事会的职能；另一方面是完善国有企业董事会的治理体制，强化董事会的监督职能。

第一章

企业控制权理论研究

企业是现代人类社会经济组织的主要形式之一，其重要性和影响力贯穿国家社会经济和人民生产生活的方方面面。企业的发展伴随着人类的历史而源远流长，并随着生产力进步和社会分工等变化而不断形成、演变出各种各样的形态和功能。企业控制权作为经济学和管理学的一项前沿学科，对其概念、来源、功能以及作用发挥的形式、路径、效果等进行研究，对于深化对企业的认识，完善中国特色国有企业治理体系具有重要的理论和现实意义。

第一节　企业控制权的发展历程

一、企业的概念

普遍认为，企业是基于人类社会生产力发展、物质丰富后出现的交换活动而形成的。人类劳动合作方式和生产技术的改进提高了劳动生产率，创造了劳动的剩余价值，不同组织和个体间出于满足各自的不同需求而产生了交换行为，交换行为反过来又进一步影响和促进了生产活动。随着社会生产种类不断增多、生产范围不断扩大、劳动分工逐步细化，使得原始的个体私有生产者、家庭作坊等逐渐发展成为早期的企业。

科斯的《企业的性质》被广泛认为是现代企业理论的原点。科斯认为，企业因交易费用而存在，“企业的本质特征是对价格机制的取代”[1]，企业的产生是为了节约交易成本。科斯认为，“运用价格机制是有代价的。……谈判要进行、契约要签订、监督要实行等，这些费用后来被称为交易费用”。当企业通过权威命令的方式去指挥资源配置，并且组织的成本低于市场交易费用时，企业便产生了。

张五常则认为，企业并非是用权威这种非市场方式代替市场方式而产生的，相反，企业是由一系列市场契约关系构成的，是在用“要素市场”取代“产品市场”，或者说“一种契约取代另一种契约”。企业的本质是一种契约，企业通过在要素市场上购买各类要素组织生产，形成一系列要素契约关系，从而把产品市场契约内部化；当市场产品的交易费用过高时，企业对市场的替代就会发生。

阿尔钦和德姆塞茨提出了“团队生产理论”。在《生产、信息成本和经济组织》一书中，他们认为，生产团队之所以演变为企业，是因为团队生产带来的生产高效率产生了激励需求与产出难以计量这一对矛盾，企业对要素生产率和报酬的计量能力以及对内部机会主义的监督能力优于市场，能节约更多交易成本，就产生了企业。

二、企业控制权的形成与演进

作为一个生产组织，企业基本的生产要素包括资本和劳动力。早期的企业规模一般都比较小，由个人独资经营或少数合伙人共同出资经营，出资人对员工直接进行管理，亲自控制企业的经营决策，并垂直管理到终端，中间不存在其他管理层级。在这些企业里，企业主作为所有

[1] 科斯. 企业的性质[M]. 上海: 上海财经大学出版社, 2000:79.

者，其利益与劳动者的利益之间存在冲突，所有者主要监督劳动者的生产情况，防止偷懒、误工、盗窃等行为，同时还要组织生产、制定计划、协调生产管理中的细节问题等。在这个阶段，所有者需要利用手中的“权力”去解决问题，这种“权力”是所有权与控制权的结合体。也就是说，出资人同时也是经营者，企业的所有权和控制权是一体的，掌握在出资人手中。

刘伟、李风圣认为，所有权与控制权的整体性，是早期企业主最主要的特点之一，企业产权形态是集权结构，财产的占有、使用、收益、处置权统一在所有者身上，其权力和责任是无限的，不管是业主制还是合伙制，都对债务承担无限责任。[1]田志伟认为，正因为资本所有者承担无限责任，使得没有人敢冒巨大风险将资产交给他人经营，这成为阻碍企业控制权发展的重要障碍。[2]

随着经济社会发展，企业规模不断扩大，内部权力集中、劳动分工单一、产权权能合一的早期企业的组织结构，已经无法适应所有者通过分工协作来提升生产效率、追求规模经济的意愿。同时，企业主的个人能力、合伙制企业中各个出资人的利益争夺和权力争夺等，也限制了企业的经营与发展，从一体化的所有权中剥离出控制权，实现“两权分离”的组织变革势在必行。

三、现代企业与企业控制权

现代企业组织形式——公司制大约发端于 17 世纪初的特许贸易公司。19 世纪中期，确立了合股公司形式，基本形成了现代企业的组织形

[1] 刘伟, 李风圣. 产权通论[M]. 北京:北京出版社, 1998:166.

[2] 田志伟. 企业家视角的企业控制权机制研究[D]. 沈阳: 辽宁大学, 2006:57.

式；到了19世纪末，这一模式获得了普遍的发展。现代公司制是适应企业规模扩大而发展起来的，它突破了之前的企业形式对企业发展的各种限制性因素，时至今日仍然是最主要的企业组织形式。

现代企业制度形成的一个重要标志，就是所有权与控制权的分开。在早期企业中，资产所有者要么亲自担任经营管理者，要么委任亲属或亲信担任经营管理者，企业家族制、合伙制的特点非常明显。但随着企业规模的扩大、业务的延伸和专业分工的复杂化、精细化，投入到企业中的要素越来越多，企业的所有者渐渐感觉力不从心。同时，所有者并不一定拥有经营管理企业的资源和才能。从扩大规模和资本增值角度来说，兼任经营者并非最优选择。所以，当所有者认为无法有效行使企业经营控制权的时候，职业经理人便应运而生。所有者通过将企业控制权的一部分或者大部分让渡给职业经理人，以换取专业化经营管理带来的更大收益。这种形式中，所有者只需要按照契约约束经理人和获取收益，经理人则对企业进行经营管理并按照契约分享收益，这样就促进了企业所有权与控制权的事实分离。

伯利和米恩斯在1932 年的著作《现代公司与私有财产》中提出，“事实上，公司不但成了财产保有的方式，而且成了组织经济生活的手段。它已经发展到这样一种惊人的程度，可以说已经演进成了‘公司制度’——就像曾经存在过的封建制度一样，它结合了若干属性和权力，已经有资格被视为一种主要的社会制度”[1]。他们还提出，由于所有者人数的增加，企业出现了“所有权与控制权的实质性分离”的重要表现。“所有权与控制权分离”是伯利和米恩斯最核心的思想。

詹森和麦克林提出了“代理成本”这一概念。他们认为，“代理成

[1] 伯利,米恩斯. 现代公司与私有财产[M]. 北京:商务印书馆, 2005:3.

本”是企业所有权结构的决定因素，只要有多人之间的合作就存在代理关系。资产所有者将一部分权力委托给代理人，但代理人有可能不会完全按照资产所有者的利益行事。为了保证委托、代理双方利益一致，委托人就需要订立适当的契约来限制代理人利益上和行为上的偏差。这种契约需要付出一定的成本，称为“代理成本”，其中包括：①监督成本，即委托人用于管理代理人行为的成本。②担保费用，即代理人保证不采取损害委托人行为的费用，以及违约需要赔偿给委托人的费用。③剩余损失，即由于代理人决策和使委托人利益最大化的决策之间存在偏差而导致委托人利益的损失。代理成本反映出企业所有权与控制权分离带来的变化和影响，这些影响成为现代企业治理中最突出的问题之一。

弗兰克·奈特指出，对付不确定性和风险的有效手段之一是专业化。[1]他认为，企业家拥有控制权的关键，是为了减少不确定性和降低风险。第一，企业家所具备的专业知识可以更好地组织协调生产，如“泰罗制”的出现，可以更好地安排生产的步骤与流程，节省时间、提高效率，降低了传统生产方式和低效管理所带来的不确定性。第二，企业控制权可以更好地协调企业内部不同利益群体间的利益冲突，实现分散股权下各个主体的各取所需。

法马和詹森在《所有权与控制权的分离》一文中，从现代企业的决策程序出发，探讨了“所有权与控制权分离”现象的实质。他们认为，现代公司之所以得以存在，既是因为经营与风险承担职能的专门化，也是在寻找一种普遍有效的方法来解决决策控制职能与风险承担职能相分离所产生的代理问题。现代企业的多元治理主体之间，最核心的关系就是决策关系。企业的决策程序一般包括提议、认可、贯彻、监督等4个步

[1] 弗兰克·H. 奈特. 风险、不确定性与利润[M]. 北京:商务印书馆, 2006:243.

骤，其中，提议和贯彻代表决策经营功能，认可与监督则代表决策控制功能。法马和詹森认为，由于剩余风险承担与决策经营的分离，导致了决策经营与决策控制的分离。实际承担决策控制功能的一般是董事会，它拥有选聘高层决策经营者以及认可和监督重要决策的权力。[1]

现代公司的企业控制权机制，随着社会经济的发展和演进仍在动态变化的过程中，并表现出以下三个方面的特征：①以控制权为核心，形成了现代企业治理结构，比较典型的是股东会、董事会、监事会、经理层“三会一层”组织体系，其本质是资本所有者与职业经理人之间控制权配置的机制，或者说表现形式。②市场经济的完善和发展，使现代企业的资本从原始的实物形态为主转向以货币形态为主，产权从整体变为可分、从固定变为流动，更多的个体和组织加入到现代企业的产权结构中来，以出资分享利益、承担有限责任。同时，更多有所有权而无控制权的出资人从维护自身利益的角度出发，也参与到企业经营管理的监督中去。③现代企业的资本由以往物质资本的单一来源，转为多种要素共同参与的形态，尤其是人力资本的作用和地位逐步提高，从根本上改变了企业控制权配置的方式和模式。

第二节　企业控制权的理论研究成果

一、什么是企业控制权

企业控制权可以简单理解为通过对企业资源的控制和使用来达到一

[1] 费方域. 法马和詹森的现代公司理论评价[J]. 外国经济与管理, 1996(11):8.

定目的的权力。企业控制权的概念是相对于企业所有权提出的，早期的控制权包含在所有权内。随着社会分工和职业经理人的出现，控制权才从所有权中剥离出来成为独立的概念。关于企业控制权的问题，国内外学者进行了大量研究。

1.国外学者对企业控制权的研究和阐释

19世纪以来，经济学家从不同的立场和出发点对企业控制权进行了研究，由于这些研究基于的理论体系不同，得出的结论与观点也不尽相同。

国外经济学家对企业控制权概念的研究，最初并没有明确区分企业所有权与企业控制权，两个概念没有明确被区分与界定，甚至经常混淆在一起。这个阶段的研究，受到企业所处的发展阶段，以及市场、技术、社会、历史等各种条件的制约，存在很大的局限性。所以，企业控制权问题往往在所有权研究中被偶尔提及，并没有引起经济学家们的足够重视。[1]随着商品经济的发展，出现了股份制企业，学术界从股权角度对企业控制权的研究才更加深入。

1932年，伯利和米恩斯发表了《现代公司与私有财产》，从现代经济学角度首次对企业控制权进行了专门研究。伯利和米恩斯认为，现代股份公司的股权是分散的，企业所有权和控制权出现相分离，经营者获得了企业控制权，这就是所谓的“经理革命”。伯利和米恩斯对企业控制权的定义是：通过行使法定权力或施加影响，对大多数董事有实际的选择权。并提出所有权与控制权之间存在利益分歧。[2]

简森和麦克林通过代理成本理论，分析并说明了所有权与控制权二

[1] 胡继立,年志远. 企业控制权理论研究[M]. 北京:中国社会科学出版社, 2017:60.

[2] BERLE,MEANS.The modern coporation and private property [M].Piscataway:Transaction Publishers,1991:196.

者之间存在不可能消除的分歧。这个时候，企业控制权已经脱离了所有权范畴，成为了独立的经济学概念。

伯利和米恩斯在其著作《现代公司与私有财产》中，明确提出了“所有权与控制权”相分离的论断，对控制权的定义是：选举董事会或多数董事的权力。

法马和詹森在其著作《所有权和控制权的分离》中，对企业控制权的定义是：“由一个代理人团队承担最大的不确定性，剩余要求者便有存在的价值，因为他减少了监督者与其他代理人团体缔结契约的成本，并减少了其他代理人因承担变动风险而调整契约的成本。”[1]法马和詹森的观点在分析控制权能够降低交易成本的同时，还引入了“剩余”这一概念，首次把剩余索取权定义为企业所有权。[2]

20世纪 80 年代后期，契约理论的出现对控制权的研究产生了很大的影响。

格罗斯曼、莫尔、哈特对不完全契约理论进行了研究，从企业的契约性和契约的不完全性角度对所有权进行了分析。他们指出，控制权可以通过对资本的所有权体现出来，这种控制权主要表现为资本所有者有权力决定如何使用资本。而企业所有权的核心是剩余权，包括剩余索取权和剩余控制权，由于剩余索取权存在不稳定性，企业所有权就是剩余控制权。[3]

哈特在其著作《企业、合同与财务结构》中提出，在现实中契约是不可能完备的，拥有产权的一方对契约的未尽之事有阐释权，也拥有具有决定权的“剩余控制权”。据此，哈特对剩余控制权的定义是“可以

[1] 法马,詹森. 所有权和控制权的分离[M]//陈郁. 所有权、控制权与激励. 上海:上海三联书店, 上海人民出版社,1998:168.

[2] 黄乾. 企业所有权安排的理论探讨[J]. 河北学刊, 2002(2).

[3] 董秀良,高飞. 上市公司控制权结构:问题与对策[J]. 当代经济研究, 2002(3).

按任何不与先前的契约、惯例或法律相违背的方式决定资本所有用法的权力”。[1]

库宾和利奇指出，要想拥有控制公司的能力，必须持有一定的股权才有话语权。因此，有效的企业控制权是股东所需拥有的可以对公司进行有效控制的最小持股比例。[2]

罗斯认为，控制权是一种权力，这种权力能对公司日常经营和决策起主导作用。[3]

国外相关研究表明，在不同时期、不同制度背景、不同类型的企业中，企业控制权有着不同的表现和表述，其研究的方向和所要解决的问题也是动态变化的。国外学者对企业控制权的相关研究非常丰富，相关文献也很多，但随着新的企业治理观点、新的企业性质的理解、新的企业所有权的变化，企业控制权的定义也在不断变化。

2.国内学者对企业控制权概念的阐释

我国学者对企业控制权的研究，很大程度上是与中国国有企业改革相关联的，研究方向和方法上虽然在很大程度上受到国外学者研究的影响，但研究的目的具有明显的中国特色。

一方面，有相当一部分学者将企业控制权与决策权画上了等号，即企业控制权就是支配企业资源的权力。胡晓阳认为，企业控制权是对企业可以运用的资源进行配置的支配权和决策权。[4]张维迎认为，控制权是指当一个信号被显示时决定选择什么行动的权威。殷召良认为，公司控制权是指对公司的所有可供支配和利用的资源进行控制和管理的权

[1] HART,O.Firm,Contracts and Financial Structure (中译本)，[M]. 上海:上海三联书店, 1998:97.

[2] JOHN C and DENNIS L. The Effect of Shareholding Dispersion on the Degree of Control in British Companies: Theory and Measurement[J]. The Economic Journal, 1983(193): 351.

[3] LOUUS LOSS. Fundamentals of Securities Regulation [M]. Boston: Little Brown, 1998: 393.

[4] 胡晓阳. 企业控制权的理论解释与实证分析[M]. 北京:经济科学出版社, 2005:10.

力。[1]周其仁认为，企业控制权可理解为排他性利用企业资本，特别是利用企业资本从事投资和市场运营的决策权。[2]周冰、郑志认为，企业的控制权从最广泛意义上来讲是指企业的经营决策权，从严格意义上来讲是指在企业经营决策中处于支配性地位的权力。[3]董秀良认为，公司实际控制权是指对公司的重大决策具有直接支配权或重大影响力，通过直接或间接的手段控制公司的重大决策，以实现自身利益。[4]

另一方面，也有一些学者研究了控制权与股东的关系。史玉伟认为，股东是财产的所有者，虽然根据契约对控制权进行了授权，但最终的控制权仍由财产所有者——股东享有。表现为大股东在股东大会上的表决权，小股东在股票市场上的股票买卖行为。[5]控制权并不是完全掌握在某一个单独的控制者手中，而是分散在不同的具有投票权的股东或代理人手中，股东通过表决权投票选举产生董事会，通过董事会实现对企业的最终控制。这里对控制权的定义，就是通过投票的手段来影响企业经营管理和重大决策的权力。

还有一些学者研究了控制权与董事会、经理层的关系。姜硕、郭尧认为，控制权是对企业所拥有资源的决策支配权，包括监督权、投票权、经营管理权等。[6]刘汉民认为，控制权是指董事会多数席位选择权。[7]叶国灿认为，控制权是指企业所有者和各级经理人员对企业的实际控制程度，包括所有权和经营权。[8]蒲自立、刘芍佳认为，企业控制

[1] 殷召良. 公司控制权法律问题研究[M]. 北京:法律出版社, 2001:75.
[2] 周其仁.市场里的企业:一个人力资本与非人力资本的特别合约[J]. 经济研究, 1996(1):71.
[3] 周冰，郑志. 公有制企业改革中控制权的分配:河南注油器厂产权制度改革案例研究[J]. 经济研究, 2001(l):168.
[4] 董秀良,高飞. 上市公司控制权结构:问题与对策[J]. 当代经济研究, 2002(3):26.
[5] 史玉伟. 企业控制权内涵及配置分析[J]. 石河子大学学报(哲学社会科学版), 2003(1):40.
[6] 姜硕,郭尧.控制权与收益权分离及其对企业投资规模的影响[J]. 财会月刊, 2007(29):80.
[7] 刘汉民.合约、资本结构与控制权的配置[J]. 理论学刊, 2003(3):48.
[8] 叶国灿.论家族制企业控制权的转移与内部治理结构的演变[J]. 管理世界, 2004(4):147.

权是指能够在股东会、董事会和经营层这三个层面实施领导或能够执行的权力，企业的控制权应当属于企业的股东及其代理人。[1]

随着经济理论的发展，“剩余控制权”也逐渐被引入国内，并被一部分学者认同。张维迎将企业控制权定义为企业“剩余索取权和控制权”“剩余索取权和剩余控制权”，企业控制权是“可以按任何不与先前的契约、惯例或法律相同的方式决定资本所有用法的权力”。[2]年志远认为，剩余索取权和控制权共同构成企业所有权。企业的股东、经营者和生产者都拥有企业所有权。[3]刘磊和万迪昉将控制权划分为核心控制权与一般控制权，核心控制权是指企业控制权中能够控制和影响其他控制权的控制权，一般控制权是指企业权力中受核心控制权控制和影响的控制权。

总的来看，国内对企业控制权的研究集中在控制权的配置和运行等方面，对于控制权的概念及内涵还没有一个明确、统一的说法。

二、控制权来自哪里

企业控制权的来源非常重要，决定了控制权的形成、取得和使用等一系列问题。年志远、胡继立认为，企业控制权的来源决定着控制权的实际归属。[4]梁洪学提出，任何权力都有其特定的来源，控制权的基础是所有权，控制权尤其是经营控制权的来源实质上是出资者所有权的部分让渡。[5]

[1] 蒲自立,刘芍佳.论公司控制权及对公司绩效的影响分析[J]. 财经研究, 2004(10):5.

[2] 张维迎.所有制、治理结构及委托–代理关系[J]. 经济研究, 1996(9):3.

[3] 年志远.企业所有权概念辨析——兼与张维迎教授商榷[J]. 吉林大学社会科学学报, 2003(2):28.

[4] 胡继立,年志远. 企业控制权理论研究[M]. 北京: 中国社会科学出版社, 2017:89.

[5] 梁洪学. 公司控制权的演进及其本质、来源和特征[R].全国高等财经院校《资本论》研究会2009年度（第26届）学术年会论文集, 249.

1.企业控制权的主要来源

国内外学者对控制权的来源进行了多方面的研究和讨论，一般意义上认为，物质资本和人力资本是企业控制权的两个主要来源。也就是说，控制权源于对企业的物质投入和人力投入。

（1）物质资本是企业控制权的基本来源。委托代理理论假设了控制权来源于所有权，即委托人提出契约安排，由代理人选择接受与否。这种情况下，即使代理人具备信息优势，能够利用信息不对称进行机会主义行为，但是委托人可以通过契约对代理人进行激励与约束，以使代理人能够以委托人利益最大化的目标而进行经营活动。委托人之所以能够通过契约控制代理人，其控制权就源于对企业物质资本的所有权。

格罗斯曼、哈特、莫尔等共同开创了GHM（格罗斯曼–哈特–莫尔）理论，又称GHM模型。国内学者一般称之为“不完全合约理论”或“不完全契约理论”。GHM 理论把所有权等同于控制权，认为由于合同不完全，所有权是权力的来源，而且对物质资产的控制权能导致对人力资本的控制权，因此企业控制权的主要来源就是对物质资本的所有权。

胡晓阳认为，在企业控制权资格认定上，对物的权力首先导致了对企业的权力，作为规则赋予的权力优先于事实赋予的权力。因此，对企业的控制，首先要获得权力资格，而权力资格来源于合法、正式的产权安排，这种产权安排决定了控制权首先是一种正式的产权。[1]张维迎认为，因为钱有显示能力的作用，所以历史上从来都是资本雇用劳动，而不是劳动雇用资本。“资本雇用劳动”这一观点也证实了企业的控制权

[1] 胡晓阳.企业控制权的理论解释与实证分析[M]. 北京:经济科学出版社, 2005:46.

来自物质资本。

阿尔钦和德姆塞茨指出，在企业的团队生产中为减少成员偷懒而实施有效监督的监督者特权，源于其是剩余索取者，是物质资本的所有者。

（2）人力资本依附于物质资本形成企业控制权。随着后工业时代的到来和知识经济的发展，企业中人力资本的重要性和价值创造日渐突出。20世纪60年代，美国经济学家舒尔茨和贝克尔创立了人力资本理论。这一理论的核心要点是：人力资本的作用大于物质资本的作用，人力资本的核心是提高人力资源的质量。

巴泽尔认为，人力资本产权可以得到完全的界定，属于主动性资本。不论何时，个人察觉到某种行动能增加他们权利的价值，他们就会采取这种行动。人力资本自身的主动性决定了人力资本本身和企业其他资本的回报价值。因此，企业人力资本的拥有者应取得剩余索取权。[1]

布莱尔认为，企业利益相关者的共同利益最大化是现代企业的经营目标。企业中的经理、员工都是企业的利益相关者，作为人力资本所有者，他们投入到企业中的人力资本具有不同程度的专用性，他们为人力资本的专用性承担了风险，因此也应当与股东一起分享企业控制权。[2]

科斯的企业合约理论提出，企业是一种特别市场契约，因为在企业合约中包含了对劳务的利用，即市场里的企业是一个人力资本与非人力资本的特别合约，作为缔结契约的当事人——人力资本所有者必须是产权主体。

赵晓阳认为，企业对人力资本没有所有权，所以，企业控制权只在一定程度上拥有对人力资本的控制权。与之相对，物质资本与企业关

[1] YORAM BARZEL:Productivity change, public goods and transaction costs[J]. Economists of the Twentieth Century (London:Edward Elgar),1995.

[2] 玛格丽特.M.布莱尔、马克.J.罗伊.雇员与公司治理[M]. 北京:中国人民大学出版，2014:60.

系是相对稳定的。企业控制权对于人力资本的使用的权力主要体现在人力资本与物质资本是否结合、如何结合。人力资本与物质资本的结合关系，以及和企业的关系是处于不稳定状态的。[1]

哈特理论的重要内容是认为物质资本影响着人力资本。企业雇主与雇员之间是契约关系，雇员可以选择是否签订契约以提供人力资本，进而创造物质价值；与此同时，雇主也可以选择性地对任何一个雇员实施解雇行为，其本质是终止与雇员的人力资本的合约关系，但同时影响物质资本的情况。也就是说，是企业中的非人力资本，将各种要素"连结"在一起。雇用的本质就是让人力资本与非人力资本结合，解雇实际上就是让人力资本与非人力资本相分离。即使在人力资本是主要价值来源的企业中，非人力资本也就是物质资本的这种作用依然是存在的。哈特认为："如果没有某种将企业凝聚在一起的非人力资本，那么企业只不过是一种幻影而已。"[2]

费方域认为，非人力资本可以由别人直接控制，其控制权是可以转让、买卖的，而人力资本则是不能被别人直接控制的，它的控制权也是不可以转让和买卖的。[3]

上述观点阐明了一个事实，即对非人力（物质）资本的控制将导致对人力资本的控制，人力资本依附于物质资本形成企业控制权。物质资本作为企业连结物的观点，是对企业本质的一种重要阐释。

2.企业控制权来源的类型与构成

我国学者年志远和胡继立在对企业控制权来源的研究中，提出了企业控制权的直接来源与间接来源。

[1] 胡晓阳.企业控制权的理论解释与实证分析[M]. 北京:经济科学出版社, 2005:46.

[2] ARMEN ALCHIAN, HAROLD dEMSETZ. Production, Information Costs and Economic Organization[J]. American Economic Review, 1972 (50):787.

[3] 费方域. 企业的产权分析[M]. 上海:上海三联书店,上海人民出版社, 2006:30.

（1）直接来源。企业控制权的直接来源，是指一旦进入企业便可以直接体现为企业控制权，而不需要通过转变存在形式和性质的资本来源，这类资本只能是物质资本，包括实物资本、货币资本、证券资本等。

罗能生在《产权的伦理维度》中，从产权的维度出发，将物质资本的来源细分为先占、受赠、投资和劳动等方式。[1]①来源于先占的物质资本是指蓄意占有在当时为无主的财产或自然资源，这是最原始、也是最基本的获取资本的方式。②来源于受赠予的物质资本，是指赠予人将自己的财产无偿给予受赠人，同时受赠人接受这些财产的一种行为。③继承获得资本的方式，是以某一自然人的生命结束为标志，由此人在生前指定继承人或按照血缘关系进行资本转移的一种方式。受赠和继承都需要通过一定的法律程序、依从一定的法律依据来完成。先占、受赠和继承这三种资本来源，都是人类获得资本的最原始和最基本的权利，这三种来源并不是新创造出来的资本，[2]而是一种资本转移和过渡的过程，同时也具有间接和被动的性质。

胡继立在产权理论的基础上，进一步提出了通过投资和劳动等经济活动也可以获得资本。①来源于投资的物质资本，是指通过市场合理利用资本来实现资本增殖，这种投资行为必须依赖于市场才能够进行，其本质是通过以自己的资本向他人提供服务而获得收益，方式有证券投资、生产投资、商业投资等。通过投资获取资本，是当前市场经济中占据主导地位的资本来源方式。②来源于劳动的物质资本，是指人们通过劳动力的使用或消耗进行的资本生产和创造的过程。简言之，来源于劳动的物质资本就是指通过劳动而获得的财产权利。

（2）间接来源。年志远、胡继立认为，企业控制权的间接来源是

[1] 罗能生. 产权的伦理维度[M]. 北京:人民出版社, 2004:152.

[2] 年志远. 二元产权经济学[M]. 北京:经济科学出版社, 2008:17。

指，某些资本在进入企业后需要通过转变存在形式和性质，才可以体现为企业控制权的来源。这类来源主要指非物质资本，包括个人的专业知识技能和知识产权、特殊社会关系、捕捉商机的能力以及创意、灵感等。这些资本往往附着在人类的劳动与思维中，以人力资本为变现方式、通过转变形式获得企业控制权。因此，也可以用“人力资本”来概括这类资本。[1]

“人力资本”具有一定的专用性特征。在企业生产过程中，虽然物质资本作为连结物，将投入到企业中的各类资本黏合在一起，但不能因此否定个人专业知识技能及知识产权在生产管理活动中的重要性。一方面，与物质资本可以在市场上大量取得不同，人力资本往往需要通过长周期的学习实践以及个人天赋等才能够获得，其价值往往是物资资本不可替代的。另一方面，人类社会关系中还存在人与人之间的关系，利用个人特殊的社会关系能够为企业带来巨大的商业利益。因此，这类具有特殊社会关系的人也是企业关键的稀缺资本。更应重视的是，人的能力是人力资本最独特、最重要的属性。这些能力包括学习知识的能力、发现机遇的能力、了解市场的能力、敏锐的观察能力、深刻的洞察力和创新的能力等。这些能力能够使企业获得商机和发展，并能由此产生利润和资本。

三、企业控制权的作用

企业控制权的作用体现在控制权功能上，目前与之相关的研究，主要集中在契约理论与控制权的关系方面，即企业控制权的功能，就是为了实现企业契约而能够发挥的作用，企业控制权的本质就是为了实现企

[1] 胡继立,年志远. 企业控制权理论研究[M]. 北京:中国社会科学出版社, 2017:90.

业契约的各主体的共同目标，并在实现共同目标的同时，兼顾个体目标的实现。企业控制权功能发挥的情况直接影响企业契约的实现。

1.节省交易费用是企业契约最本质的目的

科斯在《企业的本质》中指出："考虑到如果生产是由价格变动来调节的，那么生产就可以在没有任何组织机构存在的情况下进行，我们便要问'为什么还会存在组织机构？'"[1]科斯认为，企业存在的目的就是因为市场上交易费用的存在。现实中，市场机制是存在摩擦和成本的，为了节约交易费用而出现了企业这种组织形式。

科斯将经济主体之间的各种契约关系划分为"市场契约""企业契约"。市场契约完备性较高，交易双方的权利与收益通过明确的规定得到保护，双方无需面对道德风险。企业契约由于交易费用产生的不完全性存在，导致道德风险几乎天然存在，所以需要通过控制权来解决。在企业中，权威是配置资源的主要方式，其成本为组织成本和科层官僚成本；在市场上，通过价格机制进行资源配置，其成本是交易费用。如果把企业的组织成本视为一种交易费用，那么企业的边界就是交易费用与组织、科层费用两项成本的边际相等。科斯认为，企业存在的目的就是节约交易费用，如果交易费用大于企业自身的组织费用，则企业不存在。

2.组织租金的创造和分配是市场契约最重要的目的

阿尔钦和德姆塞茨认为，团队生产才是企业的最根本的特性。他们在《生产、信息费用和经济组织》中指出，"如果团队产出超过各要素独立生产的产出之和并足以抵补组织和约束团队成员的成本，那么团队生产就会被采用"。[2]团队生产的特征主要包括：①使用几种类型的资源；

[1] R.COASE.The nature of the firm[J]. Econometrica, 1937:388.

[2] 阿尔钦,德姆塞茨．生产、信息费用与经济组织[M]//路易斯·普特曼,兰德尔·克罗茨纳.企业的经济性质.上海:上海财经大学出版社, 2000:284.

②产品不是每个合作资源的可分离的产出之和；③并非所有被用于团队生产的资源都属于一个人。团队生产获得的总收入必须在各种要素所有者之间进行分配。每一个要素所有者参与企业契约的基本条件是，他参与企业契约的收入不能低于这种要素在市场契约中所能获得的收入。这些要素的最基本要求的收入加总在一起，就是企业的保留收入。企业的存在与发展需要企业能创造出超过每个成员独立生产的收益，这个高于团队成员的保留收入的部分就是团队协作产生的组织租金。如果团队生产的产出大于各个成员独立生产之和，即存在报酬递增特性，能够弥补组织和管理每个成员的成本，团队生产就应该被采用。相反，如果团队效益低于各要素单个生产之和，或者不能抵补组织和约束团队成员的成本，那么企业组织就不会被采用。所以，企业存在是以创造组织租金为前提的。

阿尔钦和德姆塞茨认为，企业的根本性质是创造和分配组织租金；组织租金的分配会直接影响每个成员行为，也影响到组织创造租金的能力。所以，组织租金的创造和分配是一个封闭的循环系统。[1]企业存在的意义不仅是节约交易费用，更重要的是要产生递增的报酬。[2]

3.实现契约是企业控制权功能的目标

胡继立、年志远认为，根据企业契约的目标，控制权功能可以分为基本功能和发展功能。[3]企业控制权的基本功能，就是保证其所有者在企业契约中的利益不被别人无条件占有，保护参与者的保留收入和可能获得的组织租金。企业控制权的发展功能，就是解决企业契约中组织租金的创造和分配问题，保证组织租金的创造和分配的有序性，引导经

[1] 刘心群. 企业本质:组织租金的创造与分配[J]. 重庆教育学院学报, 2009(4):25.
[2] 德姆塞茨. 所有权、控制与企业[M]. 北京:经济科学出版社, 1999:87.
[3] 胡继立,年志远. 企业控制权理论研究[M]. 北京:中国社会科学出版社, 2017:100.

营管理者通过努力实现与出资人的共赢。

四、企业控制权的归属

明确了企业控制权的概念、来源与功能后，控制权应当配置给谁，控制权中不同成分的权力分别应当由谁来行使，才能够保证契约的执行，实现所有者与经营者的利益最大化，是企业控制权研究最关键的问题。

1.国外对企业控制权配置的研究

国外学者对企业控制权配置的研究，集中在企业控制权配置与企业效率、企业控制权在资本所有者与企业家之间的配置方式，以及影响企业控制权配置的因素等方面的问题。

阿吉翁和博尔顿把控制权配置作为决定企业价值的一个决策变量来分析，在不完全契约的前提下，研究了受财富约束的企业家与不受财富约束的资本所有者之间的控制权配置规律：如果企业家控制权收益随总收益的增加而增加，则企业家控制是最优的；如果货币收益随总收益的增加而增加，则投资者控制是最优的；如果企业家的控制权收益和投资者的货币收益都不随企业总收益的增加而增加，那么相机控制是最优的。同时，他们发现，控制权配置不仅对企业家和所有者的个人收益产生影响，而且还会影响企业的价值。

阿吉翁和博尔顿建立了一个当事人受财富约束下，经理人（有技术无资金）和资本家（有资金无技术）的市场签约模型。他们指出，控制权的相机配置要求在企业债权融资时，如果能按规定偿还债务，则剩余控制权配置给经理人；如果不能按规定偿还债务，则剩余控制权配置给投资者。哈施密特进一步提出了状态依存控制权配置，认为尽管现实中无法直接根据自然状态来确定控制权配置，但通过将控制权和现金流权连接起来，就可以实现自然状态的隐性契约化。[1]

哈特等人通过进一步研究提出，经营者与投资者之间或不同投资主体之间的关系是动态而不是静态的，这一关系随着时间的推移将会出现一些不可测事件，而这些事件在双方的初始交易或契约中，是不能轻易被预测或列入契约条款的，此时谁拥有控制权将显得非常重要。[2][3]

瓦乌赫科宁提出了连续且相机转移的控制权配置模型，结果显示，如果绩效信号显示为“坏”，投资者获得全部控制权；如果信号质量为“中”，则缔约双方共享控制权（联合控制）；如果信号显示为“好”，则企业家保留全部控制权。[4]

罗杰和津加莱斯的研究表明，内部控制权配置与管理科层和资本配置有关。[5]梯若尔等人放弃了抽象意义上的“剩余控制权”概念，认为实际控制权的配置应该与信息和知识的分布相对称。也就是说，控制权应该配置给掌握信息和知识的人，这样可以降低控制权配置的成本。

2.国内对企业控制权配置的研究

国内学者对企业控制权配置的研究，主要从物质资本、人力资本及利益相关者在企业中的作用和价值等角度，探讨了企业控制权配置的最优路径。

张维迎指出，让物质资本所有者作为风险承担者掌握企业剩余索取权与控制权，即“资本雇佣劳动”。[6]决定生产要素相对重要性的标准是资本的风险抵押性，能够承担风险抵押功能的资本重要于不能够承担风

[1] GEORG GEBHARDT, K M SCHMIDT. Conditional Allocation of Control Rights in Venture Capital Finance [EB/OL]. http: //www. ssrn. com.

[2] HART O. Firm, Contract and Financial Structure[M]. Oxford: Oxford University Press, 1995:256.

[3] ANDREI A, KIRILENKO. Valuation and control in venture finance[J]. Journal of Finance, 2001(2):565.

[4] VAUHKONEN. Financial. Contracts and Contingent Control Rights [EB/OL]. http://www.ssrn.com.

[5] RAJAN R, LUIGI ZINGALES. Power in a Theory of the Firm[J]. Quarterly Journal of Economics,1998 (2): 387.

[6] 张维迎. 博弈论与信息经济学[M]. 上海:上海人民出版社,1996:422.

险抵押功能的资本；相对于人力资本而言，物质资本更能够承担风险抵押功能，因此企业的控制权应配置给物质资本所有者，从而形成“资本雇佣劳动”式的所有权结构。[1]

杨瑞龙、周业安论证了在企业中控制权应主要或部分配置给人力资本所有者。他们认为，决定生产要素相对重要性的标准是资本的专用性和专有性，具有专用性和专有性特点的资本比通用性和非专有性特点的资本更为重要；相对于物质资本而言，人力资本更具有专用性和专有性，因此企业的控制权应主要或者部分配置给人力资本所有者，从而形成“劳动雇佣资本”式的所有权结构。[2]

杨瑞龙、周业安认为，企业是“一个难以被市场复制的围绕关键性资源而生成的专用性投资网络”，物质资本并不是企业唯一的关键资源。除投资者外，其他与企业的相关方，如供应商、顾客、企业经营者、员工等都承担了企业经营的风险，同样在承受着企业收益的不确定性。因此，基于风险与控制权相匹配的配置原则，企业的控制权应由这些利益相关者来共同掌握。

许红军、田俊改通过建立创业企业控制权最优分配模型，研究了创业企业控制权如何在创业投资家和创业企业家之间实现最优分配。他们发现，以投资家为代表的董事会应获得与战略管理相关的控制权；以创业者为代表的经营层应获得与日常相关的管理控制权。[3]

曾楚宏等人指出，企业的控制权配置行为不仅是节约交易成本的效率性行为，同时也是追求持续竞争优势的战略性行为，企业中的各要素所有者根据自己所掌握的资源是否具备成为战略性资本的充要条件，而

[1] 张维迎. 所有制、治理结构和委托–代理关系[J]. 经济研究, 1996(9):3.
[2] 杨瑞龙,周业安. 论利益相关者合作逻辑下的企业共同治理机制[J]. 中国工业经济, 1998(1):38.
[3] 许红军,田俊改. 创业企业控制权配置模型研究[J]. 中国民航大学学报, 2007(8):49.

进行讨价还价来配置控制权。由于在企业成长的不同阶段，符合战略要求、能够成为战略性资本的资源并不相同，由此导致了企业的控制权配置是一个动态演进的过程。[1]

覃家琦探讨了管理层中控制权的配置，他假定企业“稳定且规范运行”，将控制权划分为非人力资本控制权和人力资本控制权（即决策控制权），非人力资本配置取决于管理结构的设计，而决策控制权的配置依附于管理结构，从而具有层级性，程序性决策权取决于岗位，非程序性决策权则受到个人的影响。[2]

李美清认为，企业控制权配置效率体现在两个方面，即合格的控制权主体和控制权的有效运用。前者是关于代理人选择，后者是关于代理人的监督与激励。[3]以上学者的观点，共同点都是从生产要素自身性质来寻找可衡量的标准，在不同标准的选择下，对企业控制权配置问题进行研究。

总的来看，国内学者的研究大体上可以概括为：企业控制权配置的对象选择有三个，即物质资本所有者、人力资本所有者以及利益相关者。

第三节　中国国有企业控制权

一、中国国有企业控制权来源

企业控制权来源主要有物质资本和人力资本，国有企业同样由物质资

[1] 曾楚宏,林丹明,王斌. 基于资源基础观的企业控制权配置论[J]. 中南财经政法大学学报, 2008(5):32.
[2] 覃家琦. 企业管理科层中的控制权配置[J]. 当代财经, 2008(11):84.
[3] 李美清. 我国国有企业控制权配置优化探析[J]. 科技创业月刊, 2007(99):39.

本和人力资本构成。因此，国有企业控制权的主要来源为国有物质资本和人力资本。

1.中国国有企业的物质资本

国有物质资本是指由国家投资的资源、资产、实物等类型的资本，这些资本从投入企业的一刻即转化为企业控制权。国有物质资本主要包括资源性资本、实物资本、金融资本等。资源性资本是指国家依据主权原则拥有的自然资源所形成的资本。包括矿产资源、水资源、森林资源、草原资源、动植物资源、土地资源、海洋资源等。资源性国有资本具有垄断性、稀缺性等特征。实物资本是指能够投入生产用于产品制造的国有资本，如厂房、设备、办公用房、车辆等，实物资本通常为生产所必需且能长期发挥作用，并有很强的专用性。金融资本是一种新的资本形式，其含义有广义和狭义之分。广义的金融资本在财务语境下被称作货币资本，包括但不限于：现金、存款、票据等在金融市场上能够自由买卖并相互转化的资本；狭义的金融资本是指在金融市场上交易的契约、协议、票据等形式的资本，这类资本一般以货币为单位，交易对象为金融机构的存贷款。长期以来，金融资本并没有被视为一种国有资本，但近些年来，随着经济体制改革的推进，金融资本的总量已经极大地增加，越来越凸显出其重要性。

2.中国国有企业的人力资本

人力资本是一种特殊的资本，是指企业所拥有的人力资源的服务潜力或获利能力。人力资本的获得主要来源于人力资源投资。实践证明，投资人力资源所获得的增值是巨大的，其收益比远非物质资本可比。国家通过制定和实施有关法律、政策、条例和社会发展经济计划，对教育进行投资，以及对国有企业内的员工进行培训、再教育等方式对人力资本进行投资，形成了大量人力资本。这部分人力资本包括专业技术、管理技能、高精尖科技等。虽然人力资本内含于人类个体，但国家在对其投资后，通过契约等方式拥有了其一定的使用权，并通过契约、绩效考核等方式进行管理和约束，使人力资本转化为创造企业价值的生产力，这也是控制权的又一个主要来源。

综上，国有物质资本与人力资本共同成为国有企业控制权的主要来源。

上述内容参见图1–1所示。

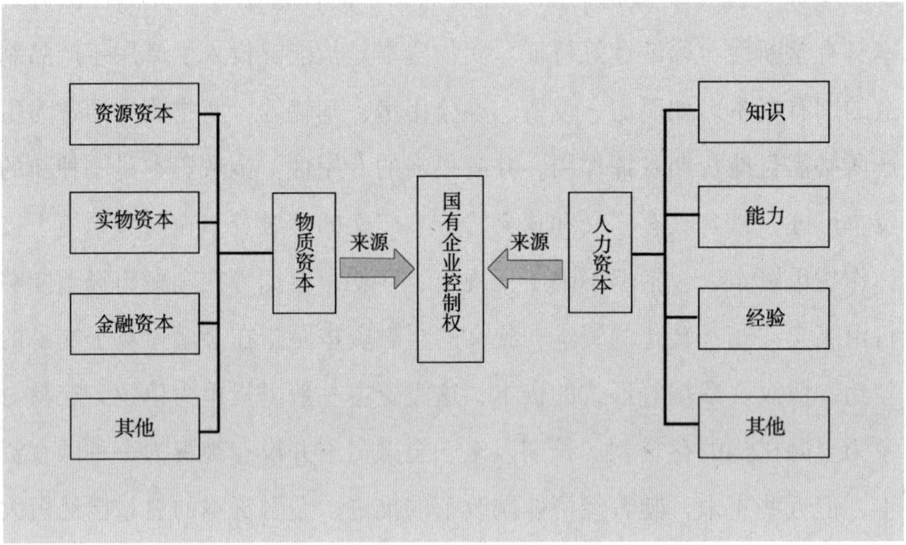

图1–1　国有企业控制权构成

二、中国国有企业控制权功能

国有企业控制权的功能，大体上分为基本功能、发展功能两个方面，其中，基本功能主要是“保值”，即防止国有资本在委托代理关系下，被利己主义、机会主义侵害，维护国有资本安全；发展功能主要是

“增值”，即创造和分配组织租金。同时，国有企业作为企业的一种特殊形式，其企业契约与其他类型的企业相比具有一定的差异，其目的除了企业共有的经济目标外，还有一些基于政治、社会责任等的非经济目标，这一点在中国国有企业中尤为明显。

1.基本功能

国有资本归全体人民所有，控制权不可能分散到每一个个体单独行使。现实中，政府一般将控制权委托给国有资本管理部门或机构，并授权国有企业董事会、经理层等治理主体具体行使控制权。这就导致控制权的所有者和执行者间存在一连串的委托代理环节，信息不对称问题被放大，逆向选择和道德风险由此而生。近年来，国有资本管理机构不断强化监管，保障国有资本不被侵害和流失，促进国有资本的保值，其目的也正在于此。

2.发展功能

国有企业控制权的发展功能，其目的是通过组织租金的创造和分配，实现所有者权益的扩大，在中国国有企业语境下阐述为“国有资产增值”。中国国有企业作为国民经济的支柱，虽然近年来在国民经济中的总占比降低，但资本总量和盈利水平实现了大幅增加。

一是盈利能力的提升。2014年至2021年，国有企业营业收入由48.06万亿元增加到75.55万亿元，利润总额由2.48万亿元增加到4.52万亿元，应交税费总额由3.79万亿元增加到5.36万亿元。国有建筑业企业在2011年至2020年的10年间，企业单位数量由4642个减少到3746个，但是总产值由2.04万亿元增长到3.49万亿元；利润总额由473亿元增加到1089.48亿元。国有资本实现保值增值，经济效益稳步提高。如表1–1、表1–2所示。

表1–1　2014—2021年国有企业营收利润情况

年份	营业收入（亿元）	利润总额（亿元）	应交税费总额（亿元）
2014	480636.4	24765.4	37860.8
2015	454704.1	23027.5	38598.7
2016	458978	23157.8	38076.1
2017	522014.9	28985.9	42345.5
2018	587500.7	33877.7	46089.7
2019	625520.5	35961.0	46096.3
2020	632867.7	34222.7	46111.3
2021	755543.6	45164.8	53559.9

资料来源：国务院国有资产监督管理委员会网站。

表1–2　国有建筑业企业总产值与利润情况

年份	企业单位数（个）	总产值（亿元）	利润总额（亿元）	税金总额（亿元）
2011	4642	20436.81	473	674.64
2012	4602	22930.19	537.66	712.68
2013	3847	20739.02	–	–
2014	3753	22069.45	564.81	640.73
2015	3603	21767.07	633.31	661.37
2016	3593	23849.02	620.25	656.64
2017	3453	26414.38	713.43	644.29
2018	3358	28273.22	813.46	700.77
2019	3309	30662.35	907.90	617.19
2020	3746	34882.17	1089.48	693.58

资料来源：中华人民共和国国家统计局《中国统计年鉴》，从2011年至2020年各期。

二是国内外竞争实力的提升。2021年美国《财富》杂志公布的世界500强中，中国上榜国企数量为95家，占中国上榜企业85%；其中，国务院国资委监管的中央企业及子企业共有49家，比2010年增加19家；在排名前五的企业中，中国企业占3家，分别为：排名第二的国家电网有限公司、排名第四的中国石油天然气集团有限公司、排名第五的中国石油化工集团有限公司。中国建筑、平安保险、工商银行进入前二十强。中交集团、中国中铁、中国铁建等建筑行业的国有企业，年销售收入都在千亿元以上。美国《工程新闻纪录》（Engineering News Record，ENR）杂志发布的2021年度“250家国际承包商”和“250家全球承包商”排名，其中，“250家国际承包商”（the top 250 international contractors）中，共有78家中国企业入围，上榜企业数量继续蝉联各国榜首，二十强中有6家国企；“250家全球承包商”（the top 250 global contractors）中，名列前六名的都是中国国有企业，分别是中国建筑、中国中铁、中国铁建、中国交建、中国电建、中国中冶。国有企业的发展壮大，尤其是一批具有国际竞争力的大型国有企业的崛起，成为体现中国综合国力的重要代表。

3.中国国有企业控制权的其他功能

国有企业控制权还存在一些其他功能，主要是围绕国有企业非经济目标的实现。包括：实现国家战略、提供公共产品或服务、为社会提供就业岗位、收入分配调节、维护市场经济秩序等。国有企业是政府干预经济的重要手段，发挥着宏观经济稳定器的功能。

在我国，国有企业担负着较多的企业社会责任。2016年国务院国资委发布《关于国有企业更好履行社会责任的指导意见》，明确了国有企业履行社会责任的指导思想、基本原则、主要目标和方向措施，要求国有企业履行社会责任，以维护国家出资人即社会公众利益为出发点和落脚点，以高质量的社会公共产品和服务创造经济价值、社会价值和生态价值，促进可持续发展。

一是健全社会责任工作管理系统。国有企业将社会责任融入企业战略和重大决策、日常经营管理、供应链管理、国际化经营等方面，探索建立社会责任指标体系，建立健全社会责任报告制度，加强社会责任日常信息披露，并积极推动利益相关方参与。2021年，国务院国资委将ESG（environmental环境、social社会、governance公司治理）纳入推动企业履行社会责任的重点工作，围绕企业的本质责任、环境责任、社会责任、管治责任等四大维度来剖析赋权。该体系建设立足中国经济社会发展大局，体现新发展理念，充分考虑碳中和碳达峰战略要求、乡村振兴宏伟布局等"中国议题"，助力经济社会高质量发展。2021年度《企业社会责任蓝皮书》显示，国有企业社会责任发展水平继续领跑，发展指数连续13年高于民营企业与外资企业。

二是履行经济发展责任。"十三五"时期，国有企业累计实现增加值59.5万亿元，约占同期全国GDP（国内生产总值）的1/8；资本总额、营业收入、利润总额年均增速分别为12.7%、7.4%、10.7%，均高于同期全国GDP和规模以上工业企业有关指标增速，为我国经济增长提供了坚强支撑[1]。以中央企业为例，其一，中央企业深入贯彻落实区域协调发展总体战略，推动西部大开发形成新格局，推动东北振兴取得新突破，促进中部地区加快崛起，促进东部地区加快现代化。其二，中央企业作为中国经济发展的重要支柱，积极将自身发展与推进京津冀协同发展、长江经济带发展、粤港澳大湾区建设、长三角一体化发展等战略深度融合，"十三五"时期，累计完成投资17.9万亿元，比"十二五"时期增长36.4%。其三，中央企业在高质量共建"一带一路"上勇作主力，据统计，目前已有81家中央企业在"一带一路"沿线承担项目超过3400个，海外资本约8万亿元，为带动业务所在国（地区）经济社会可持续发展发挥了重要作用。其四，中央企业积极打造科技人才高地，截至2020年，

[1] 数据来自国务院国资委网站。

国内外研发机构数量达到4360个，国家重点实验室91个，拥有两院院士229人，各类科研人员超过100万人，高技能人才超过200万人，为我国实现科技高水平自主发展发挥了引领作用。

三是履行环境保护责任。国有企业坚持“生态优先、绿色发展”导向，践行“绿水青山就是金山银山”理念，不断加强节能减排机制和能力建设，推动科技创新成果转化、开发清洁能源、推动生态保护和修复、积极参与碳达峰碳中和行动等。中国“绿金企业100优”名单中，国有企业所占比例达到九成以上。以中央企业为例，“十三五”期间，央企万元产值综合能耗（可比价）下降17%，单位产值二氧化碳排放量下降到18%，二氧化硫、氮氧化物、化学需氧量、氨氮排放总量分别下降30%、25%、35%、31%，发电企业高能效的机组装机比例达到了50%以上，非化石能源的占比达到42%。中央企业在结合自身业务特点的基础上，进一步加强节能减排，在落实“两山”理念中发挥了示范作用。中国石化投资建设的全球在建的最大光伏绿氢生产项目，投产后每年可产绿氢达到2万吨。南方电网在南方五省份非化石能源装机、电量占比都超过50%，超过全球和全国平均水平，清洁能源利用率高达99.8%。中国三峡集团建设、运营的乌东德、白鹤滩、溪洛渡、向家坝、三峡、葛洲坝等6座大型梯级电站，有5座跻身世界前十二大水电站，总装机容量7169.5万千瓦，相当于三个三峡电站的装机容量，长江流域成为名副其实的全球“最大清洁能源走廊”。中国华电在乌江、金沙江水电开发中高度重视水土保持和生态保护工作，对岩原鲤、白甲鱼等一些濒临灭绝的珍稀鱼类实施了增殖放流保护项目，保护了野生动物资源。

四是吸纳社会就业。2020年以来，面对新冠肺炎疫情带来的不利影响，国有企业积极采取措施，聚焦贯彻落实国家“稳就业”战略，围绕解决高校毕业生、农民工、贫困地区劳动力三类重点人群的就业问题，集中开展大型网络招聘活动，统筹疫情防控、复工复产和脱贫攻坚等工作，在稳就业方面作出了贡献。以中央企业为例，据国务院国资委有关负责人透露，2020年6月，当年“中央企业累计提供招聘岗位数已超过100万个”。中央企业通过“空中”搞宣讲、测评上“云端”、面试连视频、签约无接触等措施支持应届生就业。在做好常态化疫情防控前提下，中央企业通过“点对点”方式，依托在建和新建项目大力吸纳农民工就业。同时，中央企业认真贯彻落实《中华人民共和国劳动合同法》和《中华人民共和国工会法》等法律法规，切实保障职工和农民工的合法权益，依法合规签订劳动契约，基本实现了养老保险、失业保险、医疗保险、工伤保险、生育保险“五险”和住房公积金、企业年金“两金”的全覆盖。

五是参加社会公共事业。国有企业积极参与重大自然灾害救援，投身国家社会经济发展，以实际行动践行“国之大者”。其一，参与脱贫攻坚和乡村振兴，充分发挥国有企业优势，推进贫困地区基础设施建设，加大通路、通电、通信、通航等投入力度，通过产业扶贫、就业扶贫、消费扶贫等多种方式，显著改善了贫困地区人民的生产生活条件。以中央企业为例，“十三五”以来，央企累计投入和引进帮扶资金近千亿元，承担地方结对帮扶任务1.2万个、派出扶贫干部超过3.7万人，在贫困地区直接投入和引进各类资金超过千亿元，其中无偿帮扶资金超过540亿元，定点帮扶的248个国家扶贫重点县全部脱贫摘帽。其二，在抗击新冠肺炎疫情中，国有企业在专用医院建设、防疫物资保障、生活物资供应、疫苗及特效药研发等方面作出了重要贡献。其三，2021年夏季暴雨频发，多地发生严重洪涝灾害，河南、山西等地发生特大洪灾，国有企业千里驰援、一线抢险，及时抢通道路、电力与通信设施，保护救助被困群众，中央企业一天捐赠现金超过10亿元。其四，2022年北京举办冬奥会，中央企业在竞赛场馆建设、京张高铁等基础设施建设、项目通信网络技术保障等方面，高质量、高标准参与冬奥会筹办、建设以及服务，为举办一届精彩、非凡、卓越的冬奥会作出了重要贡献。

三、中国国有企业控制权配置

中国国有企业的控制权配置，主要由物质资本所有者进行，其过程是一种授权委托关系，主要有行政任命、市场选择两种方式。其中，以行政任命为主、市场选择为辅。但随着国有企业改革的持续深化，市场选择的控制权配置方式正在越来越多地被采用。

行政任命方式，主要有以下几种：一是政府部门或党组织依照程序及管理权限，对国有企业的经营者进行任免。二是政府部门或党组织直接任命其官员成为企业的经营者。三是政府部门通过选拔（主要依据是政治能力或行政能力）任免国有企业经营者。行政任命的依据，是政府作为国有出资人代理的身份，这种配置方式带有国家机器的行政化和强制性特点，选拔经营者是单向选择的关系。

市场选择方式主要有以下几种：一是通过公开市场竞争，胜出者担任企业的经营者。二是依据经营管理水平选择经营者，根据能力、经验、业绩等条件择优录用。市场选择的本质是以竞争为核心决定控制权归属的配置方式，选拔经营者是双向选择的关系，企业既要挑选经营者的经营管理能力，经营者也以企业提供的收益、权力等为条件决定是否同意应聘。

第二章

国有企业的发展与演变

从世界范围来看，国有企业在几乎所有国家都存在。不同的历史时期，不同的市场体制、文化背景和制度安排下的国有企业，其治理模式、治理机构、治理机制和治理效果也截然不同。从中国古代的专卖制度和国家专营，到中国近现代的洋务派兴办的国营厂矿、北洋政府的官僚资本和民国时期的国家资本主义，以及在世界范围内第一、第二次世界大战前后的西方国家，国有企业始终扮演着极其特别和重要的角色。国有企业治理中控制权的动态演变，不仅是意识形态的差异所致，还有更深层次的政治、经济与社会等动因。对中国及外国国有企业发展和治理的经验进行梳理总结，有助于进一步深化认识和理解中国国有企业治理体系的形成原因和发展方向。

第一节　中国历史上的国有企业

一、中国古代的国家专卖制度

1.古代国家专卖制度的起源

大多数历史学家认为，最早实行国家专卖制度的是“春秋五霸”之首的齐桓公。据《管子·海王》记载，齐桓公问询管仲：“然则吾何以为国？”管仲的回答是：“唯官山海为可耳。”[1]当时的齐国面临着严重的国家财政收入不足问题，管仲因此提出了“官山海”的财政策略。其中，“山海”分别指“铁矿”和“盐”这两种当时最重要的资源。所谓“官山海”，就是将全国的“冶铁业”和“制盐业”全部收归政府经营，实行铁器和食盐的国家专卖。这是有史可查的最早的国有垄断经营。通过盐铁的专卖政策，齐国政府从中获取了大量的财政收入和垄断性利润，国力迅速增强，很快成为春秋时期的“霸主”。

这种“官山海”的政策，是当时对盐铁业的一种巧妙的国有化改造。国家通过垄断性控制和“专卖”形式获取了盐铁业的巨额利润，但从表面上来看，国家并没有另外增加税种或提高税率，而是以一种很隐蔽的方式获取了巨额财政收入，达到了所谓“民不益赋而天下用饶”的效果。同时，由于国家实行了较为规范和严格的监管，政府控制的食盐、铁矿价格相对稳定，人民生活也没有因此而受到损害。

2.古代国家专卖制度的发展演进

到了西汉，一场记载于《盐铁论》[2]中的“经济大辩论”显示出国家专卖制的争议。在这场大辩论中，桑弘羊等大臣代表着中央的利益，他们认为，“盐铁官营”等经济政策不仅可以充实国库，稳定物价，有效打击牟取暴利的富商，防止地方割据和分裂，而且充足的国家收入可以用于修建良田、兴修水利等，同时也能为当时针对匈奴的大规模战争提供充足的后勤保障。而“贤良文学人士”代表着诸侯国和地方豪强的利益，他们认为，实行盐铁官营经济政策是典型的“与民争利”，败坏了淳朴的民风，同时也违背了古代圣贤“贵德而贱利、重义而轻财”的信条。而且，由于专卖盐铁的官员很多是大商人出身，致使官商勾结无

[1] 房玄龄. 管子・海王（第七十二）[M]. 上海: 上海古籍出版社, 刘绩补注, 2015:421.
[2] 桓宽. 盐铁论校注[M]. 王利器校注, 北京:中华书局, 1992.

法有效监管，利用专卖权来谋取私利，逐渐形成了新的富人阶层，造成了新的分配不均和不稳定因素。[1]汉武帝力排众议，采用了御史大夫桑弘羊的国家垄断经营政策，推行了一系列垄断官营经济政策，将冶铁、煮盐、铸钱收归官营，盐铁由官府垄断专营以及运输和贸易，使政府对社会经济生活的控制和干预达到了空前的水平。

唐宋时期是我国商品经济发展的又一个高峰。在这一时期，国家专卖制度日趋成熟。由于唐宋时期所面临的北方游牧民族的威胁不断加剧，国防压力日益加大，巨额的财政开支使得政府不得不将专卖制度作为筹措财政资金的重要手段，国家专卖商品的范围进一步扩大，已由过去的“山海”发展到盐、铁、茶、酒、铸币等。宋朝末期，甚至对矾、香料等各类宝货以及各种金属矿物实行专卖。[2]元代以来，元、明、清统治者都继续推行官营专卖政策。明末清初，中国开始出现资本主义萌芽，商品经济发展迅猛，政府已不可能把所有的生活必需品、奢侈品和工业品实行完全的官营和专卖，官营和专卖的范围不断缩小。

3.古代国家专卖制度的总体评价

（1）促进政治稳定和经济发展。国家专卖制度作为古代国有经济的主要形式，在各个历史时期都发挥着缓解国家财政危机、加强中央集权统治的作用，不止一次地使内忧外患、岌岌可危的统治集团巩固了政权、渡过了难关。纵观整个古代史，封建王朝在财政状况困难的情况下，往往以更大力度推行或加强国家专卖制度，通过垄断资源售卖带来的高收益以维持王朝的统治。从另一个角度看，中国历史上虽然经过多次分裂，但大一统始终是历史的主流，这与专卖制度使得政府拥有相对丰裕的财政收入有很大关系。同时，由于中央财政的富裕，政府能够更

[1] 蒋银鸽. 从《盐铁论》中的专卖政策看当前的行政性垄断[J]. 商场现代化, 2009(23).

[2] 冯旭. 从禁榷制度的两面性透视当今我国的烟草专卖制度[D]. 北京:中国人民大学, 2010.

加有力地集中人力物力兴建大型军事、文化工程等，促进了古代科技文化等方面的繁荣和发展。

在特定的历史条件下，专卖制度对中国古代商品经济的发展是有一定贡献的。作为一种国有经济形式，专卖制度和私人资本的本质只有经营形式和资金来源的差异。《新唐书·刘晏传》记载，长安“盐暴贵”，朝廷“诏取三万斛以赡关中”，就是通过官府的专卖网络调节全国的物价平衡，保障了社会经济的正常运行，实现了“自扬州四旬至都，人以为神”。在古代运输技术条件受限的情况下，这样的运销规模和速度，私商显然是不可能做到的。明朝时期，国家专卖制度进一步走到台前，国家与私商形成了“共利”关系，商品经济的发展在专卖制的轨道上越走越远，发展的空间急剧扩大。从这个意义上讲，唐宋以来社会经济的高度繁荣，与专卖制度的演进密不可分。官营经济依靠政策和规模的引导，对古代偏远地区的经济发展起到了一定的促进作用。比如宋朝的盐茶专卖、明朝的云南“商屯”、清朝的滇铜外运等，都极大地促进了这些原本荒无人烟地区的开发，吸引了大量外来移民和商业资金，形成了贯通全国的商道网络，也为古代中国政府加强对边疆地区的政治影响力、经济控制力发挥了重要作用。

此外，国家专卖制度通过对私商的打压和抑制，在抑制民间商业资本做大的同时，客观上削弱了富商大贾、地方豪强的经济实力和政治影响力，减轻了封建地主势力对老百姓的压迫和剥削，缓和了阶级矛盾，使中央政权得以在一个稳定的环境中发展。从生产端来看，专卖制度以国家为主导，对粮食、盐铁等事关国计民生的资源和物资进行集中化管理、规模化生产，在降低成本的同时，保证了市场供应，稳定了市场物价，对改善人民生活具有积极的意义。

（2）抑制生产效率和市场发展。专卖制度作为国有经济的雏形，其实质仍然是国家垄断下的、以行政配置资源代替市场配置资源的原始的“计划经济”模式，自身的缺陷和局限性非常突出，主要表现在以下三个方面。

第一，专卖制度对生产效率的影响。由于国家排除了所有竞争对手，对市场形成了垄断，其自身缺乏改进技术、提升生产效率的动机，也没有扩大市场、提升规模的积极性。在一些历史时期，多次出现地方盲目扩大生产，导致盐等商品供大于求、大量积压，淮南地区生产的盐无处贮藏，只好“露积苫覆”，任其“岁以损耗”。同时，国家要实现对市场的全面垄断，必然需要建立一套庞大复杂的管理组织体系，因此形成了大量官僚层级，付出了高昂的组织成本与代理成本。在各层级、各派系的官僚机构互相扯皮、相互牵掣的情况下，经营管理的效率越来越低。

第二，专卖制度对社会公共利益的损害。国营经济对控制权的高度集中，使得官商的假公济私成为一种低成本的利己行为，社会大众的利益受到侵害，影响了经济发展和社会稳定。尤其是以盐铁政策为代表的专卖制度，在遏制私商操控市场的同时，衍生出了官商勾结、权力寻租的问题，国家代替私商对市场进行操控，对百姓利益的侵害并无减少。这一政策的直接后果，就是消费者（百姓）既丧失了议价权，更失去了选择权，出现了一个不受供需关系影响的“卖方市场”，消费者完全处于被动和弱势的地位，国家社会福利由此受到严重损失。

第三，专卖制度对工商业发展的扼杀。在自给自足的自然经济占主导地位的封建社会，日常生活必需品在全国范围内的流通是商业的主要发展形式，也是未来向资本主义迈进的萌芽。国家专卖制度的实施，使国家通过行政手段实现了对商品收益的独占。为巩固和发展这一利益，政府对专卖产品实行强有力的控制，建立起了一套垄断官盐、追缉私盐的制度体系和官僚班子。在高压打击下，小商贩无立足之地，纷纷转行或破产，在这种不存在自由竞争的市场机制下，工商业的发展也被扼杀在摇篮里。专卖制度人为破坏了封建社会市场上为数不多的商品的自由流动，不仅推迟了产品的商品化过程，也延迟了作为产品生产的手工业发展，使社会经济形态难以向更高阶段迈进。

二、中国近代时期的国有企业

近代中国国有企业历经了晚清、北洋、南京国民政府三个不同政权的更迭，其产权变更与演化在政权交替时期尤为复杂，从最初的官办、官督商办、官商合办形式，到抗战胜利后的国有大公司形式；其组织结构日益复杂，不仅有国有独资公司，也有国有控股公司等多种形式。

近代中国的国有企业发端于19世纪60年代清政府洋务派创办的官办企业，扩张、膨胀于南京国民政府时期，包括20世纪30年代南京国民政府成立的金融、交通和重化工企业，以及抗战胜利后接收日伪企业改组的各类国有企业，这些企业是近代中国企业的重要组成部分。

1.晚清时期的官办企业

一般认为，官办企业从封建时代官府兴办的手工业发展而来，其标志性的肇始事件则是“洋务运动”。19世纪60年代至70年代，以曾国藩、李鸿章、左宗棠、张之洞为代表的清政府洋务派官员，以“自强”为名先后举办了一系列的近代军事工业；70年代以后，又在“求富”名义下举办了大量的近代民用工业。

第一、第二次鸦片战争的失败，国内太平天国和捻军等农民反政府斗争运动的相继兴起，使洋务派官僚深深认识到加强国家军事力量的必要性。同时，战争的实践以及对战争失败的反思，又使他们认识到加强国家军事力量的关键在于武器装备的提高。因此，制船造炮成了御侮图强的第一步骤。“中国欲自强，则莫如学习外国利器”，基于这一思想，19世纪60年代开始，晚清兴办了一系列军事工业。曾国藩于1861年即在安庆创设中国第一个近代军事企业——安庆内军械所，制造新式子弹、火药、炸炮；李鸿章创办上海洋炮局、购买美资旗记机器铁厂、筹办江南制造总局；左宗棠创办福建船政局；张之洞创办汉阳铁厂，如此等等。这一时期，上海、南京、福州、天津、兰州、济南、汉阳等地相继创建了26个制造局，制造枪、炮、弹药、兵船和修配武器。

洋务派的企业主要是官办企业，是一种纯粹由政府投资经营的国有企业。洋务派的近代工业中，属于“官办”的有两类，一类是全部的军事工业，另一类是少部分与军事工业密切相关或关系国家重要利益的行业部门，如煤炭、钢铁、电报等。官办企业采取国家直接投资的方式，朝廷对国家投资兴办企业的控制是非常严格的，其创立和生产经营须由地方官吏向朝廷申报，经朝廷允准并拨付开办经费，再由地方政府专、兼职官员负责主持企业的日常生产经营。官办企业的资金由政府调拨，管理人员由政府委派（一般是地方官员担任），生产经营活动实行向中央政府报告制，企业基本没有自主权，被牢牢控制在清政府委派的总办、会办、帮办和提督手中。

但是，洋务派主要经营产业是军事工业为代表的重工业，采矿、冶炼、煤炭等关联产业作为其生产的基础保障，既是资源密集型企业，也是资金密集型企业，而当时的清政府受到几次战争赔款影响，财政几近枯竭，完全无法支撑这样规模的工业生产活动。因此，在“自强”目标的驱动下，洋务派的视野开始向建立完整工业体系的方向转型。“中国积弱，由于患贫。西洋方千里，数百里之国，岁入财赋动以数万万计，无非取资于煤铁五金之矿、铁路、电报、信局、丁口等税。酌度时势，若不早图变计，择其至要者逐渐仿行，以贫交富，以弱敌强，未有不终受其敝者"[1]。从19世纪70年代开始，在兴办军事工业的同时，洋务派开始大力兴办民用工业，涉及轮船运输、燃料、原料、铁路、电报、纺织等领域。其中较为重要的，包括工矿业方面的台湾基隆煤矿、湖北汉阳铁厂、直隶开平煤矿、黑龙江漠河金矿，航运方面的轮船招商局，电讯方面的电报总局，纺织方面的上海机器织布局、兰州织呢局、湖北织布官局，铁路方面的中国铁路公司，如此等等。

在洋务派的民用工业中，除了极少数为官办外，绝大多数采用官商合办和官督商办两种形式，其中又尤以官督商办为多。官督商办的股份制企业，是中国传统经济政策与西方股份公司制度相结合的产物。"官督商办"不仅反映企业投资创办的特性，而且指出了企业的运行管理模式。"官督"既是指国家的政策扶持，通过政府出面为企业的建立和经营提供优惠政策，例如垫资、缓息、减税、给予专营权等；也是指国家的监督管理，通过委派或任命企业经营管理人员，行使类似于现代企业制度下"董事会"的职能，代表政府对企业进行控制。"商办"是指商人作为出资人，在企业中担任"商董"或"会办"等职务，类似现代企业制度下的"股东会"，作为企业的大股东，在企业章程的议定、股本的筹集、日常的经营管理活动、盈利分配等方面体现出股权代表的决策权。

以上内容可以看出，洋务派的"官督商办"企业，类似于现代股份制企业的形式。其形成的原因是政府以出让部分控制权和经营收益为代价，吸收社会资本以解决自身资金不足的问题，在这种"股份制"下，政府及其委派的"总办"仍然直接管理和控制企业，而商人则按照入股出资的份额参与企业经营管理，除每年"摊还政府所垫拨的官款"以

[1] 李鸿章. 李文忠公全书·朋僚函稿:卷16[M]. 上海:上海人民出版社, 1985:25.

外，盈亏自负、“与官无涉”。然而，事实上这些企业始终都受政府的支配和控制，决策权、监察权和高管人员的任免权始终在政府手中，商人虽在名义上负责经营，但企业的章程议定、股本募集、重大采购、资金往来、利润分配等均需向政府报告并得到其核准。

19世纪90年代前，清政府力图通过兴办“官方控制”的近代军事、民用企业和加强对洋务民用企业的扶植与保护，以实现国家“强”“富”的政治梦想。中日甲午战争后，民族危机持续加深，洋务派内部矛盾加剧，清政府的政策逐渐由支持官办向扶持私营转变，多数官办、官督商办企业被商办企业所代替。据统计，自1895年至1900年，全国新设工矿企业共计147家，其中，官办12家、官商合办2家、官督商办3家、商办127家、中外合办3家；总资本额（不含官商合办、中外合办）2400万元，其中商办的资本额为2000万元，占总资本额的83.3%[1]。

1904年1月，清政府颁布了中国历史上第一部公司法——《公司律》，确定了股东大会、董事会、经理层（总办、总司理等）三权分立原则和权力约束制衡机制。但是，这一律令并未覆盖采矿、冶金等重要产业部门，尽管法律上有公司治理的相关规定，但清政府仍通过各种方式对企业进行渗透和控制（主要是人事任免）。虽然一些企业建立了形式上的股东会、董事会、经理层等治理主体，但真正意义上的法人治理结构并未建立起来，更遑论有效运作。

“戊戌政变”后，一方面，中国社会政治经济形势发生了深刻变化，“庚子赔款”使清政府财政陷入绝境，相应降低了对洋务企业的财力支持。另一方面，政府对近代工业的广泛提倡和鼓励，导致私人资本的大量投入，使洋务企业失去了原有的优越性，加之官场的腐败作风，

[1] 杜询诚. 民族资本主义与旧中国政府[M]. 上海:上海社会科学出版社, 1991:33.

从而在与私人资本企业的竞争中败下阵来。在晚清末期的洋务企业中，除少数军事企业和得到大量私人资本支持的民用企业外，大多数都衰败不堪或者是难以为继。

2.北洋政府时期的官僚资本企业

北洋政府时期，特别是在洪宪帝制后，各地军阀割据称雄，中央政府实际上名存实亡，原来由政府控制的工矿企业日益萎缩或转向商办。这一时期，新办企业绝大多数是商办的。[1]张謇于1913年10月任农商部总长后，鉴于官办企业"排调恢张，员司充斥"，"于财政上有徒然增豫计溢出之嫌，于实业上不能收商贾同等之利"，决定将隶属农商部的官办企业"概行停罢，或予招商顶办"。但这一行动只涉及隶属农商部的12家企业，并未触及其他直属北洋政府管辖的企业。

北洋政府的直属工厂，1912年为58家，1915年曾经上升到80家，1917年又下降到68家；而1917年68家企业的煤炭消费额，只有1912年58家企业的37.9%，职工人数也减少了。[2]袁世凯死后，政府更加混乱，对官办和官商合办企业的失控现象更加严重。江南制造局是清政府经营的重要官办企业，后来分为兵工厂和江南船坞，兵工厂在北洋政府时期因政府更替，经费无着，经营局面每况愈下。1925年初，北洋政府陆军部决定把这家重要工厂交商承办。1923年，财政部所辖广东造币厂资金链断裂，由中外合办的私营联商公司接手，政府失去了管理权和人事权。杭州造币厂"因浙省与中央既断绝关系，该厂乃改为浙江造币厂，并已将厂门刊竖之'财政部'三字铲去，表示不复受财政部之监督"[3]，成为地方军阀扩充实力的工具。政府对一般民用工业的官办或官商合办等企业的失控现象则更为严重，这些企业往往为所在地区的军阀所控

[1] 杜询诚. 北洋政府时期国家资本主义的中断[J]. 历史研究, 1989(2).

[2][3] 第六次农商统计表[M]. 北京:人民出版社, 1984:1.

制，变成地方官办企业，在地方军阀财政拮据时，这些企业往往被让渡予民营。

但是，在北洋政府时期，公司治理体制有了新的发展。1914年，北洋政府颁布《公司条例》，初步形成了近代中国公司的企业法人治理机制，这也成为近代中国公司制度发展的重要里程碑。法人治理机制实行股东会、董事会、监事会、经理层相互分工、相互制衡的机制，以维持各类要素拥有者的利益均衡。民国初年及北洋政府时期，股东会的权威大增，最典型的例子就是“五四”时期的中国银行事件。

1912年，经中华民国临时政府批准，大清银行更名为中国银行，实际履行政府中央银行职能。1914年，冯国璋任大总统的北洋政府任命张嘉璈为中国银行副总裁，主持改组工作。随后，《中国银行章程》（简称《章程》）正式出台，《章程》进一步明确了股东会的权责和地位，取消了官股控股、总裁政府任命制等条款，建立了股东大会、董事会、监事会等治理机构，明确“董事监事由股东大会选任，总裁、副总裁在董事中选任”。1916年5月，北洋政府爆发财政危机，引起银行挤兑，时任大总统段祺瑞下令停止兑现。中国银行随即召开股东大会，宣布“为保护股东利益、维持银行信誉，拒受停兑令，照常兑现”，公开显示了对政府干预公司治理的不满和抵制。此后，私人资本逐步取代官方资本掌控中国银行，银行业务也从“为政府服务”的中央银行，逐渐转为“为工商企业服务”的商业银行。到1924年，中国银行2000万元股本中，官股仅剩5万元，仅占比0.25%。

总的来看，北洋政府由于政权的不统一，对官办和官商合办的工业、金融、交通等企业失去了控制能力。这些企业有的转为民营企业，有的沦陷于地方军阀。清政府创立的国家资本主义经济，在北洋政府治下不仅没有发展，反而陷入了瓦解和中断。

3.南京国民政府时期的国家垄断资本企业

南京国民政府掌握政权后，中断了北洋政府后期推动国有企业民营化、以民营企业为主体发展经济的步调，取而代之的是大力发展国营工业。南京国民政府虽然号称以孙中山“节制私人资本，发达国家资本”的“民生主义”思想为圭臬，但“一面在口头上宣称要发展中国经济，一面又在实际上积累官僚资本”[1]，打着发展国营企业的招牌，实质上对关系国家经济命脉的行业实行市场垄断，为其以武力和财富为支撑的霸权政治提供物质基础。

1928年7月，南京国民政府财政部召开第一次财政会议，提出了实行关税自主、整理公债、统一全国财政、建立国家银行等政策。至1935年，南京国民政府基本掌控了国家金融体系，构建起了以“四行二局”为框架的金融业“蒋家王朝”。依托对金融业的垄断，南京国民政府进一步将支配的触手伸向其他行业，建立了资源委员会、兵工署、合作金库、农本局等一系列国家资本控制的垄断企业，实现了对国民经济关键部门的全面控制。比如，农本局以“救济农村”为名，加强了对农村经济的控制；资源委员会大举投资办厂，乘民族工业困难之机对之进行收购、渗透，取得了大量民营企业的控制权，如此等等。这一时期，国家资本从金融业到工商业，全面加强了对国民经济部门的控制，形成了南京国民政府控制下的国家资本垄断经济形态。

这一阶段，国家资本股份制企业的特点是，国家政权的资本控股或代表国家权威的力量在掌控企业，确保企业被政府掌握，企业发展的方向为政府服务。以金融业为例，中国银行在1928年以前是民营股份公司，1928年改组加入官股 500万元，占据总股本2500万元的1/5。1935

[1] 毛泽东. 论联合政府. 摘自毛泽东选集:第3卷[M]. 北京:人民出版社, 1991:1069.

年，国民政府以政治指令的方式对中国银行进行增资改组，强行加入官股2000万元，宋子文被指任为中国银行董事长，大权在握。这次改组，改变了之前中国银行“商办及独立自主的原则与地位”的经营方针，成为听命于国民政府的国营银行。

抗日战争时期，在战时经济统制体制的特殊条件下，国家资本迅速发展和膨胀。“九一八事变”后，南京国民政府转向战时体制，提出重点发展国营企业。“七七事变”后，南京国民政府成立中央、中国、交通、农民等四大银行联合办事处（四联总处），对金融行业实行国家垄断；资源委员会以政府名义控制战争资源，对经济实行全面干预。1939年，国民党五中全会通过决议，国民政府大力扶持国营工业，基本上控制了国统区的金融、工矿、交通、贸易等领域，加速了国家垄断资本的形成。到抗战后期，国家资本和官僚资本已处于压倒性优势。

这一时期，中国国营企业的主要形式，是国民政府以控股、参股等形式与地方政府合办，或者通过对其他民营企业的资本、人事渗透，而形成的国有资本控（参）股公司。相关资料表明，到抗战胜利前夕，国统区以国营、公营、省营等各种形式存在的国有资本，大致上已占到辖区内近代工业资本总额70%左右的比例。[1]国有公司的力量在抗战时期获得了巨大的扩张，成为国民经济中的重要力量。

总的来看，国民政府时期对国营企业的治理，基本方式是依靠国家行政或法律手段，对企业的生产经营进行直接干预或控制，公司治理结构受到政府控制，无法独立经营和运作，呈现出“行政的强控制”特征，国营企业成为政府实现其政治或经济目标的工具。所有者权益让位于行政力量，或在行政力量介入下大大弱化，使公司的经营目标发生转移，成为政府行政目标下的附庸。

---

[1] 杨勇. 近代中国公司治理思想研究[D]. 上海:复旦大学, 2005.

国民政府控制下的国营公司虽然没有股东大会的设置，但是建有相应的董事制度，董事长多为政府官员。由于官员无暇过问公司事务，公司治理机制与实际运作权力的配置便出现了分离，国营公司成为一些官员巩固其政治地位和追逐私利的工具，官僚利用政治上的优势控制公司治理机制发挥作用的方向，国家资本由此逐渐变异为以蒋、宋、孔、陈四大家族为代表的官僚资本，进一步遏制了社会经济的发展，中国国有企业的发展也随之受阻和中断。

第二节　外国国有企业控制权情况及发展

一、外国国有企业的发展和兴衰

1.外国国有企业的产生

国有企业的产生和发展，与政府对经济活动干预的手段和程度息息相关。在西方国家，这一历史演变可以划分为三个阶段：第一阶段肇始于文艺复兴时期，一直持续到19世纪末。在这一时期，人们着重强调国家对经济社会动态干预的成熟程度，而非干预的程度。第二阶段涵盖了20世纪的前40年，这一时期市场经济的“传统完美调节”机制受到了冲击，包括第一次世界大战造成的动荡和伴随着1929年经济危机而来的灾难性衰退。第三个阶段是从第二次世界大战至2000年，包括国有化政策在西方发达国家及其他欠发达国家的辉煌和衰落。[1]

第一次工业革命前，国有化基本上是偶尔的和零星的。出于对国防

[1] 汤吉军，等译. 西方国有企业的兴衰[M]. 北京：经济科学出版社，2020:7.

的战略考虑，主要以金属和采矿业为主而实行的部门国有化。最典型的是法国皇家制造业（French manifactures royales），它由亨利四世创立，后经让-巴蒂斯特·柯尔培尔强化，并或多或少被俄罗斯的彼得大帝、普鲁士的弗雷德里克二世、奥地利的玛丽娅·特蕾莎，以及西班牙的菲利普五世成功地模仿。

特别是在19世纪，公共部门（政府）和私人部门（市场）之间关系发生变化的前提条件——经济、政治及意识形态的变化，直到20世纪，这些前提条件才转化为具体的政策。其中大多数前提条件是第二批工业化国家孕育出来的：最初是美国，继而是比利时、法国和德国。在19世纪的不同时期，这些国家都相信，政府能够并且应该扮演主要的角色，来追赶引领世界的工业化国家——英国。而与英国一直采取有限的政府干预和自由贸易政策的做法不同，乔治·华盛顿的国务卿亚历山大·汉密尔顿在美国成立的联邦党人会议上首次提出了依靠政府干预来赶超英国。尽管这个计划多少导致产生了一些敌意环境和民主党的反对，但最终还是通过了。弗里德里希·李斯特也作出了巨大的贡献，他在美国流放时接触过联邦党人的观点。当他回到德国后，李斯特成功地主张建立了关税同盟。进一步来说，在诸如美国、比利时、德国和意大利等新建立的国家中，至少在独立和统一后的前10年，“更大的政府”很可能会促进国家的社会政治统一。

在19世纪末，相同的条件却导致了两种不同的政府干预经济的行为模式。一种是大陆模式，它倾向于对经济进行越来越多的大规模政府干预，比如直接参与生产活动。另一种是美国模式，它的特点是有限参与生产，更多地依赖政府通过特设机构中的特殊部门来管制市场。换句话说，在大陆模式下，企业家型政府直接经营多于管制，而在美国模式下则刚好相反。

大陆模式，亦即“强”模式——也即更大的政府——首先在一些国家的政策中应用起来，并在第二次世界大战前夕的一些大陆国家和第二次世界大战后欧洲建立的混合经济体采用国有化政策时期达到高潮。这是不同的传统和思潮相互作用的结果，其中至少涉及4个方面：法国具有偏好高度集中且权威的官僚机构的传统，从17世纪开始，法国就赋予公共行政管理机构“除其他事项外，对公共秩序、公共工程、税收政策和法律多样化和异质性的权力”[1]；无论是基于经济维度还是法律-行政管理维度，19世纪下半叶，在德国，关于政府的新观念开始成熟，并在唯心主义哲学内部发展起来。阿道夫·瓦格纳将这一新观念归纳为：个体行为无法解决公共利益问题，而且那些无法跟上技术和组织进步节奏的私有企业将被逐步取代已成为势不可挡的趋势[2]，这是青年历史学派（young historical school）的领军人物之一提出的“讲坛社会主义”（academic theoretical socialism），显然与马克思的科学社会主义主张生产资料社会化相吻合。而在20世纪又受凯恩斯主义经济学的影响，为混合经济理论基础作出了巨大的贡献。

另一种干预模式是美国模式。1887年，美国州际商务委员会（Interstate Commerce Commsission，ICC）成立，其随后成为对经济活动进行控制并独立管制的联邦机构，这标志着管制型政府的美国模式的发端。这是英国的普通法传统和法国的政治、文化、司法相融合而成的法律-行政管理体制的第一个产物。在美国内战前期，法国传统看起来比盎格鲁-撒克逊（Anglo-Saxon）传统发展得更为顺利。那时，美国联邦和州当局成为建设高速公路、水路和运河，以及建立美国第一银行、第二银行的积极推动者。然而，在19世纪30年代末，当这种积极干预造成一

[1] D'ALBERT, M.1992.Diritto amministrativo comparato.Bologna.

[2] WAGNER,A.1981.La scienza delle finanze.Biblioteca dell’economista,series Ⅲ ,no.10.Turin.

些令人失望的财务问题后，国家所有权开始衰落，这为19世纪美国独特的管制型政府开辟了道路。

自1887年州际商务委员会建立以来，美国已经创建了47个具有社会和经济管制职能的联邦机构。其中23个是“纯粹的”管制机构，唯一的任务是“改变市场的结果，如价格、服务、工业内公司的数量，或防止私人生产和营销决策可能对社会产生的广泛影响”[1]。在1914年，有7个机构开始运营。20世纪30年代和40年代初，出现了一大批与新政（new deal）相关的管制立法。在20世纪60年代和70年代初，作为对当时环境、消费者及民权运动的回应，“新社会管制”逐步形成。虽然这一管制拥有选民支持，却受到企业界的强烈反对。[2]在20世纪70年代末80年代初，随着更多的社会部门面临越来越高的行政管理与管制成本，反对的声音也越来越高涨。这一反对呼声同样也是特殊利益集团之间为了“获得各种形式的政府补贴以保护自己免受竞争”而相互冲突的结果。[3]于是，一个更为谨慎的放松管制的阶段便开始了。

在大多数混合经济体中，不论是在欧洲内部还是外部，国有企业的范围都比美国大得多，尤其是在20世纪70年代中期达到顶峰。根据对美国以外70多个混合经济体的调查，许多首创性企业可归类为国有企业（国有化企业和行业、国有控股和国有参股企业、公共机构等，但不包括市政企业），平均来说其占所在地区GDP的10%和资本形成的16.5%。[4]但是，

[1] DUBOFL,R.B.1996.The growth of the federal regulatory esctor in the United States：A brief economic history.Research in Economic History 16：157-184.

[2] HERMAN,E.S.1981.Corporate control，corporate power. NewYork.

[3] NORTH,D. C. 1985.The growth of goverrnment in the United States：An economic historian's perspective. Journal of Public Economics 28：383-399.

[4] SHOUT,R.P.1984.The role of public enterprises：An international statistical comparison. In Public enterprises in mixed economies：Some macroeconomic aspects，ed.R.H.Floyd，C.S.Gray，and R.P. Short，pp.110-181.Washington，D.C.

如果将后者的价值分解为工业化国家（包括美国）和发展中国家来看，在发展中国家公共部门年度总投资中平均占比为27%，并且仍在继续增长。而在工业化国家中，公共投资占总投资的比例平均仅为11%。这些数据支持了这样一种观点：迄今为止，政府直接参与生产部门是欠发达国家增长和赶超政策中的战略构成部分。

2.第一次世界大战前的国有企业和国有化政策

在20世纪60年代末至80年代期间，除了法国，各国公共部门规模几乎没有发生重大变化。在欧洲的大多数国家中，大萧条后的30年是国有化和国有企业成功的黄金时代，这在20世纪初政府直接干预经济的几次重大事件中已见端倪——特别是在第一次世界大战期间及此后。

例如，魏玛共和国时期的德国。直到第一次世界大战，国家所控股的公司相当分散，各州则参与矿业、盐业、建筑业和铁路业。在魏玛共和国时期，帝国和各州都极大地增长了各自的财产，帝国第一次控制了公用事业中的大量资产，而且将铁路系统重新整合成帝国企业（1920年）。帝国企业和各州企业都参与了工业生产（电力、化工、食品、金属、煤炭和铁矿业、建筑业和市政建设、保险业、金融业和银行业、农业、林业等）。1925年，在帝国生产型企业里将近有120万名工人，在州级企业里有25万名工人。通常这些活动形式是公共国有持股，如帝国维亚克集团（VIAG）和普鲁士费巴集团（VEBA）。

第一次世界大战后，国有企业的增长可由工业重建和工业合理化生产体系而得到解释。工业合理化类似于社会化。根据德国通用电力公司（AEG）总裁瓦尔特·拉特瑙（Walter Rathenau）所说，战后的德国需要经济政策进行根本性改革，才能创造“新经济”。拉特瑙在1920年筹备成立了社会化生产委员会，而后就任战后德国重建部部长。在“新经济”时代，社会化生产使社会和资本主义制度重新焕发了活力。对于拉特瑙而言，“新经济”并不是国有经济，而是“必须经历公权力监督的私有经济”[1]。

除了第一次世界大战时期，1929年经济大危机前一些显著的但却零星的举措印证了许多西方欧洲国家的经济增长。在英国，英国石油公司（BP，1914年成立）被部分国有化，伦敦港务局（1908年）、英国广播公司（BBC，1926年）和中央电力局（1926年）相继成立。在意大利，铁路系统被国有化（1905年起由自治州铁路公司管理），国家保险署（INA，1912年）、意大利通用石油公司（AGIP，1926年）相继成立。在法国，阿尔萨斯葡萄酒公司（1919年）、国家工业办公室（1922年）、法兰西冶炼公司（1924年）、法兰西石油公司（1928年）相继成立。在荷兰，通过国家融资成立了首家霍高文国有高炉冶炼厂（N.V.Hoogovens，1917年）和制盐业（1917年），并在铁路业（1920年）和航空业（1927年）取得控股股东的地位。最后，在西班牙，政府对银行和金融领域采取了一些国有化措施（例如建立银行信贷业，1920年），并建立石油产品贸易和分销的国家垄断企业坎普萨（Campsa，1927 年）。

但是，这些举措并没有阻止混合所有制企业采取私人管理方式。[2]在1914—1918年的第一次世界大战期间，尽管政府及其代理机构已经增加了经济干预度，但是在随后的15年里，干预环境和方法却发生了变化。这些由以下两个事件共同作用：一是第一次世界大战后社会和政治局势的紧张；二是1929年经济大危机留下的余殃。资本主义制度自身的运行方式遭受严重的批判，为人们怀疑市场经济机制的合理性提供了契机。自由民主和天主教（1931年教皇庇护十一世的《四十年》通谕）认识

[1] RATHENAU,W.1976:riginally published 1918.L'economia nuova.Turin.

[2] Comin,F,P.Martin Acena,eds.1991.Historia de la empresa publica en Espana. Madrid.

到，政府通过控制经济命脉，对经济实行更强有力的政府干预，可以解决市场失灵和巨型私有企业的权力过大问题。

20世纪30年代，第一波国有化开始了，特别是在受经济危机影响的西方欧洲国家，其主要目标是救助经济企业或者整个行业部门。例如意大利国有控股公司伊里集团（IRI）的产生。伊里集团是第一个被设想用来分担三大银行（商业银行、信用银行和罗马银行）的超额工业资产的机构，一度控制了意大利全部公司资产的42%。1937年，伊里集团转变成为一家永久的国有企业，并且成为意大利混合经济最主要的政府代理人，这种情况一直持续到第二次世界大战后。[1]在前纳粹时期的德国，帝国政府直接干预银行和金融体系的重组，1931年，帝国政府成为国家银行的大股东。由于银行业和工业的密切联系，这些股份使政府能够对重要的工业企业实施更有效的控制，而政府会接管那些经营状况欠佳的工业企业。随后的自给自足阶段，诸如工会和康采恩采取强制性措施增强了中央集权，从而政府控制了整个经济。[2]在西班牙，1941年受意大利伊里集团启发而建立的国有控股公司伊尼集团，希望通过它来实现双重目标——刺激国家经济发展和减少进口及对其他国家的依附。[3]

另外，法国在人民阵线政府（1936—1937年）领导下，进一步推进国有化，创建了混合所有制企业——法国国家铁路公司来控制铁路部门。同时，法兰西银行国有化进程开始，并在1945年完成。在武器生产和飞机制造方面，政府干预更加显著（比如法国航空公司成立，1933年政府已经部分控制航空运输）。英国在20世纪30年代创建了一些国有

[1] Amatori,F.1987.IRI:From industrial saviour to industrial group. In Annali distoria dell’impresa, ed.V.Lamagni,pp.213-219.Milan.

[2] Landes,D. 1979. Prometeo liberato. Torino.

[3] Martin Acena,P.,and F. Comin. 1991.INI:50 anos de industrializacion en Espana. Madrid.

企业，包括伦敦地区的交通运输系统（比如伦敦客运交通局，1933年）和航空公司（比如英国海外航空公司，1939年）。该时期内，工党逐步形成了政府的干预计划，当1945年工党开始执政后，这些计划全部落实了。[1]米尔沃德指出，为了阻止经济大萧条和工业衰退，人们提出了国有化的改革建议，特别是在20世纪30年代大萧条和工业衰落时期，许多小型的地方私有企业和市政生产企业主导的基础设施部门的市场交易失败了，但是却开启了第二次世界大战后的国有化之路。

在一些政治局势有利于国有化但受经济危机影响较轻的国家里，例如瑞典、挪威、荷兰，没有开始真正的国有化进程。在荷兰，政府接管了一些小型的、产值逐渐下降的行业（例如运河和有轨电车）。日本、拉丁美洲和美国为了促进经济复苏，采用了间接的政府干预的方案。

3.第二次世界大战后的国有企业

第二次世界大战后，开启了国有企业和国有化政策的黄金时代，政府通过直接控制或者接管财产而控制了大部分经济活动部门。1942年英国的《贝弗里奇报告》（*Beveridge report*）和1945年法国的让·莫内的《装备与现代化计划》等著作，成为混合经济政策的基石。一方面，这些政策旨在消除部门不平衡和实现充分就业的赶超战略；另一方面，旨在通过扩张公共部门来削弱垄断和租金的规模，同时修建基础设施并强化共同体的利益和福利。“如果欧洲经济计划和国有化政策采取一个前所未有的规模，那么这些都是尽力克服原材料匮乏、实现生产结构合理化，并确保必要的基本服务的产物”。[2]

在政治层面上，国有化和经济计划事实上是左翼政治运动纲领的核

[1] Hannah,L.1994.The economic consequences of the state ownership of industry, 1945–1990. In The economic history of Britain since 1700,vol.3,1939 –1992,ed.R. Floud and D. McCloskey,pp. 168–94. Cambridge,Eng.

[2] Castronov,V.,ed.1989.La nazionalizzazione dell’energia elettrica Bari.

心问题。在克莱门特·艾德礼工党政府（1945—1951年）、哈罗德·威尔逊政府（1964—1969年）和约翰·卡拉汉政府（1974—1979年）时期，英国扩张了公共部门，当时国家接管了英格兰银行、煤炭行业（1946年），铁路系统、内陆水道、民航、电力工业（1947年），天然气工业、钢铁行业（1949年），邮政服务（1969年）和汽车、造船、航天业（1974—1977年）。1971年，劳斯莱斯公司的国有化发生在托利党政府期间，目的在于救助这家知名的汽车公司。

1944—1948年是法国国有企业扩张最为频繁的时期，随后出现在1982年。第一阶段，法国共产党和法国社会党掌权时期，法兰西银行和4家主要的信用银行实现了完全的国有化。此外，所有的航空运输、大部分保险部门和大约20%的法国工业逐渐进行了国有化——包括整个能源部门（煤炭、天然气和电力），以及像雷诺（Renault）和尼奥姆罗纳这样的公司。在公共部门扩张活动停止很长一段时间后，皮埃尔·马洛的社会党政府时期又重新开始了国有化，此时国家接管了将近53%的企业资本。1982年2月，钢铁行业、整个银行体系、电信部门和国家控制下的5个大型企业——罗纳普朗克、法国自来水公司、法国佩希内于吉纳库尔曼公司、法国圣戈班集团和汤姆森布朗特公司进行了国有化。但是，1986年中间右翼政府掌权，立即将大部分公司再次私有化，并且开始废除曾经创建于20世纪三四十年代的国有企业体系。

第二次世界大战后，社会民主党在斯堪的纳维亚国家（即北欧国家）、比利时和荷兰掌权，促成了深度结构性转型和国有企业增长的政策，尤其在交通、电信和自然资源部门。奥地利政府将法西斯德国在奥地利的资产收归国有，20%的工业部门、85%的电力公司和3家主要银行实现了国有化，因此奥地利成了西方世界里公共部门最多的国家。在意大利，进步的天主教力量和左翼党派在国有化政策上不谋而合，开始大幅度扩张国有企业规模。在1975年，政府企业家贡献了制造业部门增加值的五分之一。

第二次世界大战后，国有企业的增长并不局限于欧洲国家。在工业化国家中，澳大利亚和加拿大尤为突出，联邦政府和州政府接管了国内的交通系统和能源部门。20世纪50年代中期，贾瓦哈拉尔·尼赫鲁改革主义政府实行的“孟买计划”，使印度成为“存在于共产主义世界之外最大的非市场经济体”。[1]许多发展中国家的国有化战略包括没收在本国运营的外国公司，比如拉丁美洲国家、埃及、印度尼西亚、南非，以及其他几个亚洲、非洲国家。

除了美国不强调国有化之外，还有两个重要的特殊国家——德国和日本。德国将混合经济定义为“新自由主义的变种”[2]，推动德国在第二次世界大战后重建经济体系，包括废除纳粹政权下的庞大公共结构。1980年，德国国有企业生产的产量将近11%。在日本，国有企业在国家经济增长中扮演了重要作用，政府干预行为绝大部分是间接的，并且在国际贸易与工业部门的动态指导下采取经济计划方式。

4.西方国有企业的衰落

20世纪70年代末以来，大多数西方国家的私有化逐步渗透到国有化行业中，国有企业的总资产开始持续下降（如表2-1所示）。英国首相撒切尔夫人执政的前10年，即在能源部门开始私有化之前，与1978年相比，英国国民生产总值的增加值和国有行业、企业的总就业人数所占份额分别下降了50%以上。

---

[1] BEREND,L.T.1994.Toward a new world system：Problems of transition to a market economy.In Debates and controversies in economic history.A-sessions：Eleventh International Economic History Congress，pp. 169 -236. Milan.

[2] VAN DER WEE,H.1989.L’ economia mondiale tra crisi e benessere（1945-1980）.Milan.

表2-1 西方国家国有企业总资产占所有企业的比例[1]（单位:%）

国家	1963年	1979年	1985年	1990年
意大利	12	20	20	19
法国	9	18	24	18
西班牙	12	10	12	10
德国	11	13	12	10
英国	10	19	13	4

资料来源：PIER ANGELO TONINELLI,.The rise and fall of state-owned enterprise in the western World。

1985—1987年，英国政府通过出售国有企业获得了近48万亿里拉的资金。1992年，意大利的国有企业政策发生变化，私有化进程加快。1992—1995年，法国也通过“去国有化”获利近35万亿里拉[2]。1996—1997年，法国开始加速私有化进程，最终使工业巨头例如法国电信和埃尼公司完全或者部分私有化。

二、外国国有企业的管理体制

世界各国国有经济在国民经济中所占比重差别较大。德国国有经济占GDP的比例最高，达到17.6%[3]（截至2017年底）；法国国有企业营业额占GDP之比也长期稳定在10%左右。[4]美国较低，为1.2% ~1.3% 。韩国国有经济占其GDP的比重为3%[5]。新加坡虽然国有经济占GDP之比为10% ，但是，由于近期研究统计中将国有企业限定为政府持股超过

[1] PIER ANGELO TONINELLI,.The Rise and Fall of State-Owned Enterprise in the Western World.

[2] MACCHIATI,A.1996.Privatizzazioni tra econia e politico.Rome.

[3] 参见德国联邦统计局网站, www.destatis.de.

[4] 徐林. 到底是“国进民退”还是保护民企有效生产力[N]. 中国日报, 2018-09-30.

[5] 郎昆, 冯俊新. 韩国、新加坡国有经济:发展历程和经验启示[J].当代韩国, 2002.

20%的企业，大大缩小了统计范围，实际在很多企业里，政府持股少于20%，但仍为最大股东[1]。

国有经济不仅在中国，而且在世界各国国民经济中均占有重要地位，大部分国家的基础设施和基础行业等关键部门都在国有控制下。例如，美国邮政、公路行业全部为国有，电力、铁路运输业1/4为国有。法国邮电、通信、电力、天然气及交通运输行业中，国有企业所占比重为75%～100%。韩国国有企业分布在制造业、能源、交通运输及金融、保险等行业。新加坡国有企业以“淡马锡”为典型代表，垄断了全国基础设施和社会公共服务事业，是掌握国家社会经济命脉的名副其实的“巨无霸”。

西方国有企业的管理体制总体上与现代企业制度公司治理体系一脉相承，但不同国家间也存在一些差异，其中比较典型的是美、法等国的国有企业的领导体制，即董事会领导下的经理负责制。董事会作为决策机构，负责制定企业的发展战略、经营方针、重大人事任免和利润分配方案，任命经理层，实施契约化管理。

西方国有企业的管理体制主要有以下6个方面的特点。

1.经营的法制化

1945年美国国会通过的《政府公司控制法》，是美国政府管理国有企业的基础和依据。相关法律中，对国有企业的设立宗旨、经营方式、业务范围、管理制度、获利模式等方面都作出了详尽的规定，做到一举一动皆有法可依。

法国关于国有企业的法律法规非常完善，覆盖政企关系、组织形式、领导体制、财务审计、员工雇佣及福利保障等各个方面。

[1] 郎昆，冯俊新. 韩国、新加坡国有经济:发展历程和经验启示[J].当代韩国, 2002.

意大利政府根据1956年12月颁布1589号法律，设立国家参与部作为国有企业管理的专职部门，明确其负责管理国有企业和国有股权，任免国有企业主要管理人员及监督、协调国有企业经营管理活动。

韩国、新加坡等国的国有企业，同样依据议会的特别立法建立国有企业的管理机构。

2.管理的分类化

国有企业分类管理是西方国家普遍采取的模式。美国的《政府公司控制法》中明确将国有企业分为“政府完全所有”和“公私混合所有”两种类型，并对其经营管理的原则分别作出了规定。

法国政府对国有企业类型的划分是从市场角度出发：一类为垄断性国有企业，另一类为竞争性国有企业。采取的管理方式亦不尽相同，对垄断性国有企业，政府控制程度较高、监管严格、经营自主权受限较多；对竞争性国有企业，政府基本上不直接控制，这类企业在市场上与私人企业平等进行竞争，经营自主权更大。

意大利政府主管部门直接管理垄断行业的国有企业和国家全资控股的企业。其中，地方政府主要管理市政公共设施行业的国有企业；国家参与制企业则通过设立控股机构进行直接控制和管理。

3.模式的多样化

美国国有企业的管理方式，主要包括直接经营、出租经营和系统工程承包合同制。一般来说，直接经营适用于基础性产业和国民经济命脉行业中的国有企业。出租经营是大多数美国国有企业的经营方式，美国政府将国有企业租给私人承租方，授予其经营自主权，并与其订立采购产品合同，承租方向美国政府交纳租金。系统工程承包合同制主要适用于公私合营企业。

法国政府管理国有企业的方式主要是“计划合同制”。政府依据企业经济地位和经营性质，对国有企业拟定计划合同，提出企业的发展规划，并对收益目标、服务质量、生产效率、价格机制，以及政府应当给予的政策倾斜和优惠补贴等予以明确。

4.管理系统层级化

西方国有企业的管理系统，也即委托代理关系是一个4级结构，即议会→政府→控股公司→国有企业。议会对国有企业实行立法管理；政府相关部门行使国有企业管理职能；控股公司负责控制、监督和指导国有企业经营；国有企业按照市场机制组织开展经营活动。主要国家针对国有企业管理都建立了比较完备的经济和法律上的体系，使国有企业的经营管理行为有了法理遵循，保证国有企业生产经营活动依法合规。

各个国家对国有企业的管理职能，一般由一个政府部门或者多个政府部门承担。有的是财政部（美国、新加坡），有的是国家参与部（意大利），有的是财政经济和预算部（法国），也有交通部、工商部、经济企划院、审计检查委员会等多部门联合（韩国）。但一般来说，政府虽然设立了主管部门，但并不直接管理国有企业，而是通过控股公司等方式实施间接管理。国家通过控股公司购买或控制其他国有企业的股权，在股权高度分散的情况下，控股公司通过相较于其他股东的股比优势，实现用少数资本控制大量资本和众多企业的目标。

5.政府监管多样化

各国政府对国有企业的监管方式多种多样，但总的来看只有两大类：人事控制与监督。

人事控制方面，体现在政府选派、任免国有企业董事会成员。例如，美国国有企业董事会的董事一般均由政府选派。法国政府不仅向国有企业董事会派驻董事，并直接任命国家控股90%以上国有企业的董事长。意大利国家参与部部长对国家控股公司的董事长拥有提名权，正式任命须由政府内阁会议通过、总统颁布委任状。新加坡政府既任命国家控股公司的董事会成员，又有权随时罢免不称职者。

监督方面，又可以分为内部审计监督和外部监督：美国对政府完全控股的公司实行年度审计制度，对公私混合所有制公司定期进行商业审计。法国专门设立了对国有企业进行审计检查的国家审计法院。外部监督在形式上比较多样，体现为政府派驻的稽查员、股东会设立的外部独立董事等，但主要目的仍是通过对国有企业经营管理和运行的过程监督，以维护股东权益。

6.国企民营化

西方国有企业历经了“国有化→去国有化”的曲折发展，目前由国家直接经营的企业已经不多，绝大多数国有企业改为私人经营，国家以股权管理为主。从市场地位和实际经营来看，甚至很难分辨国有企业还是私人企业。前文提及的美国的出租经营、法国的计划合同制等都是国有企业民营化的典型模式。

20世纪80年代后，韩国、新加坡等发达国家的后起之秀，也对国有企业的管理体制进行了大刀阔斧的改革，减少国家直接控制，实现国企民营化。韩国国有企业被授予了更大的自主权，只需遵照政府法律法规，具体经营活动经过董事会批准开展。新加坡政府从1994年开始先后拍卖了新加坡特许工业公司、新加坡科技公司等国有企业，并以挂牌上市的方式，实现了新加坡地铁公司、新加坡港务局、新加坡民用航空公司（机场管理公司）等的民营化。

第三章

党领导下的中国国有企业领导体制沿革

企业治理具有多样性的特征，企业中的组织、机构或个体，都是治理主体的组成部分，这是公司治理的本质要求。公司的所有者不仅仅是出资人，而且是所有利益相关者，包括股东、管理层、职工、债权人、供应商、消费者、政府等，公司治理的目标是满足多方利益相关者的不同需求，管理企业决策和行为给各个利益相关方带来的影响。高效的企业治理结构是建立在责权利相对等之上的，科学的契约机制和治理结构决定着企业控制权配置的最优方案——即内外部利益相关者均能够参与到公司治理中去。

在中国国有企业的治理中，党组织是公司治理的重要主体，这种安排是历史形成和国情决定的。国有企业的成长和发展是在党的领导下国家事业发展的重要组成部分，党对国有企业控制权的地位和作用体现在国有企业领导体制的历史变革中。根据党的建设和经济社会的现实状况、客观需要，国有企业领导体制从革命时期的“三人团”到“一长制”，从党委领导下的厂长负责制，到厂长（经理）负责制，再演变为现代企业制度下的法人治理结构，每个阶段都呈现出鲜明的特点。回顾和总结这段波澜壮阔的发展历程，总结利弊、明晰得失，对于坚持党的领导和完善公司治理相统一，建设中国特色现代国有企业制度具有深刻启示。

第一节　领导体制的初步探索

一、抗战时期的“三人团”模式和“一元化”改革

第一次国内革命战争失败后，党采取了以革命武装对抗反革命武装的路线，很快在全国形成了武装割据的局面，先后建立了十几处相对稳定的红色根据地。1931年11月7日，中华苏维埃共和国临时中央政府在江西中央苏区成立。为了保障红军的供给和巩固苏维埃政权的经济基础，政府通过民主改造将官僚资本企业转变为红色政权领导下的企业，同时创办了一批兵工厂，这些企业就成为新中国最早的国有企业。到1934年，仅中央苏区一地就有工厂33个，工人 2000余人；包括兵工、被服、制鞋、印刷、制币、纺织、缝纫、毛毯、制药、造纸、炼铁等。在这些企业中，开始了具有中国特色社会主义国有企业治理制度的初步实践。

创办之始，由于缺乏企业管理经验，党在企业领导体制的设置上曾经走过一段弯路。20世纪30年代初，“左”倾路线倡导者片面理解“工人阶级是领导阶级”，让一名工人出身的党员当总书记，工厂完全由工会说了算。《中华全国总工会工作大纲》中提出，由工人选举产生的工人管理委员会要取得企业的管理和经营权。部分企业的厂长公开宣布“工会要我怎样办，我就怎样办”，实际上造成企业无人负责的局面，生产和经营受到严重影响，甚至出现兵工厂造的子弹打不响、被服厂制的军衣不合尺寸、粮食加工厂加工的米竟有三分之一的糠等严重事故。这种状况引起了中央的高度重视。

1934年3月，中央在江西瑞金召开会议，着手完善企业的领导体制，刘少奇在会上作了《论国家工厂的管理》的重要讲话，明确指出："必须把工厂中的完全的个人负责制建立起来。厂长对于全厂的生产与行政，负有绝对的责任，因此，他有权力来决定和支配全厂的一切问题，在不违反劳动法的范围内，关于工资、工作时间、生产数量，以及协调、处分和开除工人职员等，厂长是有完全的权力决定与执行。但厂长在决定各种问题时，必须事先与党的支部书记和工会主任商量，尽可能取得他们的同意，配合党与工会的系统来一致执行。但党的支书与工会主任不同意时，厂长有最后决定执行的权力（有政委时，一定要得到政委同意），并同时提到上级机关来讨论。我们现在要用这种'三人团'的方式来管理我们的工厂。工厂的管理委员会应该是厂长之下的讨论与建议的机关。"[1]。

1934年4月10日，中华苏维埃共和国人民委员会主席张闻天签发《苏维埃国有工厂管理条例》，"在厂长之下，设工厂管理委员会。由厂长、党支部代表、工会代表、团支部代表、工厂其他负责人、工厂代表等五人至七人组成，厂长为主席。管理委员会内设'三人团'，由厂长、党支部代表、工会代表组成，协同处理厂内日常事务"。[2]同一天，中共中央组织部颁发了《苏维埃国家工厂支部工作条例》，明确指出，"苏维埃国家工厂支部的基本任务是团结组织工人，提高工人群众的觉悟，实现每人的生产计划。除职工的政治思想工作和党内事务外，支部参与工厂的行政和生产等工作，应通过工会进行。企业中的党组织除军事工业中有政委的工厂外（与地方党组织只发生横向关系），一律接

[1] 刘少奇. 论国家工厂的管理[M]//全国总工会政策研究室. 中国企业领导制度的历史文献. 北京:经济管理出版社, 1986:33.

[2] 中华苏维埃共和国中央人民政府. 苏维埃国有工厂管理条例[M]//中国企业领导制度的历史文献. 北京:经济管理出版社, 1986:40.

受地方党的区委或县委领导，并经常向所在地党委报告工作”。刘少奇的讲话和两个条例，构成了我国国有企业最早的领导体制框架——“三人团”企业领导体制。

公营工厂中，厂长、党支部书记、工会委员会会长三方构成的领导体制，即所谓“三人团”。“三人团”的主要任务是：讨论生产计划、加强劳动纪律、处理工厂生产中的日常问题。工作程序是：“三人团”会议由厂长召集，如果各方就商讨事项无法达成一致时，厂长作出最后决定；如果党支部或工会不同意厂长作出的决定，需要执行厂长的决定，但允许将意见报上级协调解决；“三人团”作出决定后，党支部、工会及行政部门都应在各自的工作系统中立即执行。

1937年，陕甘宁边区政府在延安地区开办了众多公营工厂，保障了军民生产生活和前线抗战的需要，这些工厂的管理体制基本上延续了“三人团”模式：厂长主要抓生产业务，党支部主要抓工作监督，工会主要抓工人生活保障。但随着工厂数量增加，生产管理日趋复杂，“三人团”制度开始显露出一些矛盾和问题。1942年12月，毛泽东在《经济问题与财政问题》报告中对“各顾各地把三方面工作分裂起来的做法”提出批评，指出“公营工厂内部的厂长、党支部与工会，必须围绕同一个中心来工作，即确保完成生产计划、提高生产率”。

1943年3月1日到4月21日，陕甘宁边区政府召开直属公营工厂会议，在工厂领导体制问题上明确提出：“工厂是统一的生产单位，有一定的生产任务，由政府和厂长集中管理”。张闻天在会上提出，必须贯彻工厂管理“一元化”，包括两个方面：一方面是“工厂应该只同政府的一个管理工厂的部门发生关系，不同许多部门发生关系”；另一方面是“在工厂内部，厂长代表政府，集中管理工厂内部的一切，凡有关生产上的一切问题，他均有决定权”。同时要求，工厂内党的支部和工会工作必须以完成生产任务为基本，党支部和工会的教育和活动“只有对提高工人的劳动热忱与劳动纪律有帮助时，才有意义”，否则就应该停止。会议决定，由“厂务会议”代替“三人团”领导体制，即：在上级党组织的领导下，建立“以厂长为核心”的“一元化”的工厂领导和管理体制，厂务会议由厂长、党委、工会三方构成，工厂重大事务必须经过厂务会议讨论决定。自此，各公营企业开始取消“三人团”领导制度，实行厂长领导下的厂务会议制度。这种体制扩大了厂长的权力，实际上带有“一长制”的性质。

解放战争时期的公营企业，很大程度上延续和发展了“延安模式”。延安时期公营工厂的领导机构称为“厂务会议”，解放时期称为“工厂管理委员会”。针对“厂务会议”制度落实后，出现党支部作用削弱、工会工作受到阻碍等问题，1948年1月，中共中央根据个别解放区试行“工厂管理委员会”的成功经验，要求各解放区的公营企业建立工厂管理委员会和职工代表大会制度。“工厂管理委员会”制度与“厂务会议”相比，从组织结构以及功能上没有太大的区别。职工代表大会对工厂的行政工作有检查、批评和建议权。1948年8月，第六次全国劳动大会通过《关于中国职工运动当前任务的决议》，强调要在企业建立统一领导的企业管理委员会。1949年8月，华北人民政府颁发《关于在国营、公营工厂企业中建立工厂管理委员会和工厂职工代表会议的实施条例草案》，明确职工代表会议有权听取和讨论管委会报告，对管委会进行批评与建议。

二、抗战时期国有企业领导体制的特征和缺陷

抗战时期国有企业实行的领导体制，与当时所处的战争大环境是相适应的。“三人团”实质是由党组织、行政管理机构和工会组织组成的领导班子，党组织管思想政治，行政管生产经营，工会管工人组织。但是，根据地公营企业内部关系复杂，并不是“三人团”所能化解的。特别是抗日战争后期，由于根据地扩大，国营工厂数量增多，企业经营管理也愈加复杂，行政、党支部和工会三家开始出现矛盾，“三足鼎立”“三位三体”“独立主义”“三位一体”等问题层出不穷，出现了“人人负责、人人不负责”的现象，一些公营工厂还出现了机关化、“供给制”等官僚主义弊病。

为了确保企业正常运转，公营企业开始实行以厂长为主的“一元化”改革。这种“一元化”治理，使企业的决策和生产效率以及生产利润得到了提高，但过于强调厂长的绝对权力。工会的工作目标不再是完全改善工人的工作和生活条件，协助厂长进行生产组织和管理的占比越来越重。由党委、行政和工会组成的厂务会议，某种程度上已成为厂长的建议机构。这种管理体制削弱了工人民主参与企业管理的“主人翁地位”，打击了广大职工生产经营的积极性，也压抑了党支部和工会的工作热情，使得党委和工会很难独立开展工作。因此，工厂“一元化”领导制度提出后，尽管公营工厂分散管理、多元领导的问题逐步得到解决，但又出现了厂长搞 “一言堂”的问题，在一些工厂，厂长代替党支部和工会的工作，权力不受监督和约束；一些党支部、工会的领导推卸责任，各方面的事务都压在厂长一人肩上。

随后推行的管理委员会和职工代表会议制度，在一定程度上克服了实行企业化管理条件下，厂长“一元化”领导的权力过于集中的弊病。但是，厂长仍然在工厂管理委员会中占据主导地位，几乎掌握着全部权力。而且，改革没有涉及工厂企业党组织在国有企业中的地位和作用问题，行政和工人代表在管理体系中占主要地位，但是没有党委代表，党的领导被虚化弱化，一些工厂出现了削弱党支部的倾向。这种缺乏党的领导与工人参与的管理模式，与国有企业的根本性质相违背，必然是不符合国营企业发展的，这也为党之后完善国有企业治理埋下了伏笔。

第二节　新中国成立初期的一长制度

一、领导体制在不同地区和时间的探索实践

新中国成立伊始，国内形势极其错综复杂，党和国家主要面临两个任务：一是继续完成民主革命时遗留下来的任务，建立和巩固新生的人民民主政权。二是运用国家的权力，摧毁国民党时期的旧经济基础，建立起社会主义国营经济。这种国营经济除解放区已经建立的公营经济外，其他部分主要是通过没收官僚资本和接收帝国主义在华企业建立起来的。企业原有的管理人员有一定的专业知识和业务能力，但政治素质较低；而党和政府派去接管的新的管理人员，又普遍缺乏专业知识和业务能力。

随着民主改革工作的开展和工业生产的恢复，党中央越来越重视建立新的国营企业领导体制。鉴于全国各地民主改革进展程度的差别，党

中央并没有在全国划定推行统一的模式。在这样的条件下，全国各地从1951年起先后结合本地情况建立了不同形式的企业领导体制。当时主要有两种具有代表性的企业领导体制，分别是在东北实行的厂长负责制，也就是所谓的“一长制”，以及在华北实行的党委领导下的厂长负责制。

1.东北地区探索的厂长负责制（“一长制”）

东北地区结合自己的实际情况在企业领导体制方面进行了积极探索。解放后经过一段时期的发展，东北地区在国营厂、矿已经基本完成了民主改革，生产开始走向正轨。国家经济机关的计划领导能力有所加强，新的经营管理制度开始逐步建立和规范，党群工作有了一定的基础，干部也具备了一定的管理经验。同时，得到了苏联专家的具体帮助，所以当地才有能力实现厂长在行政生产上的负责制度。

1951年5月，东北城市工作会议通过了《中共中央东北局关于党对国营企业领导的决议》，决定在工矿企业中实行厂长负责制，并对东北地区国营企业中的党、行政、工会和青年团的工作进行了明确的分工。这个决议规定在国营厂、矿中，“生产行政工作实行厂长负责制。厂长由国家的经济机关委派，并由国家取得必要的生产资料和资金，实施对生产行政工作的专责管理”[1]。而国营企业中的党组织“对厂、矿中的政治思想领导负有完全的责任，对厂、矿中行政生产工作负有保证和监督的责任”[2]。企业中的工会则主要是在“党和上级工会的领导下教育组织广大群众，积极注意改善职工劳动与生活条件，保护工人阶级日常利益”[3]。

2.华北地区探索的党委领导下的厂长负责制

华北地区因为新接收企业较多，工作较复杂，企业民主改革困难

[1][2][3] 中共中央东北局关于党对国营企业领导的决议（1951年5月）[M]//全国总工会政策研究室.中国企业领导制度的文献.北京:经济管理出版社,1986:176.

多、时间长。许多大的国营厂、矿的厂长都是旧企业的留用人员。在一些小的厂、矿中，虽然派驻了党员厂长，但是大多数都不太懂生产管理，又缺乏群众观点。更重要的是，技术和政治两方面都在行的干部极为缺乏，不论是党员还是非党员的厂长，都不能解决好工作中统一思想和步调的问题。[1]而党的领导，在抗战时期带领干部群众取得了胜利，军队实行党的“一元化”领导效果也很好。因此，在政治素养与业务能力兼有兼优的干部稀缺的条件下，实行党委的集体领导就成了当时最符合实际也最为可行的办法。

1951年6月，中共中央华北局召开第一次城市工作会议。在这次会议上，与会代表对国营企业中实行“一长制”还是党委领导下的厂长负责制进行了激烈的讨论，最终决定在华北地区的国营企业中实行党委制，也就是党委领导下的厂长负责制。会议形成了《中共中央华北局关于华北第一次城市工作会议向中央的报告》，决定实行“以党委为核心实行统一领导。党、政、工、团各上级指示的方针任务及其在工矿企业中的具体实施方案和计划，一律经过工矿企业中的党委讨论通过，作出决定，分工进行”“厂长对生产管理和行政业务负完全责任”“一切重要事项，最后决定于党委。厂长对同级党委负责”，并规定“工厂管理委员会是在厂长领导下的行政组织。所有的生产计划及生产行政措施，在经过党委决定后，应该由厂长提交管委会，并深入讨论。在不违背党委决定的情况下，厂长有决定权”[2]。与此同时，华东地区的国营企业也实行了党委领导下的厂长负责制。但在实践过程中，虽然收到了一定的效果，但在国营工、矿企业内也出现了“多头领导和无人负责、工作秩

[1] 中共中央华北局关于华北第一次城市工作会议向中央的报告（1951年6月19日）[M]//全国总工会政策研究室. 中国企业领导制度的文献. 北京:经济管理出版社, 1986:194.

[2] 中共中央华北局关于华北第一次城市工作会议向中央的报告（1951年6月19日）[M]//全国总工会政策研究室. 中国企业领导制度的文献. 北京:经济管理出版社, 1986:194–195.

序混乱”的现象。

同一历史时期，中南、西南地区的国营企业正处于全面民主改革阶段，需要解决的政治任务十分庞杂。而党委制在解决此类问题上有较大的优势，因此这两个地区也主张实行党委制。西北地区因为国营企业中的党员大多数是陕北农村干部出身，业务素质低、数量少，只能以发展和教育党员为主要任务，很少能过问生产，也就不存在企业的统一领导问题。[1]

3.全面推行“一长制”

1953年，中国基本完成社会主义改造，开始进入经济建设时期，第一个五年计划由此开始。中央认为，国营企业推行“一长制”的条件已经具备，可以全面铺开。

1953年3月，在试点的基础上，经过中共中央批准，以中华全国总工会的名义，在全国范围内推广东北“一长制”的经验。1954年4月8日，华北局通过了《关于在国营厂矿企业中实行厂长负责制的决定》（简称《决定》），“为了使生产更加走向正轨，生产指挥更加集中和统一，职责更加分明，消除工作中无人负责与职责不明的混乱现象，以树立工矿企业中正常的工作秩序”[2]，决定取消党委领导下的厂长负责制，实行厂长负责制。《决定》规定，厂长负责制是“厂长受国家委派对企业的生产行政工作进行专责管理的制度。厂长对完成国家计划，对企业经营管理和生产技术、财务工作，均负全责”[3]。在实行厂长负责制后，国营企业中党组织的任务是：“对政治思想领导负有完全责任，对生产

[1] 武力. 中华人民共和国经济史（1949—1999）[M]. 北京:中国经济出版社, 1999:317.

[2] 中共中央华北局关于在国营厂矿企业中实行厂长负责制的决定（1954年4月8日）[M]//全国总工会政策研究室. 中国企业领导制度的文献. 北京:经济管理出版社, 1986:199.

[3] 中共中央华北局关于在国营厂矿企业中实行厂长负责制的决定（1954年4月8日）[M]//全国总工会政策研究室. 中国企业领导制度的文献. 北京:经济管理出版社, 1986.

行政工作负有监督、保证责任，对工会、青年团等群众组织则负有领导的责任。”[1]

1954年5月28日，中共中央同意并转发了华北局《关于在国有厂矿企业中实行厂长负责制的决定》（简称《决定》），认为随着国家进入计划经济建设时期，各地区加强了对国营企业的领导，“有必要也有可能在全国各国营厂、矿（包括地方国营厂矿）中实行厂长负责制，以便进一步地提高工业企业的领导水平，更好地完成国家计划”[2]。这个《决定》转发全国各地区和各部门参考。这是新中国成立后首次经中共中央正式批准下发的带有全国意义的关于推行厂长负责制的文件。《决定》下发后，华北、华东、中南局、北京市委、湖南市委等按照文件要求相继召开会议，部署实施“一长制”。

1955年4月，中共中央书记处第三办公室邀请出席全国党代表会议的24位代表召开座谈会。会上，针对国营企业党政关系中不少厂矿存在忽视党的领导的问题，代表们分析了原因和改进的方法。意见主要有三种：第一种，主张实行党委领导下的厂长负责制。他们认为，工矿企业中存在的混乱现象是削弱党的领导作用的结果。因此应当加强党的领导作用，使党组织成为企业的核心。第二种，赞同继续实行“一长制”。因为“一长制”符合发展计划经济和工业生产的需求，应该由厂长对企业中的生产管理工作负全责。党组织的干涉必然造成厂长不敢大胆负责，同时党组织也会因为忙于全盘的生产经营工作，而在组织工作和政治思想工作方面的领导有所削弱。第三种，主张在生产管理上实行“一长制”，党内实行民主集中制。要在保证厂长对生产经营进行管理的同时，加强党组

[1] 中共中央华北局关于在国营厂矿企业中实行厂长负责制的决定（1954年4月8日）[M]//全国总工会政策研究室. 中国企业领导制度的文献. 北京:经济管理出版社, 1986.

[2] 对《中共中央华北局关于在国营厂矿企业中实行厂长负责制的决定》的批语（1954年5月28日）[M]// 全国总工会政策研究室. 中国企业领导制度的文献. 北京:经济管理出版社, 1986:198.

织的监督保证和思想政治工作。经过党组织决定的事项，厂长必须服从和执行；如果厂长有不同意见，在坚决执行党组织决议的同时，将意见报上级组织解决。

经过讨论，到会的大多数代表不同意在工矿企业中实行党委领导下的“一长制”。但在党组织监督的范围，以及厂长是否必须服从党组织在生产管理工作方面的决定问题上没有取得一致意见。[1]

1955年10月24日，中共中央批转了《中共中央书记处第三办公室关于工矿企业的领导问题座谈会的报告》，对于“一长制”在推行过程中出现的各种问题，要求各地区各部门采取具体措施解决属于行政组织和制度方面的问题，省、市委帮助解决属于思想方面和党、政、工、团关系方面的问题，并强调“党组织必须把确立‘一长制’作为自己的一项基本政治任务”。[2]

二、“一长制”存在的问题

在全国范围内推行“一长制”，是中国国营企业领导体制上一个带有根本性质的转变。新中国成立后，中国在政治、经济等方面学习借鉴苏联的模式和经验，国有企业“一长制”便是典型代表。这一模式受到苏联“马钢宪法”（苏联特大型冶金企业——马格尼托哥尔斯克钢铁公司）的影响。

从当时的情况看，“一长制”推行之初，国营企业的管理水平有了明显提高，国家生产计划也能基本上完成。但在推广实施过程中也逐渐出

[1] 中共中央书记处第三办公室关于工矿企业的领导问题座谈会的报告（1955年5月16日）[M]//全国总工会政策研究室. 中国企业领导制度的历史文献. 北京:经济管理出版社, 1986:204-207.

[2] 中共中央转批中共中央书记处第三办公室关于工矿企业的领导问题座谈会的报告（1955年10月24日）[M]//全国总工会政策研究室. 中国企业领导制度的历史文献. 北京:经济管理出版社, 1986:202.

现了一些问题，如政大于党、党大于政和党政对立。要么就是厂长片面强调“一长制”和厂长的个人权威，把个人置于组织之上。要么就是由于规章制度不健全，党委没有分清政治工作和经济工作的界限，出现了党委包办、替办的情况。要么就是将党的监督和厂长的领导对立起来，造成党委工作无力，厂长工作也没有成效。虽然党和政府为了更好地实行“一长制”、改善国营企业的管理作了种种努力，但相关问题始终没有得到很好的解决。

第一，“一长制”在协调企业内部党、政、工、团、妇等组织的关系和工作上有缺陷。中国的国营企业不仅是生产单位，也是社会生活中的一个重要的基层单位。在生产经营活动以外，国营企业中还有党、工会、共青团、妇联等组织的活动同时存在，而这些活动都远远超出了厂长职权管辖和协调的能力范围。另外，当厂长作为党员身份时，其个人意见与企业党组织的决议不一致时，怎样将厂长和党员的义务与权利进行统一就成了一个难题。

第二，在国营企业中实行的“一长制”和政府实行的党委领导制在衔接上有缺陷。新中国成立后，国家从中央到省、市、县的各级政权实际上都实行了党委为核心的领导体制。政府的经济管理部门要受同级党组织的领导，几乎所有重要方针政策都是由党制定，然后由党的组织系统按层级下发传达的。而当时国营企业中实行的一长制就与行政领导机构中党的一元化领导体系之间产生了断层，党组织位于权力中心之外，仅仅起到监督和保证的作用。国营企业在“一长制”实行后，普遍反映党的领导作用被削弱，也证实了这一制度与整个社会生活中的党的一元化领导地位是不相适应的。

第三，“一长制”的管理方式和党长期追求的企业民主化管理目标有矛盾。“一长制”是一种强调厂长的权威和实行自上而下的管理体系的领导体制，在这样的体制中，其他组织应该处于附属地位，这样才能加强企业内部管理和提升决策效率。但是，如果企业缺乏外部机制有效制约的话，实行“一长制”就很容易产生官僚主义，变成“唯上是从”。同时，在传统计划经济体制下，“一长制”是一种“自上而下”的管理体制，这就与当时实行的“自下而上”的职工民主管理体制相悖，导致职工的责任感和认同感的缺乏。这些方面的冲突使“一长制”无法与当时的民主管理更好地相容。

第四，“一长制”对厂长素质的高要求与当时中国的实际情况不符。新中国建立后，国营企业开始迅速发展，但国内又红又专的企业管理干部十分稀缺，既有较强的专业水平又有过硬的思想政治水平的干部非常稀缺。且当时国营企业的管理制度也不够健全，导致许多地方在实行“一长制”以后，要么就是厂长因为不懂管理而不敢负责，要么就是因为能力不够而造成工作上的失误和经营上的损失。[1]

为了更好地推进“一长制”的实施，中央也对“一长制”的实施进行了大量的调查和总结。但是，由于国际国内形势的变化和国家领导人注意力的改变，“一长制”还没有来得及进行深入的调整和探索，就已经被废弃了。

[1] 武力. 中华人民共和国经济史[M]. 北京:中国经济出版社, 1999:322-324.

第三节　党委领导下的厂长负责制度

一、党委领导下的厂长负责制在曲折中反复

1956年是具有转折性意义的一年，中国的第一个五年计划胜利完成，社会主义的“三大改造”也圆满完成，正式迈入了社会主义社会。党和人民的主要任务已经转变为集中力量发展生产力，把中国从落后的农业国变为先进的工业国，逐步满足人民群众日益增长的物质文化需要。同时，国际形势日趋缓和的走向已现端倪，苏共二十大对斯大林的批判也使中国开始积极探索符合中国国情的发展道路。在这样的背景下，党对企业领导体制进行了新的探索。

1956年9月，党召开了第八次全国代表大会。会议总结了党的七大以来特别是成为执政党后的党的建设经验，深刻总结了党长期坚持集体领导的原则和坚持群众路线的工作方法，提出执政党的建设必须要坚持民主集中制和集体领导的原则。刘少奇在《中国共产党中央委员会向第八次全国代表大会的政治报告》中正式提出，在国营企业中实行党委领导下的厂长负责制：“在企业中，应当建立以党为核心的集体领导和个人负责相结合的领导制度。凡是重大的问题都应当经过集体讨论和共同决定，凡是日常的工作都应当由专人分工负责。”[1]正式确立了在国有企业中实行党委领导下的厂长负责制。

[1] 刘少奇. 中国共产党中央委员会向第八次全国代表大会的政治报告（1956年9月15日）[M]//中共中央办公厅. 中国共产党第八次全国代表大会文献. 北京:人民出版社, 1957:458.

党的八大通过的党章，其第六章第五十一条在企业党组织在企业中的地位与作用的表述上，规定“在企业、农村、学校和部队中的党的基层组织，应当领导和监督本单位的行政机构和群众组织积极地实现上级党组织和上级国家机关的决议，不断地改进本单位的工作”。这是党在党章中首次明确企业党组织的领导地位。

1957年反“右派”扩大化中，提出了“外行领导内行”和“党必须发号施令”的口号。1958 年的“大跃进”彻底批判了“一长制”，取而代之的是企业党委“政治挂帅”“书记挂帅”，全面领导各项工作。在这样的政治环境下，大量行政领导不能或者不敢提出自己的意见，厂长被架空，企业中的权力日益集中到党委。

1959年12月到1960年2月，毛泽东在《读苏联〈政治经济学教科书〉的谈话》中指出，“社会主义企业管理的原则，应当同资本主义企业有根本的区别。我们实行党委领导下的厂长负责制，就使我们同资本主义企业的管理制度严格地区别开来了”，“在这里，例如领导人员以普通劳动者姿态出现，以平等态度待人，改进规章制度，干部参加劳动，工人参加管理，领导人员、工人和技术人员三结合，等等，有很多文章可做”[1]。

在毛泽东的指示下，不少国营企业开始改革领导体制，主要路径是让职工群众参加企业管理，调动工人创造性和积极性。位于齐齐哈尔的建华机械厂，发动群众查找企业经营管理和干部领导作风方面的问题，组织职工群众进行整改，把整改作为工人参加管理的一项重要手段。位于北安的庆华工具厂规定“每周各级干部参加半天劳动”，后来发展到让干部在劳动中帮助班组解决生产中的实际问题。“工人参加管理”和

[1] 中华人民共和国国史学会. 毛泽东读社会主义政治经济学批注和谈话（上）[M]. 北京:当代中国出版社, 1998:107,319.

“干部参加劳动”相辅相成，调动了职工的积极性和创造性。这一过程中，针对企业一些规章制度脱离班组管理和生产活动的问题，建华、庆华两厂改革了不合理的规章制度，这就是“两参一改”。长春第一汽车厂形成了领导、职工、技术人员“三结合”的管理经验，在革命战争年代的“职工大会”制度的基础上，根据企业职工人数众多的实际情况，建立了职工代表大会制度。鞍山钢铁公司将以上经验进一步吸收、融合，初步形成了“两参一改三结合”的做法，即后来的“鞍钢宪法”。

鞍钢是当时新中国最大的钢铁联合企业，“一五”计划完成后，鞍钢的钢铁产量占全国产量的一半左右。作为我国首个大型钢铁工业基地，鞍钢在国民经济建设和国防建设中发挥了重要作用。广大职工围绕完成国家计划，发挥主人翁精神和创造性，开展社会主义劳动竞赛、群众性技术革新和技术革命，积累了丰富的经验。

1960年3月11日，中共鞍山市委向党中央作了《关于工业战线上的技术革新和技术革命运动开展情况的报告》，毛泽东对这份8000多字的报告非常赞赏，在3月22日对该报告作了近700字的批示。[1]批示内容如下：

上海局，各协作区委员会，各省委、市委、自治区党委，中央一级各部委、党组：

鞍山市委这个报告很好，使人越看越高兴，不觉得文字长，再长一点也愿意看，因为这个报告提出的问题有事实，有道理，很吸引人。鞍钢是全国第一个最大的企业，职工十多万，过去他们认为这个企业是现代化的了，用不着再有所谓技术革命，更反对大搞群众运动，反对“两参一改三结合”的方针，反对政治挂帅，只相信少数人冷冷清清地去干，许多人主张“一长

[1] 毛泽东. 建国以来毛泽东文稿（第九册）[M]. 北京:中央文献出版社, 1990:89–90.

制”，反对党委领导下的厂长负责制。他们认为“马钢宪法”（苏联一个大钢厂的一套权威性的办法）是神圣不可侵犯的。这是1958年“大跃进”以前的情形，这是第一阶段。1959年为第二阶段，人们开始想问题，开始相信群众运动，开始怀疑“一长制”，开始怀疑“马钢宪法”。1959年7月庐山会议期间，中央收到他们的一个报告，主张“大跃进”，反对右倾，鼓干劲，并且提出了一个可以实行的高指标。中央看了这个报告极为高兴，曾经将此报告批发各同志看，各同志立即用电话发给省、市、区，帮助了当时批判右倾机会主义的斗争。现在（1960年3月）的这个报告，更加进步，不是“马钢宪法”那一套，而是创造了一个“鞍钢宪法”。“鞍钢宪法”在远东、在中国出现了。这是第三个阶段。现在把这个报告转发你们，并请你们转发所属大企业和中等企业，转发一切大中城市的市委，当然也可以转发地委和城市，并且当作一个学习文件，让干部学习一遍，启发他们的脑筋，想一想自己的事情，在1960年一个整年内，有领导地，一环接一环、一浪接一浪地实行伟大的马克思主义的城乡经济技术革命运动。

毛泽东高度评价了鞍钢经验，提出了管理社会主义企业的原则，即：“开展技术革命，大搞群众运动，实行‘两参一改三结合’，坚持政治挂帅，实行党委领导下的厂长负责制”。毛泽东的批示将“鞍钢经验”提升为“鞍钢宪法”，成为社会主义国营企业管理的“基本大法”。

“鞍钢宪法”的核心是“两参一改三结合”。“两参”即干部参加劳动、工人参加管理，“一改”是改革不合理的规章制度，“三结合”是指工人、干部、技术员相结合。其特征是政治挂帅与群众运动相结合；方式是在党的组织和领导下在国营企业中开展群众运动，将生产活动视为一种政治任务，通过一系列的群众运动，使工人对意识形态产生认同感，加强国家对企业的控制。

“鞍钢宪法”中，坚持党的领导是保持社会主义公有制经济持续发展的重要政治保障。干部参加劳动，工人参加管理，实质就是工人阶级当家作主，全员参与管理，充分调动群众的积极性和主动性；大搞技术革新和技术革命，则突出了技术创新的重要性。“鞍钢宪法”对钢铁工业、对中国整个国营企业的领导体制都是一次重要革新，对于之后形成的大庆和大寨经验以及爱国主义、奉献精神、自力更生、艰苦奋斗、求实精神等都有直接或间接的影响。其影响甚至走出了国门，影响了美、日等国企业管理的理论研究和实践，是中国国营企业为世界企业管理的发展所作出的重要贡献。

“鞍钢宪法”这一思想对世界企业管理产生了深远影响。日本专家评价说，美国的管理方法只注重管理者的作用，真正激发全员力量的管理方法在中国，就是“鞍钢宪法”。70年代，日本的丰田管理方式，日本的全面质量管理和团队精神实际上就是倡导充分发挥劳动者个人主观能动性、创造性，这就是“鞍钢宪法”的精神。欧美管理学家认为，“鞍钢宪法”的精神实质是“后福特主义”，即对福特式僵化、以垂直命令为核心的企业内分工理论的挑战。换一种说法，“两参一改三结合”就是“团队合作”。美国麻省理工学院管理学教授罗伯特·托马斯评价，“鞍钢宪法”是“全面质量”和“团队合作”理论的精髓，它弘扬的“经济民主”恰是增进企业效率的关键之一。

据报载，著名科学家钱学森在日本丰田汽车公司参观时发现，该公司管理规章中写着“两参一改三结合”的内容。该公司负责人介绍说，这（指“两参一改三结合”）是来自中国的先进管理经验，日本人学习运用后，效果很好。[1]

[1] 薛蔑. 引外莫忘扬内[J]. 企业管理, 1986(12).

然而，在“大跃进”路线方针指引下，国家经济建设中高指标、瞎指挥、浮夸风泛滥，打乱了国民经济秩序，浪费了大量人力物力，造成了国民经济比例严重失调，使社会主义建设事业受到重大损失。中央开始重视如何在强调党委集体领导和民主管理下，加强厂长个人的责任。1960年11月，中央发出《关于农村人民公社当前政策问题的紧急指示信》，要求全党用最大努力坚决纠正“共产风”。[1]1961年，党中央召开了八届九中全会。会议制定了对国民经济实行“调整、巩固、充实、提高”的方针，纠正“大跃进”的错误，国民经济开始转入调整的新轨道。[2]

在邓小平的领导下，中央各部委派出了11个工作组，分别在北京、上海、天津、太原、吉林等地对工矿企业进行了深入调研。从1961年1月开始，李富春指导成立联合调查组，对北京第一机床厂等工厂和单位进行了为期6个月的调查，调查肯定了党委领导下的厂长负责制取得的成绩，包括“党组织抓生产坚决”“党政工团步调一致”“群众听党的话”“党的干部更多地熟悉了经济生产业务”等4条。同时也指出了两条根本性的偏差：一是党的工作行政事务化，党群关系成为行政关系，党的思想政治领导被削弱；二是责任制松弛，出现无人负责现象。1961年7月，邓小平主持制定了《工业七十条》，后更名为《国营工业企业管理条例（草案）》[以下简称《条例（草案）》]。1961年9月16日，中央转批了这个草案，在全国普遍实行。

《条例（草案）》规定了中国共产党在企业中的组织是企业工作的领导核心，党委领导下的厂长负责制是我国国营企业的根本制度，企业中有关生产行政的企业重大问题由党委讨论后决定。同时，也突出了厂

---

[1][2] 中共中央党史研究室. 中国共产党历史 第二卷（下册）[M]. 北京:中共党史出版社, 2021:571-577.

长的作用，强调建立健全企业规章制度，实行责任制。根据这一规定，企业党委成为绝对的核心，不仅决定企业中的人事任免，还可以决定生产计划和日常经营，厂长实际上成为命令执行机构。

1966年到1976年，由于特殊的历史原因，这一时期的企业管理普遍混乱，党委领导下的厂长负责制也因此一度中断，在“工人阶级领导一切”的政治导向下，国营企业先后实施了“工人宣传队”“政治部”“革命委员会”等多种形式的管理体制，其以政治为中心的色彩越来越浓厚，企业生产经营受到一定的影响。到后期，企业党组织重新掌握了各项工作的领导权。但是，多数国营企业的党委书记和革委会主任往往由一人兼任，党委集体领导变成党委书记“一言堂”，行政的生产管理权和职工的民主管理权被严重削弱，甚至影响到国民经济的发展。

1976年10月，党中央开始拨乱反正，中国经济进入了新的历史发展时期。中共中央在1978年4月发布了《关于加快工业发展若干问题的决定（草案）》（即《工业三十条》），提出“整顿企业，主要是整顿领导班子”。[1]要求把“党委领导下的厂长分工负责制”“党委领导下的职工代表大会制”“总工程师、总会计师等的责任制”“工人参加管理、干部参加劳动和领导干部、工人、技术人员三结合的制度”作为国有企业的基本制度确定下来。[2]

二、党委领导下的厂长负责制存在的问题

党委领导下的厂长负责制确立了党在企业中的领导地位，体现了集体领导和个人负责相结合的原则，加强了党委领导下的群众监督。在

[1][2]　中共中央关于加快工业发展若干问题的决定（草案）（1978年4月20日）[M]//全国总工会政策研究室. 中国企业领导制度的历史文献. 北京:经济管理出版社, 1986.

当时的背景下，这一领导体制对企业的管理起到了一定的作用，在解决“一长制”执行中出现的种种问题，克服三年“大跃进”时期企业中的管理混乱现象等方面都发挥了积极作用。但是，从实践情况来看，国营企业中实行的党委领导下的厂长负责制并不是一种理想的制度，存在着诸多问题。

1.企业党委的政治功能和经济职能混同

在党委领导下的厂长负责制中，政治功能和经济职能这两种不同性质的组织职能被混同在一起，企业党委既行使了政治上的领导职能，又包办了行政上的经济职能。但在实际工作中，政治功能和经济职能这两者在性质上是有区别的。党委的政治功能主要是负责思想政治方面的工作，而企业的经济职能主要是负责经营管理方面的工作。这两个职能的任务不同、组织形式不同、工作方法更不同。将企业的政治功能和经济职能混为一谈，必然造成党企不分，以党代企的现象。这样一来，既管不好企业党组织，也搞不好企业生产经营。因此，简单套用党在国家政治生活中发挥作用的方式，把党委放在国营企业权力体系的核心位置，将党委的领导看成是“党委直接指挥一切”的错误认识，是党委领导下的厂长负责制出现种种问题的根源所在。

2.片面强调企业的集体领导，无法实现统一领导和管理

社会化的大生产，要求生产经营组织必须实行集中统一的领导指挥和严格的个人负责制。而党委领导下的厂长负责制实行的初衷，也是建立一种集体领导与个人负责相结合的制度。但在实施中，这种制度逐步演变成了党委集体讨论决定企业中一切重要工作和重大问题的完全集体领导方式。在缺乏外部监督的情况下，集体负责实际上等同于无人负责。党委所作的决策，让厂长负责既不合情也不合理；而党委本身不是行政机构，上级行政机关无法给党委下达指令，也不能进行行政上的奖

励或处罚。因此，党委也不能对国家负责，这就造成了厂长负责不了、党委不能负责的情况，反映在现实中就是无人负责。

3.权力主体权责不一致，没有严格的责任制度

权力与责任是一个统一的整体，拥有一定的权力就必须要承担相应的责任。而党委领导下的厂长负责制，本身在决策权和经营责任上就是不对称的。在这种制度下，国营企业中的重大问题是由党委集体决定的，如果这时要求厂长对这个决策负责，那么在权力与责任上就是脱节的，作为决策者的党委或者党委书记又不可能承担经济或是法律上的责任。这就造成国营企业中的党委行使决策权，但党委或党委书记又不负经济责任。厂长没有决策的权力，不能成为法人代表，所以也就不能对企业负责。这种权力与责任之间的严重不对称，必然促使作为权力主体的党委在实际工作中脱离责任束缚，造成了党委领导下的厂长负责制在实际工作中逐渐演变成了党委书记“一长制”。

4.管理者专业性不强

作为社会化大生产的一个重要单位，国营企业管理是一项复杂的、系统的工作，对管理者的能力有很高的要求。作为国营企业的管理者，不仅需要懂得技术和生产，更需要懂得经营和管理。在党委领导下的厂长负责制中，作为管理者的企业党委领导班子不但要懂得技术，更要懂得如何管理，而这种要求又与企业党组织自身的性质存在着冲突。国营企业中的党委是党在企业中的基层组织，有着自身特定的政治原则和标准。如果按照社会化大生产的要求，把党委定位为一个经营管理的专业班子，那就模糊了党委自身的性质。如果继续坚持企业中党委的政治性的话，势必会因为缺乏专业的知识和技能而无法对生产经营进行有效管理，进而影响企业的效益。在当时的条件下，想要在大多数的企业中建立既有很强政治性又有较高企业管理水平的党委领导班子并不现实，所

以，当时的国营企业中普遍存在“外行”党委班子管理企业的现象。

第四节 厂长（经理）负责制

一、厂长（经理）负责制与加强国营企业的领导

改革开放以后，随着国营企业经营自主权的不断扩大，如何建立强有力的生产指挥系统，完善责任制，从而更好地管理国营企业，以适应社会主义市场经济发展的需要，成为党在理论和实践上需要解决的重要问题。

1978年12月，党的十一届三中全会在全面重新确立了马克思主义思想路线、政治路线和组织路线的同时，提出了经济体制改革的问题，其中也包括国营企业领导制度的改革。1980年8月，邓小平同志在中共中央政治局扩大会议《党和国家领导体制的改革》讲话中强调，“有准备有步骤地改变党委领导下的厂长负责制、经理负责制，经过试点，逐步推广、分别实行工厂管理委员会、公司董事会、经济联合体的联合委员会领导和监督下的厂长负责制、经理负责制”，“过去的工厂管理制度，经过长期的实践证明，既不利于工厂管理的现代化，不利于工业管理体制的现代化，也不利于工厂里党的工作的健全。实行这些改革，是为了使党委摆脱日常事务，集中力量做好思想政治工作和组织监督工作。这不是削弱党的领导，而是更好地改善党的领导，加强党的领导”[1]。这些讲话，对于促进思想解放，加深对厂长（经理）负责制的认识和理解起到

[1] 邓小平. 党和国家领导制度的改革[M]//邓小平文选:第二卷. 北京:人民出版社, 1994:340.

了积极作用。

党中央、国务院出台的一系列文件，在强调国营企业要实行党委领导下的厂长负责制的同时，强调要发挥厂长在经营管理方面的作用。1982年1月2日，党中央、国务院颁布《国营工厂厂长工作暂行条例》，规定："工厂实行党委领导下的厂长负责制。厂长是工厂的行政负责人，受国家委托，负责工厂的经营管理。除本条例规定的以外，生产经营方面的问题，由厂长全权决定。厂长对工厂的生产经营活动实行集中统一指挥，对工厂党委和上级主管单位直接负责。"该条例延续了党委领导下的厂长负责制，但是在实行党政分工、压实厂长责任、给予厂长更大的生产经营指挥权方面前进了一步，在一定程度上体现了厂长责、权、利的统一。同日，党中央、国务院作出《关于国营工业企业进行全面整顿的决定》，决定从1982年起，用两年到三年时间，有计划、有步骤，点面结合、分期分批地对所有国营工业企业进行全面整顿，其中一项重要工作就是贯彻实施新的企业领导体制。

这一时期，一些企业在农村生产责任制的影响下，开始承包责任制改革，厂长负责制在试点探索中逐步得到了社会各界的认可。1984年3月24日，福建省的国有骨干企业55位厂长在《福建日报》上刊登《请给我们"松绑"》公开信，第一次明确提出了"实行厂长（经理）负责制"的呼吁，在全国引起很大的震动和反响。

1984年5月，六届全国人大二次会议《政府工作报告》中提出"为了调动企业生产的积极性，必须相应扩大企业的自主权"。"（要）在国营企业中逐步实行厂长（经理）负责制，企业的生产指挥、经营管理由国家委托厂长（经理）全权负责。"[1] 5月18日，中共中央办公厅、国

[1] 赵紫阳. 在第六届全国人民代表大会第二次会议上的政府工作报告（1984年5月15日）[M]//全国总工会政策研究室. 中国企业领导制度的历史文献. 北京:经济管理出版社, 1986:491.

务院办公厅印发《关于认真搞好国营工业企业领导体制改革试点工作的通知》，决定在大连市、常州市的全部以及北京、天津、上海、沈阳等4个城市的部分国营企业中进行厂长负责制试点。1984年10月，党的十二届三中全会通过了《中共中央关于经济体制改革的决定》，明确和强调了经济改革的重要内容是实行厂长负责制。它指出，“现代企业分工细密，生产具有高度的连续性，技术要求严格，协作关系复杂，必须建立统一的、强有力的、高效率的生产指挥和经营管理系统，只有实行厂长（经理）负责制，才能适应这种要求”。企业中党的组织应该“积极支持厂长行使统一指挥生产经营活动的职权，保证和监督党和国家各项方针政策的贯彻执行，加强企业党的思想建设和组织建设”[1]。

1986年，党中央、国务院决定开始推行厂长（经理）负责制。9月，国务院颁布了《全民所有制工业企业厂长工作条例》、《中国共产党全民所有制工业企业基层组织工作条例》和《全民所有制工业企业职工代表大会条例》。这三个条例再次肯定了厂长负责制，要求各地区、各部门要加强对企业领导制度改革试点工作的领导。党中央在颁布三个条例的《通知》中明确指出，国营企业领导制度改革的基本内容是实行生产经营和行政管理工作的厂长负责制。

在新的领导体制下，企业党组织的职能是保证和监督党和国家的方针政策在企业的贯彻落实，并做好企业党的思想政治和组织建设方面的工作。企业中的职工代表大会主要在审议决策、监督干部、维护权益等方面履行权力。实行厂长负责制，必须在保证厂长对企业生产经营重大问题的决策权和突出厂长行政指挥作用的同时，把厂长负责制与党对企业的领导、与职工民主管理结合起来，使企业行政、党组织和工会等群

[1] 中共中央关于经济体制改革的决定（1984年10月20日）[M] 全国总工会政策研究室. 中国企业领导制度的历史文献. 北京:经济管理出版社, 1986:502.

众组织工作紧紧围绕生产经营，根据分工加强各自职责内的工作，并调动各方面的积极性。[1]

《全民所有制工业企业厂长工作条例》规定："厂长依据《条例》规定，对本企业的生产指挥和经营管理工作统一领导、全面负责。厂长应当定期向党的基层委员会和职工代表大会报告工作、接受监督。企业设立管理委员会，就企业经营管理中的重大问题协助厂长决策。厂长任管理委员会主任。企业建立以厂长为首的生产经营管理系统，实行统一领导、分级负责。厂长有企业经营管理工作的决策权和生产指挥权。厂长同管理委员会的多数成员对经营管理中的重大问题不一致时，厂长有权作出决定。"

1986年12月，国务院印发《关于深化企业改革增强企业活力的若干规定》，要求加快企业领导体制改革，全面推行厂长（经理）负责制。厂长（经理）负责制在全国得到快速推行。到1986年底，全国54000多个国营工业企业中，实行厂长（经理）负责制的有23000多个。到1987年6月底，实行厂长（经理）负责制的国营工业企业达到35232个，占同类企业总数的63.9%，为全面推行厂长（经理）负责制奠定了基础。[2]

1987年8月25日至29日，国家经委、中央组织部、全国总工会在北京联合召开全面推行厂长负责制工作会议。会议提出，全国所有的大中型工业企业，1987年内要普遍实行厂长负责制；所有全民所有制工业企业要在1988年底前全面实行厂长负责制。会议要求，今后各地要把厂长负责制作为企业的根本制度，加快改革的步伐，以完成企业领导体制改革这一历史任务。这次会议标志着我国国营企业领导体制改革已经从试点进入全面实施的阶段。

---

[1] 中共中央组织部党建研究所. 企业党建大事记[M]. 北京:党建读物出版社, 1997:20–21.

[2] 国务院国资委国企改革历程编写组. 国企改革历程[M]. 北京:中国经济出版社, 2019:163.

1988年4月13日，七届全国人大一次会议审议通过了《中华人民共和国全民所有制工业企业法》（以下简称《全民所有制工业企业法》），规定，“企业实行厂长（经理）负责制。厂长依法行使职权，受法律保护”“厂长是企业的法定代表。企业建立以厂长为首的生产经营管理系统。企业设立管理委员会或者通过其他形式，协助厂长决定企业的重大问题。管理委员会由企业各方面的负责人和职工代表组成。厂长任管理委员会主任”。同时指出，“中国共产党在企业中的基层组织，对党和国家的方针、政策在本企业中贯彻执行实行保证监督”，并要求企业要通过职工代表大会和其他的形式实行民主管理。[1]《全民所有制工业企业法》是新中国成立以来第一次把企业的领导体制用法律的形式固定下来。

二、厂长（经理）负责制中党的领导与作用发挥

随着厂长（经理）负责制的推广实施，厂长（经理）的权力得到了显著提升。国营企业虽然设立了管理委员会，但主要职责是“就企业经营管理中的重大问题协助厂长决策”，而且“厂长任管理委员会主任”，当“厂长同管理委员会的多数成员对经营管理中的重大问题不一致时，厂长有权作出决定”。企业党委对厂长（经理）的监督制约十分有限，上级主管部门由于信息不对称，也难以形成有效监督。针对实行厂长（经理）负责制出现的问题，党中央采取了一系列重要措施，纠正淡化、削弱企业党组织作用的错误倾向。

1.强调党的政治核心地位，明确党组织的主要任务

1989年8月，中共中央政治局通过《中共中央关于加强党的建设的

[1] 中华人民共和国全民所有制工业企业法（1988年4月13日）[M]//中共中央文献研究室. 十三大以来重要文献选编（上）. 北京:人民出版社, 1991:129.

通知》（简称《通知》）。该通知指出："企业实行厂长（经理）负责制已在《全民所有制工业企业法》中作了明确规定，要在执行中不断加以完善。企业党组织应当支持厂长（经理）依法行使职权。实行厂长（经理）负责制，不能淡化基层党组织的作用，削弱党的领导。企业党组织要改进工作方法和活动方式，充分发挥党的政治优势。"《通知》明确了党在企业的基层组织处于政治核心地位，其主要任务是：搞好党的思想、组织、作风建设，领导企业的思想政治工作和精神文明建设，保证、监督党和国家方针政策的贯彻执行，坚持企业的社会主义方向。企业党委要参与讨论企业的重大问题并提出意见和建议，支持厂长独立负责地处理经营管理、生产指挥、技术开发中的问题。具有党员身份的厂长符合党委委员条件的，应经党内选举参加党委。在企业的重大问题和重要决策上，如果党委与厂长发生意见分歧，应向上级报告。同年10月，全国生产工作会议强调，"厂长负责制和企业党委加强政治思想工作的问题，都是一要坚持，二要完善，厂长对生产和经营的指挥权一定不能削弱"。1991年4月，七届全国人大四次会议通过《中华人民共和国国民经济和社会发展十年规划和第八个五年计划纲要》。该纲要对国营企业内部领导体制作出了重新表述："深化企业领导体制和经营机制改革，进一步发挥党组织的政治核心作用，坚持和完善厂长负责制，全心全意依靠工人阶级办好企业，改革企业内部的劳动人事、工资制度、留利分配制度、财务会计制度和审计制度，强化企业管理，改变吃'大锅饭'和纪律松弛的现象。"

2.关于国营企业领导体制的"三句话"方针

1991年9月，中共中央召开中央工作会议，专题研究如何进一步搞好国营大中型企业的问题。会议指出，"关于国营企业内部领导体制的问题，概括起来是三句话：充分发挥党组织的政治核心作用，坚持和完善厂长负责制，全心全意依靠工人阶级。它们是相辅相成的。要把企业建设好，这三者缺一不可。这三条，是我们四十多年特别是近十多年来企业领导体制的实践经验和总结，准确地反映了我们企业的社会主义性质。要全面理解，全面贯彻实行"[1]。

1992年7月，国务院颁布《全民所有制工业企业转换经营机制条例》，以国务院令的形式进一步明确，要"发挥中国共产党的基层组织在企业中的政治核心作用，坚持和完善厂长（经理）负责制，全心全意依靠工人阶级"。1992年9月，在《关于加强党的建设 提高党在改革和建设中的战斗力的意见》中，中共中央要求全民所有制企业党组织"要紧紧围绕生产经营这个中心展开工作，充分发挥政治核心作用。要认真贯彻《中华人民共和国全民所有制工业企业法》和《全民所有制工业企业转换经营机制条例》，支持厂长（经理）依法行使职权，主动协同企业领导解决改革和经营中的难题，做好职工思想政治工作，发挥工人阶级在改革中的主力军作用"[2]。

经过多年的探索，党对国营企业的领导体制从之前的厂长（经理）是一厂之长、全面负责，发挥中心作用，变成了厂长（经理）是"行政中心"、党委是"政治核心"的新定位。

三、厂长（经理）负责制存在的弊端

厂长（经理）负责制是我国国有企业管理、领导体制的一项重大改革，也是经济体制改革的一项重要内容。在厂长（经理）负责制下，厂长

[1] 中共中央组织部党建研究所. 企业党建大事记[M]. 北京:党建读物出版社, 1997:83.

[2] 关于加强党的建设 提高党在改革和建设中的战斗力的意见（1992年9月3日）[M]//十三大以来重要文献选编（下）. 人民出版社, 1993:2197.

（经理）拥有全局工作的指挥权，企业行政管理事务甚至思想政治工作也被纳入行政管理。外部关系上，党委领导模式也发生了重大转变，原来由党组织和政府掌握的权力，更多地集中到了厂长（经理）手中。这些改革对于解决“党组织包揽一切”、行政“多头领导、无人负责”问题起到了积极作用，但也带来了厂长（经理）权力过于集中、不受监督，在企业管理中独断专行甚至贪污腐败的问题。

一是企业党的建设有被削弱、淡化的倾向，党组织的监督作用缺位。在当时资产阶级自由化思潮泛滥的时代大环境下，企业内也出现了否定党的领导的不良风气，许多党的干部受到排挤和不公正待遇，被迫转岗、改行，党在企业中的保证和监督作用被极大地削弱。厂长（经理）权力过于集中，负责制变成了厂长（经理）“一长制”，一些厂长（经理）在企业经营中独断专行，甚至以“我”划线、网罗亲信、编织裙带关系，把国有企业变为“家企业”，我行我素、以权谋私，肆意侵吞国家和集体的公有财产，导致腐败滋生，而企业党组织却无力监督。

二是厂长（经理）的权力过大，“人治”模式下，国有资产保值增值风险被放大。在企业的领导实践中，厂长、书记形成两个中心，陷入权力之争的内耗，或是厂长、书记一人兼任，无法有效发挥监督保证作用。一方面，在缺乏有效的内部权力制约机制的情况下，厂长（经理）负责制也极容易走向厂长（经理）专制。有的厂长（经理）缺乏长远目光，追求短期利益，拼投入、拼设备；有的厂长（经理）独断专行、盲目决策，给企业造成巨大经济损失；有的厂长（经理）用公款行贿，甚至携公款到境外赌博，使企业蒙受重大损失，如此等等。另一方面，将国有企业的兴衰命运寄托于厂长（经理）一人之身，虽然“一个厂长可能把一个工厂搞活”，但也存在“一个厂长也可以把一个企业搞垮”，这是十分危险的。

三是法治意识淡薄、规章制度缺乏，民主管理形同虚设。“谁是一把手就是谁说了算”的传统思维根深蒂固，一些人认为实行厂长（经理）负责制，厂长（经理）是企业的法定代表人，就是企业的“一把手”，厂长（经理）说了算，职工缺乏参与企业监督与决策的意识和能力，难以发挥民主管理作用，职工代表大会形同虚设，很大程度上也影响了职工生产的积极性。同时，《全民所有制工业企业法》等法律和规定在确定厂长（经理）负责制的同时，赋予厂长（经理）很大的权限，但没有规定其应尽的责任，致使厂长（经理）产生目无一切的“权力感”。而企业党组织“对党和国家的方针、政策在本企业的贯彻执行实行保证监督”缺少具体的方式和手段，实践中很难执行下去。

四是《全民所有制工业企业法》虽然从法律上明确了企业法人地位，但是企业领导人的任命和解职仍由主管部门最后决定，国营企业的法人地位并不独立，政企没有分开，国营企业受上级主管部门的干预仍然很多，自主经营、自负盈亏的改革目标没有实现，创新和经营的动机不强。

第五节　现代国有企业治理结构的探索

一、初步建立现代企业制度下的法人治理结构

20世纪80年代到90年代初，通过扩大国有企业经营自主权、改革经营方式等措施，国有企业管理体制和经营机制发生了很大变化，初步打破了传统的计划管理模式，企业的活力和市场竞争能力得到增强，为企业进入市场奠定了初步基础。但是，由于企业体制机制问题，一些国有

企业在市场竞争中缺少活力，面临不少困难。这些深层次的问题，仅仅靠政策性调整是解决不了的，需要进一步转换经营机制，从制度上进行突破。

1992年1月到2月，邓小平先后视察武昌、深圳、珠海、上海等地，发表了著名的南方谈话，回答了长期束缚人们思想的许多重大认识问题。1992年10月召开的党的十四大，提出了我国经济体制改革的目标是建立社会主义市场经济体制，国营企业改革进入突破时期，建立现代企业制度成为国营企业的前进方向。

1.从“国营”到“国有”的改变

党的十四大报告正式将全民所有制企业由过去的“国营企业”改为“国有企业”。1993年3月，八届全国人大一次会议通过的《中华人民共和国宪法修正案》中，将涉及“国营经济”“国营企业”的地方全部修改为“国有经济”“国有企业”，并规定“国有经济，即社会主义全民所有制经济，是国民经济中的主导力量。国家保障国有经济的巩固和发展”，“国有企业在法律规定的范围内有权自主经营”。

1993年11月，党的十四届三中全会通过《中共中央关于建立社会主义市场经济体制若干问题的决定》，明确提出我国国有企业改革的方向是建立现代企业制度，明确指出建立“产权清晰、权责明确、政企分开、管理科学”的现代企业制度，对国有企业改革作出了一系列重大部署。以此为标志，国有企业现代企业制度建设由此展开。1993年12月，《中华人民共和国公司法》（简称《公司法》）正式颁布，产权关系开始理顺，为现代企业制度的建立提供了法律保障。

从“国营企业”改制成“国有企业”具有巨大的进步意义。国营企业依据《全民所有制工业企业法》，由政府部门直接出资，隶属于政府，企业负责人厂长或者经理由政府任命或者在职工选举后由政府审核任命，在企业生产经营中处于核心地位，实行厂长或者经理负责制，企业管理采用承包制或者租赁制。国营企业在商事活动中负无限责任，国家承担着企业债务的最终清偿责任。而国有企业是依据《公司法》，由国家授权的投资机构或者国家授权的部门单独投资设立，按照现代企业制度设置治理结构，设董事会和经理层、监事会，总经理由董事会聘任、对董事会负责，二者之间是市场聘用关系。国有企业明确了以资产为纽带，力求实现“产权归属清晰、各方权责明确、利益保护严格、管理流转顺畅”。国有企业在市场活动中负有限责任，以国家授权的投资机构或者国家授权的部门所出资本金为限。由此，国有企业由“全民所有、国家经营”转变为“国家所有、企业经营”，领导制度由厂长（经理）负责制转变为公司董事会领导下的经理负责制。

2.国有企业组织形式与治理结构的明确和构架

1993年12月，八届全国人大常委会第五次会议通过的《公司法》，规定了不同类型公司制企业的组织制度。

有限责任公司，组织机构包括：股东会、董事会、经理、监事会。关于股东会：股东会由全体股东组成，股东会是公司的权力机构，行使包括决定公司的经营方针和投资计划在内的12项职权。关于董事会：董事会由3～13人组成，对股东会负责，行使包括召集股东会，并向股东会报告工作在内的10项职权。董事会设董事长1人，可以设副董事长1～2人；董事长为公司的法定代表人。两个以上的国有企业或者其他两个以上的国有投资主体投资设立的有限责任公司，其董事会成员中应当有公司职工代表。股东人数较少和规模较小的有限责任公司，可以设1名执行董事，不设立董事会；执行董事为公司的法定代表人，可以兼任公司经理。关于经理：经理由董事会聘任或者解聘，对董事会负责，行使包括主持公司的生产经营管理工作，组织实施董事会决议等8项职权。关于监事会：经营规模较大的有限责任公司，设立监事会，由股东代表和适当比例的公司职工代表组成，其成员不得少于3人，行使包括检查公司财务在内的5项职权，具体比例由公司章程规定。监事会中的职工代表由公司职工民主选举产生。有限责任公司，股东人数较少和规模较小的，可以设1～2名监事。

国有独资公司，不设股东会，由国家授权投资的机构或者国家授权的部门，授权公司董事会行使股东会的部分职权。国有独资公司设董事会，成员为3～9人，由国家授权投资的机构或者国家授权的部门按照董事会的任期委派或者更换；设董事长1人，为公司的法定代表人，可以视需要设副董事长；董事长、副董事长，由国家授权投资的机构或者国家授权的部门从董事会成员中指定；董事会成员中应当有公司职工代表，职工代表由公司职工民主选举产生。国有独资公司董事会行使的职权，包括一般有限责任公司董事会职权、根据股东会授权行使股东会的部分职权。设经理，由董事会聘任或者解聘，经理的职权与一般有限责任公司经理的职权相同；经国家授权投资的机构或者国家授权的部门同意，董事会成员可以兼任经理。

股份有限公司，组织机构包括：股东大会、董事会、经理、监事会。股东大会由股东组成，是公司的权力机构，行使包括决定公司的经营方针和投资计划在内的11项职权。董事会由5～19人组成，对股东大会负责，行使包括召集股东大会在内的10项职权。董事会设董事长1人，可以设副董事长1～2人；董事长和副董事长由董事会以全体董事的过半数选举产生。董事长为公司的法定代表人，行使包括主持股东大会和召集、主持董事会会议在内的3项职权。经理由董事会聘任或者解聘，对董事会负责，行使包括主持公司的生产经营管理工作在内的8项职权。公司董事会可以决定由董事会成员兼任经理。监事会由股东代表和适当比例的公司职工代表组成，不得少于3人；监事会中的职工代表由公司职工民主选举产生；董事、经理及财务负责人不得兼任监事。监事会行使包括检查公司的财务在内的5项职权。

《公司法》规范了公司的组织形式和治理结构，确立了有限责任公司和股份有限公司两种基本的公司形态，为国有企业公司制改革创设了一种新的公司形态——国有独资公司。《公司法》是建立现代企业制度的一部重要的基础性法律，进一步完善了企业法人制度，规范了公司的组织形式和治理结构，突出了公司、股东、职工和债权人的权益保护。从此，我国企业制度的基础法律规范从《全民所有制工业企业法》过渡到《公司法》。

3.现代企业法人治理结构的初步形成

1994年11月，国务院出台《关于选择一批国有大中型企业进行现代企业制度试点的方案》，国家经贸委、国家体改委会同有关部门选择了100家国有大中型企业，开展现代企业制度试点，提出“到本世纪末，使国有大中型企业基本建立起与社会主义市场经济体制相适应的经营机制和现代企业制度”。随后，全国各省份先后选定了2000多家国有企业进行试点。

1995年11月，国家经贸委印发《关于国务院确定的百户现代企业制度试点工作操作实施阶段的指导意见》，提出要“建立符合《公司法》规范的公司法人治理结构。根据权力机构、决策机构、执行机构、监督机构相互独立、权责明确、相互制约又相互协调的原则，形成由股东会、董事会、经理层和监事会组成的法人治理结构，各司其职，有效行使决策、监督和执行权，对国有独资公司要同时派人进入监事会。公司章程中应对股东会、董事会、监事会、经理班子的组成、权责范围、议事规则（包括议事方式和决策程序）等作出明确规定，并严格按照公司章程规范运行”；还强调“国有独资公司的董事会成员与经理班子应分设，特别是董事长与总经理应尽可能实行分设。目前董事长兼任总经理的，要根据企业具体情况，逐步向分设的方向过渡”。

试点期间，大多数试点企业建立了由股东大会、董事会、监事会、经理层组成的公司法人治理结构，其中：在国务院确定的100户试点企业中，有84户设立了董事会，72户设立了监事会；各地区、各部门实行公司制改造的2066家试点企业中，93.5%的企业设立了董事会，83.6%的企业设立了监事会。[1]从形式上看，这些国有企业形成了内部监督制约的制度框架。

试点结果：1998年，国务院确定的100户国有大中型企业进行现代企业制度三年试点期结束，从国家经贸委企业改革司和国家经贸委企业研究中心联合组成的“百家现代企业制度试点企业调查课题组”调查结果[2]来看，总体而言，试点工作达到了预期的目的，取得了较明显的成效。

改制形式上，改制为股份有限公司的企业有16家，占16.3%；改制为有限责任公司的企业有16家，占16.3%；由工厂制改制为国有独资集团公司的有62家，占63.3%；仍继续保留原体制不变的企业有4家，占4.1%。改制成国有独资公司的占一半以上，公司制框架初步形成。

在国有资产投资主体（国有资产出资人代表）方面，一是由政府主管部门暂行国有资产出资者职能的有35家，占35.7%；二是由国有资产管理部门作为国有资产出资者的有25家，占25.5%；三是将原执行管理职能的行政性公司转制为国有资产经营公司，由国有资产经营公司作为国有资产的投资主体的有20家，占20.4%；四是由其他国有法人作为国有资产的

[1] 国务院国资委国企改革历程编写组. 国企改革历程（1978—2018）[M]. 北京:中国经济出版社, 2019:168.

[2] 百家现代企业制度试点企业调查课题组. 建立现代企业制度的现状与分析——对百家试点企业的调查[J]. 管理世界, 2000(2).

出资者，比如对大型企业或企业集团公司实行国有资产授权经营，使集团公司成为授权范围内企业国有资产的出资者，构建母子型公司体制的有12家，占12.2%；五是其他方式试点的企业有6家，占6.1%。

在法人财产制度建设方面，试点企业在清产核资、界定产权的基础上，普遍核清了资本金数额及法人财产占有量，理清了产权关系和债权关系。为企业构建实现自主经营、自负盈亏、自我积累、自我发展，真正成为法人实体和市场竞争主体的财产制度提供了保障。国家以出资额为限对企业债务承担有限责任，而企业享有法人财产权，依据全部法人财产独立享有民事权利。

但是，改制试点中也出现了一些问题，例如：试点企业中一半以上改制为国有独资公司，不利于政企分开；国有股权超过90%，法人治理结构不均衡；国有资产管理体制改革滞后，国有资产出资人权利不规范；国有股东行使权力"行政化"，重大经营决策权采用政府部门审批方式的企业达53.3%[1]；在董事会人选及经理层人选的产生上，政府部门及企业主管部门仍起主导作用，董事会形同虚设。同时，董事会、经理层、党委会成员高度重合，董事长与总经理由一人担任，并担任公司法定代表人，"一把手"权力过于集中。

1999年9月，党的十五届四中全会通过《关于国有企业改革和发展若干重大问题的决定》，明确提出"公司法人治理结构是公司制的核心"，确立了法人治理结构在现代企业制度建设中的地位。该决定对公司法人治理结构框架的设计提出了要求，强调"要明确股东会、董事会、监事会和经理层的职责，形成各负其责、协调运转、有效制衡的公司法人治理结构。所有者对企业拥有最终控制权。董事会要维护出资人

[1] 岳清唐. 中国国有企业改革发展史（1978—2018）[M]. 北京:社会科学文献出版社, 2018:110.

权益，对股东会负责。董事会对公司的发展目标和重大经营活动作出决策，聘任经营者，并对经营者的业绩进行考核和评价。发挥监事会对企业财务和董事、经营者行为的监督作用。国有独资和国有控股公司的党委负责人可以通过法定程序进入董事会、监事会，董事会和监事会都要有职工代表参加；董事会、监事会、经理层及工会中的党员负责人，可依照党章及有关规定进入党委会；党委书记和董事长可由一人担任，董事长、总经理原则上分设。充分发挥董事会对重大问题统一决策、监事会有效监督的作用。党组织按照党章、工会和职工代表大会按照有关法律法规履行职责”。

为贯彻落实党的十五届四中全会精神，推动国有及国有控股大中型企业建立现代企业制度和加强管理，2000年9月，国务院办公厅转发国家经贸委《国有大中型企业建立现代企业制度和加强管理基本规范（试行）》，强调要“建立规范的法人治理结构。依照《公司法》明确股东会或股东大会、董事会、监事会和经理层的职责，并规范运作。充分发挥董事会对重大问题统一决策和选聘经营者的作用，建立集体决策及可追溯个人责任的董事会议事制度。董事会中可设独立于公司股东且不在公司内部任职的独立董事。董事会与经理层要减少交叉任职，董事长和总经理原则上不得由一人兼任”。随着公司制改革的推进，改制为有限责任公司的企业都依法设立了股东会、董事会、监事会和经理层，公司法人治理结构的框架基本形成。

二、新的国有资产管理体制下公司治理的探索

1.国有企业的出资人制度

2002年11月，党的十六大报告提出了进一步深化国有资产管理体制

改革的总体部署，即：在坚持国家所有的前提下，建立中央政府和地方政府分别代表国家履行出资人职责，享有所有者权益，权利、义务和责任相统一，管资产和管人、管事相结合的国有资产管理体制。关系国民经济命脉和国家安全的大型国有企业、基础设施和重要自然资源等，由中央政府代表国家履行出资人职责。其他国有资产由地方政府代表国家履行出资人职责。严格执行国有资产管理法律法规，坚持政企分开，实行所有权和经营权分离，使企业自主经营、自负盈亏，实现国有资产保值增值。

2003年3月，全国人大十届一次会议通过了国务院机构改革方案，国务院国有资产监督管理委员会（简称国资委）成立。按照"国家所有、分级代表"的原则，各级地方国资委陆续成立。2003年4月，《国务院办公厅关于印发国务院国有资产监督管理委员会主要职责内设机构和人员编制规定的通知》发布，对国资委的职责、机构设置和人员编制作出了规定。2003年5月，国务院颁布《企业国有资产监督管理暂行条例》，以行政法规的形式明确了国有资产管理体制的基本框架和基本制度。

国资委首要的定位是由国务院授权，代表国家履行出资人职责，依法对国有资产进行监管，监管范围是中央所属企业（不含金融类企业）的国有资产。国资委不是政府的行政管理部门，其职责是把原来分散在政府各有关部门中的国有资产监管职能和出资人职能集中起来，基本实现了权利、义务和责任相统一，管资产和管人、管事相结合。国资委不直接干预企业的生产经营活动。国有企业作为自主经营、自负盈亏的市场主体和法人实体，自觉接受国资委的监管，实现国有资产保值增值。国务院国资委的成立，标志着国有企业公司治理体系建设进入新阶段，政府与国有企业之间不再是行政隶属关系，而是出资与被出资的关系，依法行使股东权力。

根据《公司法》的规定，公司应设立股东会，作为公司的权力机构，是公司法人治理结构的重要组成部分。在国有独资公司中，《公司法》明确不设股东会，由国有资产监管机构行使股东会职权。在国有控股公司、国有参股公司中，随着现代企业制度的建立与完善，股东会的运作也经历了逐步规范的发展历程。对于集团层面股权多元化的中央企业，更加注重运用法治化、市场化方式，以资本为纽带，以股权为基础，通过公司治理机制履行股东职责。

2.国有企业从企业治理走向公司治理

党的十六大报告中强调要深化国有企业改革，除极少数必须由国家独资经营的企业外，积极推行股份制。按照现代企业制度的要求，国有大中型企业继续实行规范的公司制改革，完善法人治理结构。

国务院国资委成立后，持续加快建设现代企业制度的步伐，先后制定发布了涉及企业改制、产权转让、资产评估、业绩考核、财务监督等内容的100多项规章和规范性文件，逐步形成了国有资产监管法律规章体系和具有中国特色的国有资产监督管理体系[1]，为国有企业从企业治理向公司治理转型和建立现代企业制度提供了法律依据。

加大股份制改革力度。除必须由国家垄断经营的企业外，其他国有大中型企业按照《公司法》逐步改制为股权多元化的有限责任公司或股份有限公司，并按照《公司法》明确了股东会、董事会、监事会和经理层的职责。一大批中央企业在境内外上市或增发股票，并按照上市公司规范运作的要求，整合业务和内部组织架构，加强财务基础管理，完善了公司治理结构。

推动股权分置改革。为保证国家对企业的控制，国有股和法人股

[1] 孔陆泉. 改善国有企业公司治理的问题探讨[J]. 现代经济探讨, 2012(1).

的流通需要层层审批，造成实际操作中不能流通，从而使企业法人治理无法与市场经济相适应。为改变这一现状，按照股权分置改革的部署安排，各级国有资产监管机构积极稳妥推进国有控股上市公司股权分置改革。改革的主要成果是国有股的全流通，这对股权结构优化、股权流转、资本市场的健全完善具有标志性意义。截至2006年底，全国766户国有控股上市公司中有740户完成或启动了股改程序，股权分置改革基本完成[1]，为国企改革提供了国家范围的资源配置平台。

规范公司制改制。按照党中央确定的国有经济“有进有退，有所为、有所不为”的方针政策，国有企业改制工作逐步推进。但在改制过程中一度出现了低估贱卖、暗箱操作、转移藏匿、自卖自买等不规范甚至违法违规行为，造成国有资产的流失。2003年底，国务院国资委先后出台《关于规范国有企业改制工作的意见》《关于进一步规范国有企业改制工作的实施意见》《关于规范国有企业职工持股、投资的意见》，对国有企业改制全过程进行了规范，就国有企业管理层和职工的持股、投资进行具体规定，有效规范了国有企业改制和职工持股行为，防止了利益输送和国有资产流失，保证了国有企业改制工作的健康有序推进，也对加强企业治理起到了重要作用。

3.开展董事会建设试点

在积极推进公司制股份制改革的同时，国务院国资委履行出资人职责，持续完善国有独资公司股东职责和多元投资主体公司股东会履职管理。但是，很多国有企业的公司治理结构还不完善，比如，一些国有企业没有设立董事会，仍然是总经理负责制，党委（党组）书记、总经理一人担任；一些国有企业虽然建立了董事会，但是董事会与经理层、党

[1] 国务院国资委国企改革历程编写组.国企改革历程（1978—2018）[M].北京:中国经济出版社,2019:41.

委会重合，三块牌子、一套人马，决策层和执行层没有分开，治理机制没有发生实质性变化，还是“一把手”体制。

国务院国资委成立后，围绕完善国有企业公司治理结构，推进规范董事会建设，开始进行国有独资企业董事会试点工作，包括建立外部董事制度，实现决策层和执行层分开，董事长与总经理分设，以及建立国有企业外派监事会制度等。

2003年10月，党的十六届三中全会通过的《中共中央关于完善社会主义市场经济体制若干问题的决定》，针对完善公司法人治理结构也提出了明确要求：按照现代企业制度要求，规范公司股东会、董事会、监事会和经营管理者的权责，完善企业领导人员的聘任制度。股东会任免董事会、监事会成员，董事会聘任或解聘经营管理者，经营管理者在授权范围内行使用人权，以此搭建起了权力机构、决策机构、监督机构和经营管理者间的权力分配、权力行使和权力制衡的系统机制。

2004年6月，国务院国资委围绕完善公司法人治理结构，加快建立现代企业制度，印发了《关于中央企业建立和完善国有独资公司董事会试点工作的通知》，提出了国有独资公司董事会建设的指导意见，选择包括神华集团、宝钢集团、中国高新投资集团、中国诚通、国药集团、中国国旅、中国铁通等7家企业进行建立和完善国有独资公司董事会试点工作。

2005年4月，国务院印发《关于2005年深化经济体制改革的意见》，明确提出“以建立健全国有大型公司董事会为重点，抓紧健全法人治理结构、独立董事和派出监事会制度”。同年10月，国务院国资委启动了中央企业完善和建设董事会试点工作。

2009年3月，国务院国资委印发《董事会试点中央企业董事会规范运作暂行办法》，对中央企业董事会试点工作进行了规范。相关中央企业结合自身特点，完善董事会规范运作的相关制度，包括公司章程、董事会和专门委员会的职责和议事规则、对外部董事信息提供制度、总经理工作规则等，形成了一套相对规范的董事会建设制度办法。

开展规范董事会建设试点，对形成出资人、董事会、监事会、经理层各负其责、协调运转、有效制衡的符合现代企业制度要求的公司法人治理结构起到了积极的促进作用，董事会运作水平和董事履职能力进一步提高，企业科学决策水平和风险防范能力明显提升。这一时期，许多省份也加强了董事会试点，引入外部董事，优化董事结构，国有企业公司治理进一步完善。

董事会建设试点中的三个特色模式如下[1]。

“宝钢模式”。宝钢股份公司的资产占集团资产的57%，两个董事会是两个完全独立的决策主体，两个决策主体的职能边界划分得非常清楚。集团董事会负责宝钢集团的发展；对于钢铁主业，集团对股份公司进行授权，授权范围内的事项由股份公司董事会决定。

“神华模式”。当时中国神华的资产占集团资产的62%。神华模式的核心是“整体上市”，在整体上市过渡期，集团公司的存续企业日常经营委托给中国神华，神华集团不设总部部门，在此前提下，集团公司和中国神华董事会各9人，其中5人交叉任职。集团公司董事会负责范围是整个神华集团的整体发展，中国神华董事会遵守资本市场一切合规性的要求，对股民负责。

“中铁模式”。中铁99%的资产在股份公司，中铁模式是弱化集团公司董事会。决策职能在股份公司，重大事项决策的任务都授权给股份公司董事会，中国中铁真正的决策主体是股份公司董事会，包括领导班子、日常工作机构等都在股份公司层面。

[1] 国务院国资委国企改革历程编写组. 国企改革历程（1978—2018）. [M]. 北京:中国经济出版社, 2019:173.

4.完善外派监事会制度

国务院国资委成立后，中央企业工作委员会对外派监事会的管理职能转由国务院国资委履行，由国务院国资委代表国务院向国有独资公司派出监事会，监事会依照《公司法》《国有企业监事会暂行条例》的规定履行监督职责。国务院国资委在外派监事会与加强董事会建设方面进行了途径和机制的探索，推动董事会决策和监事会监督有效结合，变事后监督为当期监督，增强监督的有效性和时效性，改善和强化对企业的监督工作。监事会主席、监事都列席了试点企业董事会会议和大部分专门委员会会议，对董事履职、薪酬等情况进行了监督检查，对董事会、外部董事的工作进行了评价。

第六节　新时代国有企业领导体制的探索

一、坚持中国特色国有企业党的领导

1.国有企业中党委（党组）发挥领导作用

中国共产党的领导，是中国特色社会主义最本质的特征，党在国有企业中一直发挥着重要的作用。国有企业改革和发展不断取得重大进展，最根本的原因就是始终坚持党对国有企业的领导，这是中国国有企业的独特优势，是国有企业的“根”和“魂”。

2012年11月，党的十八大胜利召开，党中央就全面深化改革、全面从严治党等重大问题作出了一系列决定和部署，对国有企业改革发展和党的建设进行了整体规划，为做好新时代国有企业改革发展和党的建设

提供了根本遵循。

2016年10月，习近平总书记在全国国有企业党的建设工作会议上指出："坚持党对国有企业的领导是重大政治原则，必须一以贯之；建立现代企业制度是国有企业改革的方向，也必须一以贯之。中国特色现代国有企业制度，'特'就特在把党的领导融入公司治理各环节。""两个一以贯之"的提出，是对中国特色社会主义市场经济条件下，国有企业公司治理的重大理论创新和实践创新，丰富和发展了马克思主义理论和中国特色社会主义政治经济学，为立足国情、结合实际，建设中国特色现代国有企业制度指明了方向。

2017年10月，党的十九大审议通过《中国共产党章程（修正案）》，将"国有企业党委（党组）发挥领导作用，把方向、管大局、保落实，依照规定讨论和决定企业重大事项"增写进党章第三十三条，将国有企业党委（党组）发挥领导作用以党的根本大法的形式固定下来。《十九大党章修正案学习问答》对党组织如何发挥领导作用，把方向、管大局、保落实，以及如何规范党组织、董事会、经理层在重大经营管理事项决策中的关系进行了解释，即："把方向"，就是要自觉在思想上政治上行动上同以习近平同志为核心的党中央保持高度一致，贯彻党的理论和路线方针政策，确保国有企业坚持中国特色社会主义的正确方向；"管大局"，就是要议大事、抓重点，加强集体领导、推进科学决策，全面履行国有企业的经济责任、政治责任、社会责任；"保落实"，就是要管干部、聚人才，建设强有力的领导班子和高素质的干部人才队伍，领导群众组织并发挥其作用，凝心聚力完成企业中心工作，把党中央精神和上级部署不折不扣落到实处。"依照规定讨论和决定企业重大事项"，就是要从有利于国有企业科学决策、有效执行、强化监督的实际需要出发，党委（党组）对涉及企业"三重一大"事项等进行集体讨论研究，在此基础上，根据不同类型企业关于企业决策的相关规定，有的由党委（党组）作出决定，有的由董事会或经理层决定。

2019年12月30日，中共中央发布《中国共产党国有企业基层组织工作条例（试行）》，对国有企业党组织工作作出全面规范，是新时代加强国有企业党的建设的基本遵循。2020年12月30日，习近平总书记主持召开中央深改委第十七次会议，审议通过《关于中央企业在完善公司治理中加强党的领导的意见（试行）》，这是继党中央颁布《中国共产党国有企业基层组织工作条例（试行）》之后，加快完善中国特色现代企业制度的又一项重要制度安排，是公司治理“中国方案”的又一里程碑式成果。

2.加强党的领导与完善公司治理

我国国有企业与西方企业所处的国情不同、社会制度不同、文化传统不同，简单照搬外国的公司治理模式是行不通的，必须建立一套根植于我国政治经济文化土壤、与中国特色社会主义体制合拍的中国特色现代国有企业法人治理结构，把发挥党的领导优势与建立现代企业制度结合起来，实现优势互补。

现代企业制度下，把握好党组织在公司法人治理结构中的地位，是国有企业必须回答的重大课题。《公司法》规定，“在公司中，根据中国共产党章程的规定，设立中国共产党的组织，开展党的活动。公司应当为党组织的活动提供必要条件”。2015年8月，党中央、国务院印发的《关于深化国有企业改革的指导意见》进一步提出“明确国有企业党组织在公司法人治理结构中的法定地位”。同年9月，《关于在深化国有企业改革中坚持党的领导加强党的建设的若干意见》强调，“把加强党的领导和完善公司治理统一起来，明确国有企业党组织在公司法人治理结构中的法定地位”[1]。2017年3月，中共中央组织部、国务院国资委党委印发《关于扎实推动国有企业党建工作要求写入公司章程的通知》。截至2021年7月，全部中央企业以及97%以上的省属国有企业党建工作要求写入了公司章程。[2]党组织有效开展工作、发挥作用有了制度保障。

2018年10月，全国国有企业改革座谈会提出，突出抓好中国特色现代国有企业制度建设，有效划分企业各治理主体权责边界，加快形成有效的法人治理结构。同月，中央企业党的建设工作座谈会强调，要把加强党的领导和完善公司治理统一起来，进一步推进中国特色现代国有企业制度建设。

国有企业按照党中央和国务院部署，认真贯彻落实“两个一以贯之”要求，坚持和完善“双向进入、交叉任职”的领导体制，符合条件的国有企业党委（党组）领导班子成员通过法定程序进入董事会、监事会、经理层，董事会、监事会、经理层成员中符合条件的党员依照有关规定和程序进入党委（党组）；全面推行党委（党组）书记、董事长“一肩挑”，党员总经理兼任副书记，完善有利于党委（党组）发挥领导作用的治理结构。截至2020年底，设董事会的国有企业中，党委（党组）书记、董事长“一肩挑”的超过80%。[3]落实党组织研究讨论作为公司决策重大事项的前置程序，党委（党组）对涉及企业“三重一大”事项等进行集体研究讨论，从运行机制上保障了党组织的意志在国有企业重大决策中得到充分体现。中共中央组织部、国务院国资委党委印发《中央企业党委（党组）前置研究讨论重大经营管理事项清单示范文

[1] 中央组织部负责人就《关于在深化国有企业改革中坚持党的领导加强党的建设的若干意见》答记者问[N]. 人民日报, 2015-09-21.

[2][3] 党的十八大以来国有企业党建工作综述——为做强做优做大国有企业提供根本动力和坚强保证[N]. 人民日报, 2021-0730.

本》，国有企业集团层面及96%的重要子企业完成了清单制定。[1]

同时，国务院国资委加快顶层设计步伐，持续推动坚持党的领导与完善公司治理深度融合，指导国有企业将党委（党组）把关定向与董事会科学决策有机统一起来，将党的组织力与经理层的执行力有机统一起来，将党组织协调各方监督力量与构建企业全方位、立体化监督格局有机统一起来，将坚持党管干部原则与市场化选人用人机制有机统一起来，既充分发挥党委（党组）领导作用，也避免把党组织直接作为企业生产经营的决策和指挥中心，全面推进中国特色现代国有企业制度建设。

二、完善国有企业法人治理结构

党的十八大对国有企业改革发展和党的建设进行了整体规划，国有企业法人治理结构建设也随之进入了新的历史阶段。2013年11月，党的十八届三中全会通过的《中共中央关于全面深化改革若干重大问题的决定》明确提出，“推动国有企业完善现代企业制度”“健全协调运转、有效制衡的公司法人治理结构”。2015年8月，党中央、国务院印发《关于深化国有企业改革的指导意见》，对完善现代企业制度、健全公司法人治理结构作出具体部署。2016年10月，党中央召开全国国有企业党的建设工作会议，习近平总书记从坚持和发展中国特色社会主义、巩固党的执政基础执政地位的高度，深刻回答了事关国有企业改革发展和党的建设的一系列重大问题，开创性地提出了坚持“两个一以贯之”，把加强党的领导和完善公司治理统一起来，建立中国特色现代国有企业制度。2017年4月，国务院办公厅发布《关于进一步完善国有企业法人治理结

[1] 党的十八大以来国有企业党建工作综述——为做强做优做大国有企业提供根本动力和坚强保证[N]. 人民日报, 2021-07-30.

构的指导意见》，明确要求“以建立健全产权清晰、权责明确、政企分开、管理科学的现代企业制度为方向”“进一步健全各司其职、各负其责、协调运转、有效制衡的国有企业法人治理结构”。

2020年6月30日，习近平总书记主持召开中央深改委第十四次会议，审议通过了《国企改革三年行动方案（2020—2022年）》（简称《方案》）。《方案》中的一项重要内容，就是完善中国特色现代企业制度，深入贯彻“两个一以贯之”，推动董事会应建尽建，进一步厘清党委（党组）、董事会、经理层等各治理主体的权责边界，落实董事会职权，加快建立各司其职、各负其责、协调运转、有效制衡的公司治理机制。具体就是：中央企业党委（党组）要把方向、管大局、保落实，结合不同层级、不同类型企业实际制定党委（党组）前置研究讨论重大经营管理事项清单，厘清各治理主体权责边界；董事会要定战略、作决策、防风险，全面依法落实董事会各项法定权利；经理层要谋经营、抓落实、强管理，全面建立董事会向经理层授权的管理制度，充分发挥经理层经营管理作用。开展对标世界一流企业管理提升行动，推进管理流程再造，优化资源配置。《国企改革三年行动方案》反映出党对中国特色现代国有企业制度建设规律的认识上升到了全新高度，推动了国有企业法人治理结构建设实现新的重大突破，对培育具有全球竞争力的世界一流企业产生了重大而深远的影响。

1.规范董事会建设

国有企业经过长期探索，初步建立了现代企业制度，但这一制度目前仍不完善，不少国有企业中，现代公司法人治理结构尚未完全建立，权责不清、约束缺位、制衡乏力等问题仍然存在，一些企业董事会的作用发挥得还不充分。

党中央、国务院对完善国有企业法人治理结构作出了一系列部署，提出了明确要求。2015年8月，党中央、国务院印发《关于深化国有企业改革的指导意见》，提出“健全公司法人治理结构。重点是推进董事会建设，建立健全权责对等、运转协调、有效制衡的决策执行监督机制”“加强董事会内部的制衡约束”，强调“董事会外部董事应占多数”“切实解决一些企业董事会形同虚设、‘一把手’说了算的问题，实现规范的公司治理”。截至2018年12月底，在国务院国资委履行出资人职责的96家中央企业中，94家企业建立了董事会，其中83家外部董事占多数，90%的地方国资委监管企业建立了董事会。[1]

2021年9月8日，国务院国资委印发《中央企业董事会工作规则（试行）》，进一步明确了董事会的功能、职责、权限，以及形式和内容等，对进一步加强中央企业董事会建设作出规定。

经过十几年的探索，国有企业董事会的组织体系和运作机制更加健全，建设规范董事会的企业均设立提名委员会、薪酬与考核委员会、审计委员会等专门委员会；议事规则更加完善，严格实行集体审议、独立表决、个人负责的决策制度，平等充分发表意见，一人一票表决，议案研究更加充分、讨论更加深入，防止了一些不合理项目的“上马”，企业重大投资决策更加科学，出现重大决策失误的概率大大降低。

通过董事会和外部董事制度建设，国有企业公司治理发生了深刻变化。第一，制衡机制初步形成。决策层和执行层分开、决策权和执行权分离，一定程度上解决了“内部人”控制问题，促进了企业领导体制和治理机制的完善。第二，决策质量明显提高。一人一票议决，体现了民主决策、理性决策、集智决策的优势，既给决策带来了多元视角和宽广视野，又较好解决了“一言堂”等问题，出现重大决策失误的概率要比过去小得

[1] 国务院国资委国企改革历程编写组. 国企改革历程（1978—2018）[M]. 北京:中国经济出版社, 2019:179.

多。第三，风险防控能力显著增强。董事会决策时，除了强调经济效益，更加注重同步识别风险、同步揭示风险，督促经理层完善风险防控措施，形成了企业重大经济活动的"安全阀"，促进了稳健经营。第四，经营管理水平有效提升。企业按照新的治理架构和运行机制，改变惯有的管理模式和工作程序，完善相关制度，优化业务流程，改善运行效率，内部管理规范化、科学化水平大大提高。第五，促进出资人监管方式进一步转变。出资人更多依靠公司法人治理结构来贯彻出资人意图，促进了国资监管从过去管企业向管资本转变，从过去"一管就死""一放就乱"向"管住大局""放出活力"转变，从过去所有企业同一标准、同一模式监管向差异化、个性化监管转变。

2.压实董事会职权

压实董事会职权，是推进国有企业规范董事会建设的重要内容，是支撑董事会充分发挥作用的重要基础。党中央、国务院高度重视，多次作出重要部署、提出明确要求。2015年8月，党中央、国务院印发《关于深化国有企业改革的指导意见》，提出"要切实落实和维护董事会依法行使重大决策、选人用人、薪酬分配等权力"。2015年10月，国务院印发《关于改革和完善国有资产管理体制的若干意见》，明确要求将出资人意志有效体现在公司治理结构中。2016年2月，国务院国有企业改革领导小组将"落实董事会职权试点"列入国有企业"十项改革试点"，加以部署和推进。2016年12月，习近平总书记主持召开中央全面深化改革领导小组第三十一次会议，审议通过《关于开展落实中央企业董事会职权试点工作的意见》，对推进这项改革试点提出了新的更高要求，强调开展落实中央企业董事会职权试点，要坚持党的领导，坚持依法治企，坚持权责对等，切实落实和维护董事会依法行使中长期发展决策权和经理层成员选聘权、业绩考核权、薪酬管理权以及职工工资分配管理权等，推动形成各司其职、各负其责、协调运转、有效制衡的公司治理机制。

国务院国资委按照中央部署要求和改革试点文件精神，按照“坚持稳中求进、推动提质扩围”的思路，在前期相关改革探索的基础上，进一步深化试点内容，扩大试点范围，在5家中央企业开展落实董事会职权试点，结合企业实际，将相关职权授予试点企业董事会行使。

3.推进职业经理人制度

2013年11月，《中共中央关于全面深化改革若干重大问题的决定》提出，要“建立职业经理人制度”。2015年《关于深化国有企业改革的指导意见》提出，“推行职业经理人制度，实行内部培养和外部引进相结合，畅通现有经营管理者与职业经理人身份转换通道，董事会按市场化方式选聘和管理职业经理人，合理增加市场化选聘比例”，强调“推行企业经理层成员任期制和契约化管理，明确责任、权利、义务，严格任期管理和目标考核”。这两项改革也是国务院国企改革领导小组部署的“十项改革试点”的重要内容。国务院国资委结合开展落实董事会职权试点，推行经理层成员契约化管理，对经理层成员实行聘任制，明确责权利，签订聘任协议和业绩合同，严格聘期管理和目标考核，推进“能上能下”；开展职业经理人制度试点，在严格契约化管理基础上，执行市场化薪酬、实行市场化退出。

4.转变监管方式

国有独资公司不设股东会，由出资人机构依法行使股东会职权。对直接出资的国有独资公司，出资人机构按照出资关系，重点管好国有资本布局、规范资本运作、强化资本约束、提高资本回报、维护资本安全。对国有全资、国有控股企业，出资人机构主要依据股权份额，通过参加股东会议、审核需由股东决定的事项、与其他股东协商作出决议等方式履行职责，除法律法规或公司章程另有规定外，不干预企业自主经营活动。对股权多元化的国有企业，2018年10月，国务院国资委按照以管资本为主推动职能转变的相关要求，根据新《公司法》，重新修订印发《国资委履行多元投资主体公司股东职责暂行办法》，结合实践明确了履职的具体方式，以及对股东代表、授权代表的相关要求，进一步完善了公司股东会重大事项审核程序，突出依法履职行权、股东沟通协商等理念，推动建立股东间的沟通协调机制，依法落实国有资本出资人代表参与公司治理的各项职责。

截至2018年12月，在国务院国资委履行出资人职责的96家中央企业中，有7家中央企业实行了股权多元化。按照《公司法》等法律法规，这些股权多元化公司大多都建立了比较规范的法人治理结构，股东会能够依法依规运作。根据工作需要，公司股东会每年召开若干次会议，审议公司重大事项并作出决议，国务院国资委与其他股东按照所持股比，通过参加公司股东会会议、发表意见、进行表决，规范履行股东职责，共同决策公司重大事项。

监事会建设方面，按照2018年《深化党和国家机构改革方案》要求，国有重点大型企业监事会的职责划入审计署，不再设立国有重点大型企业监事会。

第七节　中国国有企业领导体制现状

2017年4月24日，国务院办公厅发布的《国务院办公厅关于进一步完善国有企业法人治理结构的指导意见》中明确，国有企业，是指国务院和地方人民政府分别代表国家履行出资人职责的国有独资企业、国有独资公司以及国有资本控股公司，包括中央和地方国有资产监督管理机构和其他部门所监管的企业本级及其逐级投资形成的企业。国有企业在中国经济社会中发挥着重要作用，是中国特色社会主义的重要物质基础和政治基础，是党执政兴国的重要支柱和依靠力量。国有经济在国民经济中的作用主要是在对国民经济发展的正确导向，以及对经济运行整体态势的控制和影响上。国有经济控制关系国家安全和国民经济命脉的重要行业和关键领域，是国有经济发挥主导作用的根本要求，也是坚持和完善公有制为主体、多种所有制经济共同发展的社会主义基本经济制度的客观需要。

1.法律体系

《中华人民共和国公司法》《中华人民共和国企业国有资产法》《企业国有资产监督管理暂行条例》等有关法律法规和《中共中央 国务院关于深化国有企业改革的指导意见》等有关规定构成了中国国有企业的法律法规体系。

《中华人民共和国宪法》规定，国有经济，即社会主义全民所有制经济，是国民经济中的主导力量。国家保障国有经济的巩固和发展。《中华人民共和国公司法》对国有企业的组织形式进行了规定。《中华人民共和国企业国有资产法》对履行出资人职责的机构、国家出资企业、国家出资企业管理者的选择与考核、关系国有资产出资人权益的重大事项、国有资本经营预算、国有资产监督、法律责任等内容进行了规定。

国务院国有资产监督管理委员会由国务院授权，代表国家履行出资人职责，主要职责是指导推进国有企业改革和重组；对所监管企业国有资产的保值增值进行监督，加强国有资产的管理工作；推进国有企业的现代企业制度建设，完善公司治理结构；推动国有经济结构和布局的战略性调整。

2.分类管理

2015年8月，《中共中央 国务院关于深化国有企业改革的指导意见》发布，立足国有资本的战略定位和发展目标，将国有企业分为商业类国有企业和公益类国有企业。

商业类国有企业按照市场化要求实行商业化运作，以增强国有经济活力、放大国有资本功能、实现国有资产保值增值为主要目标，依法独立自主开展生产经营活动，实现优胜劣汰、有序进退。

商业类国有企业又分成两类：普通竞争性商业类国有企业和战略性商业类国有企业。

普通竞争性商业类国有企业是指主业处于充分竞争行业和领域的商业类国有企业，原则上都要实行公司制股份制改革，积极引入其他国有资本或各类非国有资本实现股权多元化，国有资本可以绝对控股、相对控股，也可以参股，并着力推进整体上市。

战略性商业类国有企业是指主业处于关系国家安全、国民经济命脉的重要行业和关键领域，主要承担重大专项任务的商业类国有企业，要保持国有资本控股地位，支持非国有资本参股。对自然垄断行业，实行以政企分开、政资分开、特许经营、政府监管为主要内容的改革，根据不同行业特点实行网运分开、放开竞争性业务，促进公共资源配置市场化。对需要实行国有全资的企业，也要积极引入其他国有资本实行股权多元化；对特殊业务和竞争性业务实行业务板块有效分离，独立运作、独立核算。

公益类国有企业以保障民生、服务社会、提供公共产品和服务为主要目标，引入市场机制，提高公共服务效率和能力。这类企业可以采取国有独资形式，具备条件的也可以推行投资主体多元化，还可以通过购买服务、特许经营、委托代理等方式，鼓励非国有企业参与经营。

3.管理系统

国有资产属于国家所有，即全民所有。根据2015年11月国务院发布的《关于改革和完善国有资产管理体制的若干意见》，就国企改革作出“顶层设计”，中国国有企业的管理系统可以划分为人大→政府→国有资本投资、运营公司→国有企业。顶部是全国人民代表大会及其常务委员会，是立法机构，通过立法建立系统的经济法律体系，对国有企业进行管理，为处理国有企业各类问题提供法律依据。第二层是政府，由相关部门行使管理国有企业的职能，国务院及各级人民政府设国有资产监督管理委员会，代表国家履行出资人职责，但不介入国有企业日常经营管理等具体活动。对国有资本投资、运营公司行使股东会权力。第三层是国有资本投资、运营公司，由国有资产监管机构（国务院国资委及各省级国资委）授权建立，在授权范围内履行国有资本出资人职责，通过股权以股东身份参加国有企业公司治理，按照“责权对应”原则承担优化国有资本布局、提升国有资本运营效率、实现国有资产保值增值等职责。底部是国有企业，按照商业类、公益类的不同分类，进行不同的运营和管理。如图3–1所示。

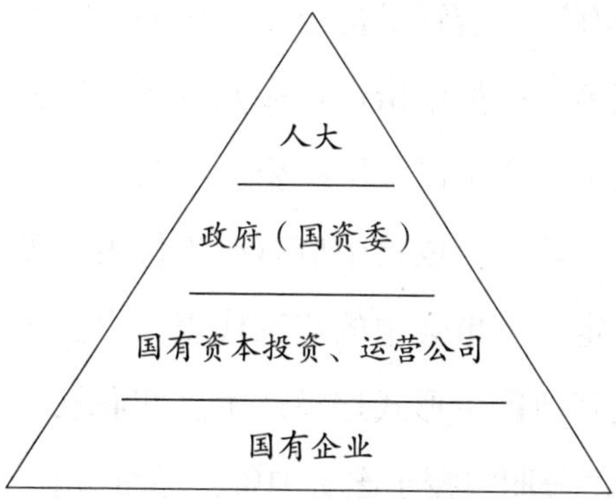

图3–1　中国国有企业管理系统架构图

4.治理结构

在不同类型的国有企业中，企业治理结构不完全相同。主要是由股东会、董事会、监事会、经理层，以及党组织和职工代表大会组成。国有独资公司不设股东会，由出资人机构依法行使股东会职权。

股东会，是企业的最高权力机关，由全体股东组成，对公司重大事项进行决策，有权选任和解除董事，并对公司经营管理有决定权。它是股东作为企业财产的所有者，对企业行使财产管理权的组织。针对国有控股和参股的有限责任公司，《公司法》对股东会的地位、职责和运作方式作出了明确规定。国有资产出资人机构依据股权份额参加股东会议、审核需由股东决定的事项、与其他股东协商作出决议等方式履行职责，除法律法规或公司章程另有规定外，不干预企业自主经营活动。对于国有独资企业，不设股东会，由国有资产监督管理机构行使股东会职权。

董事会，是公司经营决策机构，董事会向股东会负责，执行股东会决定，根据《公司法》和公司章程等履行职责，接受股东会、监事会的监督。董事会负责确定企业的发展方针、目标、纲领和投资决策。国有独资公司设立董事会，董事会中的职工代表由公司职工代表大会选举产生，其他成员由国有资产监管机构委派，董事长、副董事长由国有资产监督管理机构从董事会成员中指定。多元投资主体公司制企业，董事会的产生由股东会决定。两个以上国有企业或两个以上的其他国有投资主体投资设立的公司，董事会成员中应有职工代表，董事长、副董事长的产生由公司章程规定。董事会中的职工代表，由公司职工通过职工代表大会、职工大会或其他民主形式选举产生。在职权上，国有资产监管机构可以将股东会的部分职权授予国有独资公司董事会行使。

经理层，是由董事会聘任的，受董事会指导的执行机构。实行职业经理人制度后，董事会按照市场化竞争机制，对职业经理人进行契约化的选聘和解聘，优胜劣汰、双向选择、自由流动。对职业经理人主要考核企业绩效和管理水平的提升，薪酬、激励和评价按照市场化方式进行，有短期的薪酬结构设计或者长期的股票期权等激励机制，聘任关系终止后，一并解除劳动合同。

5.监督体系

监事会，负责对董事会、经理层和企业财务状况进行动态监督。监事会的成员由股东代表和适当比例的职工代表组成。国有独资公司中，监事会成员中的职工代表的比例不低于三分之一，并由公司职工代表大会选举产生，其他成员由国有资产监管机构代表政府向企业派出。

2003年3月16日，国务院国资委成立，此后国有重点大型企业监事会均由国务院国资委代管，负责监事会的日常管理工作和国有资产保值增值监督。2018年3月，第十三届全国人民代表大会第一次会议批准："不再设立国有重点大型企业监事会，其职责与国家发展和改革委员会的重大项目稽察、财政部的中央预算执行情况和其他财政收支情况的监督检查、国务院国资委的国有企业领导干部经济责任审计一并划入审计署。"

6.党的领导

中国共产党的领导是中国特色社会主义最本质的特征，在国有企业治理中发挥着重要的作用。国有企业党组织在公司法人治理结构中具有法定地位。《公司法》明确规定，"在公司中，根据中国共产党章程的规定，设立中国共产党的组织，开展党的活动，公司应当为党组织的活动提供必要条件"。党组织在企业中发挥领导作用，研究讨论公司重大经营管理事项，支持股东会、董事会、监事会、高级管理人员依法行使职权。

习近平总书记2016年10月在全国国有企业党的建设工作会议上强调："坚持党对国有企业的领导是重大政治原则，必须一以贯之；建立现代企业制度是国有企业改革的方向，也必须一以贯之。中国特色现代国有企业制度，'特'就特在把党的领导融入公司治理各环节，把企业党组织内嵌到公司治理结构之中，明确和落实党组织在公司法人治理结构中的法定地位，做到组织落实、干部到位、职责明确、监督严格。"党对国有企业的领导是政治领导、思想领导、组织领导的有机统一。这次会议上，习近平总书记首次提出"把方向、管大局、保落实"的概念。2020年，习近平总书记在中央深化改革委员会第17次会议上，将"把方向、管大局、保落实"修改为"把方向、管大局、促落实"。从"保落实"到"促落实"，要求党委（党组）进一步将坚持党的领导和加强企业管理更好地统一起来，充分发挥党组织总揽全局、协调各方的作用，进一步明晰了党对国有企业领导的具体方式。2021年出台的《关于中央企业在完善公司治理中加强党的领导的意见》提出，"中央企业党委（党组）是党的组织体系重要组成部分，在公司治理结构中具有法定地位，在企业发挥把方向、管大局、促落实的领导作用"。

当前，国有企业通常采取的是党政干部"双向进入、交叉任职"的体制，即党委会和董事会相互交叉、有机结合，党委（党组）成员通过法定程序进入董事会和经理层；董事会、经理层中的党员依照党章及有关规定和程序进入党委（党组）。董事会讨论重大事项时，党员董事必须按照党委（党组）形成的决议表决。同时，国有企业党委会成员还尽可能地进入纪委和监事会，进一步对国有企业进行监督。

第四章

国有企业领导体制改革实践
——以中国铁建为例

中国国有企业控制权的主要表现形式就是企业的领导体制。中国铁建领导体制的沿革和历程，基本与中国国有企业领导体制发展历程相统一。作为国有大型建筑企业的代表，中国铁建从兵改工转制为企业，到建立和完善现代企业制度的过程中，党的领导发挥了极其重要的作用。在党的领导下，中国铁建顺应时代要求和市场竞争需要，变革企业领导体制，完善公司治理体系，构建股东大会依法行权、监事会依规监督、党委有效参与的现代化公司治理结构，创造了良好的经济效益和社会效益，取得了丰富的经验和显著的成绩，为提炼总结国有企业的典型治理模式，完善公司治理起到示范引领作用。中国铁建领导体制的变革历程，可以看作是中国国有企业公司治理改革的一个缩影，对研究如何加强党对国有企业的领导、完善国有企业公司治理，实现国有企业治理体系和治理能力现代化有着重要的参考价值。

第一节　中国铁建领导体制的历史沿革

一、中国铁建基本情况

中国铁道建筑集团有限公司的前身是中国人民解放军铁道兵。1948年7月，中国人民解放军铁道兵建军。1982年12月6日，国务院、中央军委印发《关于铁道兵并入铁道部的决定》，铁道部成立铁道兵指挥部，负责组织指挥铁道兵承担的全部施工任务和办理移交工作。1984年1月1日，原铁道兵指挥部更名为铁道部工程指挥部，原铁道兵师、团、营、连，分别改称工程局、工程处、工程段、工程队，其他单位的名称也作相应改变。

1989年6月，铁道部、铁道部政治部根据国家机构编制委员会批准的《铁道部“三定”方案》，决定自1989年7月1日起撤销铁道部工程指挥部，成立中国铁道建筑总公司，同年10月1日，中国铁道建筑总公司正式挂牌。2000年9月28日，中国铁道建筑总公司正式与铁道部实施政企分开，移交中共中央企业工作委员会管理。2003年3月，中国铁道建筑总公司转归国务院国资委管理。2007年11月5日，整体重组改制设立股份有限公司，中国铁建股份有限公司（中文简称中国铁建，英文简称CRCC）正式挂牌成立。2008年3月10日、13日，中国铁建股份有限公司分别在上海、香港上市（A股代码601186，H股代码1186）。

中国铁道建筑总公司历史沿革一览：

1948年7月—1949年5月，东北人民解放军铁道纵队

1949年5月—1954年3月，铁道兵团

1954年3月—1983年12月，中国人民解放军铁道兵

1984年1月—1989年7月，铁道部工程指挥部

1989年7月—2000年9月，中国铁道建筑总公司（隶属铁道部）

2000年9月—2003年3月，中国铁道建筑总公司（隶属中央企业工委）

2003年3月—2017年12月，中国铁道建筑总公司（隶属国务院国资委）

2017年12月—2019年1月，中国铁道建筑有限公司

2019年1月18日至今，中国铁道建筑集团有限公司

截至目前，中国铁建已发展成为全球最具实力和竞争力的特大型综合

建设产业集团之一，2021年入选《财富》杂志评出的“世界500强企业”排名第42位、“全球250家最大承包商”排名第3位、“中国企业500强”排名第12位。企业经营范围遍及全国32个省级行政区以及全球130多个国家和地区，业务涵盖工程承包、规划设计咨询、投资运营、房地产开发、工业制造、物资物流、绿色环保、产业金融及相关新兴产业，具有科研、规划、勘察、设计、施工、监理、运营、维护和投融资等完整的行业产业链，具备为业主提供一站式综合服务的能力，在高原铁路、高速铁路、高速公路、桥梁、隧道和城市轨道交通工程设计及建设领域确立了行业领导地位，累计获国家科学技术奖81项、中国土木工程詹天佑奖112项、国家优质工程奖444项、中国建筑工程鲁班奖148项，创立省部级工法3182项，拥有专利19072项。

党的十八大以来，在以习近平同志为核心的党中央的坚强领导下，在国务院国资委党委的正确领导下，中国铁建党委以管党治党、治企兴企为己任，不断加强和改进党的建设，深入推进党建与生产经营深度融合，实现了双促进、双提升。

今天的中国铁建，坚持践行新发展理念，遵循“实事求是、守正创新、行稳致远”的工作方针，以服务国家经济社会发展和满足人民对美好生活的向往为发展方向，围绕政府、城市和人做文章，倾力打造“品质铁建”，发挥全产业链优势，为客户提供一站式综合服务，向着最值得信赖的世界一流综合建设产业集团的企业愿景迈进。

二、中国铁建领导体制的历史沿革

兵改工以来，随着经济体制改革的深化，中国铁建的领导体制经历了从党委集体领导下的党政主管分工责任制，到厂长（经理）负责制，再到现代公司治理结构的转变，与之相应地，企业党组织的地位也由政治核心逐步转化为领导核心和政治核心相统一。

1.从铁道兵改制为国营企业

1982年12月6日，根据国民经济调整的方针和国家、军队体制改革要求，为集中统一领导铁路建设施工力量，加速我国铁路建设，国务院、中央军委发布了《关于铁道兵并入铁道部的决定》，正式决定将铁道兵机关、部队、院校等并入铁道部。文件提出，“为使铁道兵部队保持稳定，施工、生产正常进行，物资、财产不受损失，顺利完成并入铁道部的任务，由铁道兵成立一个精干的指挥部，负责组织指挥铁道兵承担的全部施工任务和办理移交工作”“指挥部在全部结束移交工作以前，受铁道部、三总部双重领导。有关计划安排、施工任务、经费开支、工程验收等，归铁道部领导；有关部队训练、管理、党政工作和后勤保障工作等，归三总部领导”“决定由尚志功、李际祥、王功三同志负责筹组指挥部领导班子，指挥部干部的配备，由总政治部商铁道兵、铁道部同意后，报国务院、中央军委批准任命。凡够离休、退休条件的干部，由铁道兵安置，修建离休干部住房的经费，从铁道兵收入中解决，离休干部的管理由军队负责。团以下干部个别有困难不能去铁道部工作的，由总政治部在全军转业干部中予以安排。其他干部全部并入铁道部。到铁道部工作的干部工资待遇不变”。

1983年，根据国务院、中央军委印发《关于铁道兵并入铁道部实施方案的批复》（国发〔1983〕168号），铁道兵指挥部及其所属单位从1983年10月1日起归属铁道部建制领导，并入铁道部的单位从1984年1月1日起不再沿用原部队番号、代号，干部战士不再佩戴领章帽徽。根据批复，铁道兵并入铁道部的单位及人员有：铁道兵机关和直属分队、10个师、舟桥团、建筑团、工程学院、干部学校、科研所、6个办事处、9个工厂、3所医院、1所疗养院等，共计148260人，加上向军委三总部、铁道兵善后工作领导小组移交的单位人员21529人，总人数约为17万人。同时，批复中明确："铁道兵并入铁道部后，铁道兵指挥部改编为铁道部工程指挥部，为铁道部派出机构；十个师改编为铁道部第十一至二十工程局，团、营、连改编为工程处、段、队；工程学院改编为石家庄铁道学院；其余并入单位均按部队现机构等级进行改编。"

1984年1月1日，铁道兵正式并入铁道部，原铁道兵的领导机关——铁道兵指挥部改称铁道部工程指挥部（简称铁工指），原铁道兵一至十师分别改称铁道部第十一至二十工程局，继续承担国家重点铁路建设任务。铁道兵并入铁道部，标志着中国铁建开始了由军队生产型向企业生产经营型的转变。

2.实行党委集体领导下的党政主管分工责任制

铁道兵时期，党对军队拥有绝对领导权，部队实行党委集体领导下的军政首长分工负责制。1984年兵改工后，铁道兵各师级单位分别改为铁道部下属工程局，成为企业，进入社会主义市场经济体制中。1984年1月10日，铁道部党组发出通知，要求原铁道兵各个师的政委改为党委书记，师长改为局长，团长改为处长；2月11日，铁道部工程指挥部组建包括指挥、党委书记、党委副书记、副指挥、政治部主任、总工程师在内的领导班子；3月22日，铁道部党组批复成立铁道部工程指挥部党委、纪委；4月18日至23日，铁工指党委召开第一次全委（扩大）会议，研究兵改工后如何全面加强队伍建设，提高经济效益，中国铁建的领导体制开始向企业化方向迈进。

计划经济时期，决策主要是由政府作出的，信息主要来自上级的命令和下级的报告，经济活动主要依靠计划来协调。而在市场经济中，决策主要由企业作出，信息主要来自于市场，市场机制在社会主义国民经济资源配置中起基础性作用。因此，企业必须要面向市场，自主经营，以盈利作为经营目标，成为真正自主经营、自负盈亏、自求发展、自我制约的商品生产者和经营者。铁道兵改工后的第一件大事，就是取消国家指令性工程任务，完全靠自己到市场上找活干，从过去的吃“军粮”转为到市场中“找米下锅”，自负盈亏、自我发展，由统分统配转为按效益和竞争力分配。

当时，《国营工业企业职工代表大会暂行条例》《国营工业企业暂行条例》《国营工厂厂长工作暂行条例》《中国共产党国营工业企业基层组织工作暂行条例》等先后颁布，要求坚持“党委集体领导、职工民主管理、厂长行政指挥”的原则，实施党委领导下的厂长负责制和党委领导下的职工代表大会制，党委在企业中是领导核心地位。兵改工后的一段时期，铁道部工程指挥部，各工程局、工程处和直属单位（除试点改制单位外）基本沿用了这一领导体制，即实行党委集体领导下的党政主管分工责任制。

3.局（处）长负责制的试点和推行

1984年10月，党的十二届三中全会通过的《中共中央关于经济体制改革的决定》（以下简称《决定》），明确指出“政企职责分开”，国有企业根据“所有权、经营权相分离”的思路，实行厂长（经理）负责制。按照领导体制改革要求，政府以转变职能为重点，大力缩减各层级管理部门，企业加快整合内部综合管理职能，将领导体制转变为“政府间接管理，企业自主经营”。国有企业领导体制进入厂长（经理）负责制阶段。

《决定》同时要求，1985年底以前完成企业领导班子，特别是骨干企业班子的调整任务，并在不太长的时间内培养造就出一大批能力出众的厂长（经理）、总工程师、总经济师、总会计师和党委书记，形成一支门类齐全、结构配套的社会主义经济管理干部和技术干部队伍。按照要求，国有企业内部不仅要实行厂长（经理）负责制，而且实行了多年的“一正多副”制度，将逐渐变为“一长三总师制度”。

1984年10月，铁道部第十二工程局（以下简称十二局）被铁道部批准为首批改革试点单位，实行局（处）长负责制，进行体制配套改革，改工、改制并作一步走。改革增强了企业活力，当年企业生产经营主要经济技术指标即跨入全国建筑业先进行列。1985年，十二局从改革领导体制、简政放权入手，对生产经营制度、人事制度、财务制度、分配制度等进行全面改革，从实际出发确定了“社会效益、企业信誉、经济效益”三统一的经营指导思想和“立足山西、面向全国、铁路为主、多种经营、搞活企业、勤劳致富”的工作方针，以及“用户至上、质量第一、确保工期、信守合同、精打细算、降低造价”的服务宗旨，尤其是推行了“百元产值工资含量包干”，促进了企业生产经营发展，单位经济效益持续增长，被铁道部表彰为“经济效益显著单位”。至此，十二局较好地实现了由军队生产型到企业生产经营型，由供给制到按劳分配制，由单一修铁路到多种经营，由执行指令性计划到投标承揽任务，由党委领导下的首长分工负责制到局（处）长负责制等5个方面的转变，顺利完成了兵改工的转轨变型任务。1986年，在巩固、消化、完善各项改革措施的同时，十二局继续坚持以生产经营为中心，狠抓两个文明建设，以“七五”规划为目标，在局（处）长负责制、内部经济责任制、人事管理、财务管理、设备管理等10个方面深化改革，为其他兄弟单位作出了良好示范。

1986年9月起，中央先后颁发《全民所有制工业企业厂长工作条例》《中国共产党全民所有制工业企业基层组织工作条例》《全民所有制工业企业职工代表大会条例》《关于深化企业改革增强企业活力的若干规定》

《全民所有制工业企业承包经营责任制暂行条例》，全面推行厂长（经理）负责制。相关条例指出："厂长负责企业生产经营和行政管理，厂长在生产经营工作上具有最终决定权，在行政工作上具有完全的指挥权；党组织负责贯彻国家方针政策和思想政治建设、组织建设等工作。"

铁道部根据中央要求，结合试点经验，在铁工指推行局（处）长负责制，各工程局又陆续在各综合工程处、专业处（厂）推行处长（厂长）负责制，明确处长（厂长）是企业的法定代表人，处于企业管理的中心地位，全面负责企业的生产运营及发展责任。处长（厂长）以下，基层段、队实行段、队长分工负责制，理顺了国有企业行政与党组织、工会组织三者之间的关系。

1987年5月，在总结十二局实行局（处）长负责制试点经验的基础上，铁工指党委在太原召开企业领导体制改革工作会议，部署推进企业领导体制改革工作。会议明确规定了党组织在企业中的地位和作用，提出了局（处）长和党委书记应具备的素质条件，规定实行局（处）长负责制必须遵循的指导方针，同时还明确规定了段、队不实行段、队长负责制。会后，各工程局、工程处、工厂、材料总厂和研究设计院按照要求，相继实行了厂长（经理）负责制改制。

4.法人资格的取得和管理

1989年6月，铁道部、铁道部政治部根据国家机构编制委员会批准的《铁道部"三定"方案》，决定自1989年7月1日起，撤销铁道部工程指挥部，成立中国铁道建筑总公司（以下简称总公司）。同年10月1日，中国铁道建筑总公司正式挂牌，性质由行政事业单位转变为企业性质，成为铁道部领导下的自主经营、独立核算、自负盈亏，具有法人资格的全民所有制企业。同时，总公司对所属铁道部第十一至二十工程局、石家庄铁道学院及其他直属单位实行统一领导和全面管理，总公司、局、处实行三级法人制，全部为自主经营、自我发展的市场竞争主体。同时，铁道部党组规定，总公司党委“是一级对下属单位的党组织实行统一领导的党组织，是铁道部党组领导下的一级党委，执行企业基层党组织的职能，实行任命制”。总公司各级党委贯彻执行中共中央、铁道部党组有关指示，发挥企业党组织的政治核心作用，坚持和完善厂长（经理）负责制，全心全意依靠工人阶级办企业。

1989年，党中央针对国际国内形势，印发了《关于加强党的建设的通知》，进一步明确企业党组织的政治核心地位和主要职责任务，强调“各级领导干部都要严格执行民主集中制”。当时，刚刚成立的中国铁道建筑总公司党委围绕“怎样从制度上保证党组织发挥政治核心作用”这个核心问题，持续探索和总结经验，逐步完善制度、措施，就领导班子实行民主集中制形成了一套程序化、规范化的做法。总公司党委利用党的各种会议宣传民主集中制，宣传集体领导是保证事业发展并取得辉煌成就的重要保障，宣传兵改工企业实行民主集中制的优良传统，批判片面强调“党政分开”、党的工作“兼职化”、党的活动“业余化”等错误观点，剖析少数领导干部中存在的“家长制”“一言堂”和“自由主义”“分散主义”“本位主义”等错误的危害性，初步提出了要由领导班子民主决策、集体决策的一些重要问题，规定决策中出现意见分歧时暂缓决策的处置方法。总公司党委提出，“各级都必须明确企业党组织的政治核心地位，不能把它理解为由党组织包揽一切行政事务，不是取代厂长对生产经营进行决策、指挥。厂长的中心地位也不能把它理解为以个人为中心、个人说了算，而主要是指独立负责地处理生产指挥、经营管理、技术开发等方面的工作问题”，从而为各单位在新的企业领导体制中处理好党政关系奠定了基础。

1991年9月，总公司党委召开三级（总公司、局、处）党委书记联席会议，把实行民主集中制作为各级领导班子建设的重要内容，明确规定“凡属重大问题，都应经党委集体讨论，作出明确的决定”，“一旦形成决议，就要坚决执行”，个人意见允许保留，但不能阳奉阴违、各行其是。

随着厂长（经理）负责制的不断完善，中国铁建进一步理清责权关系，构建管理体系，建立起当时较为先进的企业体制机制，在改革开放大潮和以经济建设为中心的发展中取得了辉煌成就，在国家铁路建设中发挥了主力军作用。

5.公司制改革和法人治理结构的建立

1992年10月，党的十四大明确提出，经济体制改革的目标是建立社会主义市场经济体制。1993年3月，中国铁道建筑总公司下发《关于深化企业改革转换经营机制的意见》，提出了按照“自主经营、自负盈亏、自我发展、自我约束”的要求，建立符合社会主义市场经济规律和铁路施工企业特点的经营机制。

1993年11月，党的十四届三中全会通过《关于建立社会主义市场经济体制若干问题的决定》，明确提出，国有企业改革的方向是建立现代企业制度，实施公司制，建立法人治理结构。为适应建立现代企业制度法人治理结构的需要，1993年12月，八届全国人大第五次会议审议通过《中华人民共和国公司法》（简称《公司法》），国有企业开始实施“权责分明，管理科学，激励和约束相结合的内部管理体制”。1994年，《公司法》正式出台，国有企业改制工作开始推进，部分试点国有企业逐步建立了现代化的公司法人治理结构。

1994年1月，中国铁道建筑总公司下发《1994年企业管理工作要点》，提出转化经营机制、建立现代企业制度应遵循“三个原则”：一是坚持“一个中心、两个基本点”的原则。二是坚持“三个”有利于原则，即有利于发展企业集团、增强总公司工程总承包能力；有利于增强企业的活力和发展后劲；有利于提高企业员工的生活水平。三是坚持党政工团齐抓共创的原则。通过调整企业内部的组织机构，进行公司制改造，把总公司建设成为组织形式集团化、生产经营集约化、产业结构多元化的企业集团。

在转换经营机制、建立现代企业制度的同时，总公司高度重视领导班子建设。1994年8月，总公司召开领导班子思想作风建设座谈会，把民主集中制作为会议重点研讨的问题。会上提出，“要健全和完善重大问题集体讨论、重要工作情况及时通报、厂长定期向党委会和职代会报告工作等制度”，同时强调，党政主管在领导班子中处于核心地位，对领导班子贯彻民主集中制起着关键作用，要求“团结共事、密切配合、换位思考、相互尊重、相互支持”。对执行民主集中制的检查监督，会议提出了三种形式：一是领导班子本级通过每年的民主生活会进行检查；二是上级组织对下级班子进行检查监督；三是通过职代会民主评议干部。

会后，总公司党委即着手制定贯彻执行民主集中制的具体制度，并于1995年7月草拟了《中国铁道建筑总公司领导班子重大问题集体讨论制度》、《中国铁道建筑总公司领导班子重要工作情况通报制度》和《中国铁道建筑总公司领导班子重大问题请示报告制度》，以上3个制度经征求意见后，召开党委扩大会议讨论通过，颁发施行。这一系列制度明确界定了领导班子集体讨论的重大问题的内容、决策的规则和程序，以及请示、通报的内容和方式方法，让党委发挥政治核心作用有了制度保障，推动民主集中制走上了规范化、程序化的轨道。随之，所属各单位也都先后制定了相关制度。

从兵改工后到1994年，总公司逐步实施厂长负责制，多渠道、多方位、多层次参与市场竞争，先后承揽工程任务1000余项，投资总额232.3

亿元。尤其是工业和第三产业，在搏击市场中取得了长足发展，先后在深圳、海口、厦门等经济特区和沿海开放城市建立了36个大中型实业开发公司，以及35个与外商合资企业，57种轻工产品打入国际市场。在“鲁布革”改革冲击下，机械化施工和现代化管理方式的优势开始显现，各工程局产值整体上达到了改工前的10倍。1993年，总公司完成产值104.81亿元，较1984年的12.24亿元增长7.6倍；劳动生产率从1984年的5691元增长至1993年的39684元，增长约6倍；固定资产从1984年的7.8亿元增长至1992年的21.55亿元，综合机械化施工水平上升2.42个百分点，单位工程优良率提高21.2%，职工生活得到较大改善。

（1）公司制改革试点。1995年，党的十四届五中全会指出：“要着眼于搞好整个国有经济，通过存量资产的流动和重组，对国有企业实施战略性改组。这种改组要以市场和产业政策为导向，搞好大的，放活小的，把优化国有资产分布结构、企业结构与优化投资结构有机结合起来，择优扶强、优胜劣汰。”

1995年1月，经铁道部批准，铁道部第十二工程局作为铁道部现代企业制度试点单位，拉开了中国铁道建筑总公司公司制改革的序幕。

试点方案摘录如下[1]。

1.公司名称：“铁道部第十二工程局”更名为“中铁十二局集团有限公司”。

2.公司股权结构：国有股占股金总额的54.4%，员工持股会法人股占股金总额的45.6%，两元股东的优先责任公司。中铁建总公司代表铁道部作为国有资产的投资主体。

3.公司法人治理结构：集团公司建立规范的法人治理结构，分别设立股

[1] 中铁十二局集团. 精心策划 努力创新 积极推进现代企业制度试点工作[J]. 施工企业管理，1999(11):13.

东会、董事会、监事会和经理层。

4.企业集团的组建：以“十二局”为主体组建“中铁十二局”集团，由原来的局处两级法人企业演变为集团的母子结构。局改制为集团的核心企业——集团公司（母公司），原所属的几个主营类单位改为控股子公司。规模较小的经营实体定性为分公司。

5.管理模式：集团内部实行适度集权和合理分权相结合，宏观政策导向和调控与自主经营相统一的母子公司管理体制。集团公司的重点是生产经营、资本经营、股权管理和监控，集团内部强化宏观管理和监控体系。集团公司尊重各子公司独立的法人财产权，不干预子公司具体的经营行为。

1995年2月，中国铁道建筑总公司成立“建立现代企业制度试点领导小组”，领导总公司系统建立现代企业制度试点工作，主要职能包括审查试点单位的试点方案，组织产权界定、资产评估、公司选型、企业重组等工作。同年12月，总公司召开研讨会，就十二局试点方案中的一些问题，如公司选型、国有控股、百元产值工资含量包干节余处理、公司名称、投资主体、企业中社会职能分立等进行了充分讨论。

1997年11月，总公司党政领导联席会议对试点单位——十二局建立现代企业制度试点的《总体实施方案》进行最后审议，并于12月10日正式上报铁道部审批。同时，报请国家工商行政管理总局对拟用名称进行预核准；报请国家经贸委对组建企业集团进行审批；向山西省民政部门申请注册职工持股基金会。1998年3月11日，铁道部、建设部联合批复“同意中国铁道建筑总公司作为铁道部第十二工程局国有资产投资主体，以第十二工程局经资产评估确认后的经营性国有资产，同中铁十二局集团（山西）有限公司职工合股基金会共同出资，组建中铁十二局集团有限公司”。同年5月，铁道部第十二工程局依据《公司法》和公司章程有关规定，组织召开股东代表大会、董事会、监事会，形成公司法人治理结构，修改公司章程。当年7月18日，中铁十二局集团有限公司正式成立。

1998年，根据党的十五大精神以及国务院、铁道部关于企业改革的总体部署，总公司启动组建企业集团的准备工作。当年10月底，制定了《中国铁道建筑总公司改组为企业集团的总体实施方案》并上报铁道部。

1999年，中国铁道建筑总公司贯彻落实《中共中央关于国有企业改革和发展若干重大问题的决定》和中共中央办公厅、国务院办公厅《关于中央党政机关与所办经济实体和管理的直属企业脱钩有关问题的通知》精神，全面推进建立和完善现代企业制度工作，积极开展与铁道部脱钩和组建企业集团的准备工作，并正式向铁道部申请授权总公司作为全系统国有资产投资主体，对所属企业行使出资者职能，在总公司内部真正形成资本联结纽带，为组建企业集团奠定基础。

2000年5月，中国铁道建筑总公司明确了系统建立现代企业制度的总体部署，批复同意中铁十一、十三、十四、十五、十六、十七、十八、二十局及昆明机械厂等11个单位进行现代企业制度建设。根据国务院批准的《关于铁路非运输企业政企分开方案》要求，以及2000年9月28日铁道部下发的《关于向中央企业工委移交中国铁路工程总公司等企业领导班子管理职责的通知》，中国铁道建筑总公司正式与铁道部实施政企分开、完成脱钩，移交中央企业工委管理。

（2）建立现代企业制度。2001年，中国铁道建筑总公司改制取得重大进展，全系统现代企业制度的框架基本建立，形成了各负其责、顺畅运转、有效制衡的法人治理结构。当年内，中铁十一、十三、十四、十五、十七、十八、十九局集团公司和北京中铁建设有限公司正式挂牌运行，全系统范围内进行了重大资产重组与结构调整，将部分直属单位划转集团公司（工程局）、部分单位进行了资产重组与企业重构，涉及单位34个、员工26410人、资产40余亿元，范围和力度为兵改工以来前所未有。

这一时期，中国铁道建筑总公司所属单位全部完成公司制改革，构建起二元股东（其中，国有股约占55%、职工集体股约占45%），在法人治理结构上依法成立了股东会、董事会、监事会和经理层，基本建立起符合现代企业制度要求的管理框架，实现了产权清晰、权责明确规范的母子公司体制和法人治理结构，企业管理体制进入到公司制管理的新阶段。

2002年，中国铁道建筑总公司下发《关于公司制企业法人治理结构运作机制若干问题的指导意见》，提出建立健全“各负其责、协调运转、有效制衡”的规范的公司法人治理结构运作机制。针对董事会对重大问题履行决策权，监事会依法行使监督权，总经理依法行使生产经营管理权，职工持股会股权代表和职工董事、监事履权，总公司派出的国有股代表专职化，党委参与企业重大决策，党管干部原则和董事会依法选择经营管理者，经营管理者依法行使用人权，建立磋商和协调机制，对经营管理者实施奖罚及组织实施等10个关键问题提出了指导性意见。同年，中国铁道建筑总公司为完善经营体制，理顺内部关系，规范公司行为，制定了《中国铁道建筑总公司章程》。规定公司实行总经理负责制，设总经理1人、副总经理若干人，并明确了公司总经理办公会的相关机制。同时，成立国有股股权代表委员会，作为总公司派出的国有股股权代表管理组织，参与控股企业的股东会、董事会、监事会并进行工作监督。

（3）完善法人治理结构。2002年11月，党的十六大提出了改革国有资产管理体制的目标任务。2003年4月，国务院国有资产监督管理委员会（以下简称国资委）正式挂牌成立，代表国务院履行出资人职责和国有资产监管职责。政府与国有企业之间不再是行政隶属关系，而是出资与被出资的关系，依法行使股东权力。国资委成立后，包括中国铁道建筑总公司在内的196户中央企业由原中央企业工委移交国资委管理。

国务院国资委成立后，建设现代企业制度的步伐进一步加快。2004年至2005年，国资委在中央企业开展建立和完善董事会试点工作，中国铁道建筑总公司作为第二批试点企业，启动董事会的建立和完善工作。2005年8月29日，国资委决定成立中国铁道建筑总公司董事会；9月23日，总公司第一届董事会第一次会议在北京召开。同年，为加强对所属子公司的监督管理，维护国有资产出资人的权益，总公司分别向各子公司派出专职监事会主席和专职监事。专职监事会主席和专职监事的主要职责是：参加各监管子公司的股东会、董事会和监事会，依法对公司董事会的重大决策和生产经营活动进行监督；检查公司财务账目和相关资料，对企业经济运行中数额较大的投资、抵押、转让等经济行为和资产质量进行重点监控；对公司董事、高级管理人员的经营业绩和综合素质进行评价，向总公司、任职公司董事会提出上述人员的任免和奖惩建议。

2006年11月8日，国务院国资委在北京召开中国铁建董事会试点工作会议。经国资委调整，中国铁建董事会由11名董事组成，其中，外部董事6人、职工董事1人。董事会对国务院国资委负责，按照《中国铁建公司章程》规定依法行使职权。董事会下设常务、战略、提名、薪酬与考核、审计等5个专门委员会。与之相配套，中国铁建制定《董事会议事规则》和各专门委员会议事规则，建立起科学、民主、高效的重大事项决策机制，标志着总公司建立现代企业制度、完善法人治理结构工作进入了新的阶段。

1994年至2006年公司制改革后，总公司建立现代企业制度，逐步实现从单纯的施工承包到设计、采购、施工总承包，从单纯投标竞争到积极探索利用政府融资，从单纯输出劳务到输出技术、标准的重大改变，企业经营结构布局、新的利润增长点不断拓展，实现跨越式发展，首次进入世界500强企业。2006年，总公司新签合同2122亿元，较1993年增长近20倍；完成产值1426亿元，较1993年增长13.7倍；主营业务收入、实现利润和上缴税费连续5年平均增长超过20%，为国家经济建设作出了重要贡献。这一时期，海外经营抓住国家大力支持企业"走出去"的机遇，实现历史性突破，新签海外合同额439亿元。

（4）股改与上市。为加快国有企业股份制改革，推进国有大型企业整体改制上市或优质资产上市，国务院及有关部门先后出台一系列文件和措施。2006年底，国务院办公厅转发《国资委关于推进国有资本调整和国有企业重组的指导意见》，要求加快国有大型企业股份制改革，加快中央企业重组调整的步伐。国务院国资委提出，除了涉及国家安全和必须由国家垄断经营的企业外，国有大型企业都要逐步改制为多元股东的公司，积极推进具备条件的中央企业整体改制上市或主营业务整体上市。这一时期，中国铁道建筑总公司主营业务实现快速发展，特别是资本运作项目大幅增加，企业需要大量资金，但现有融资渠道较为单一，主要依靠银行贷款融资，成本较高。同时，企业也需要借助市场力量，进一步建立适应市场需求的新体制和新机制。因此，股改上市成为总公司持续发展的一个理性选择。

中国铁道建筑总公司股改上市先后经历4个阶段：一是准备阶段，成立股改上市工作领导机构、办事机构并配备相关人员，进行股改动员和思想教育，选聘中介机构，开展尽职调查和业务培训，制订股改上市工作总体实施方案并报批。二是重组阶段，完成职工持股会股权及部分少数股东股权收购、企业资产重组、债务重组、组织结构调整、部分企业改制和人员重组等工作。三是评估审计阶段，完成资产评估、物业评估、土地评估、财务审计和专项费用精算等工作。四是创立审批阶段，获得国有股权方案批复和股份公司创立批复，完成公司名称预核准、验资、工商注册登记，建立公司治理结构，按法定程序设立公司董事会、监事会等。

2007年2月14日，中国铁道建筑总公司下发《关于启动总公司股份制改革及上市工作的通知》，成立“总公司股份制改革及上市工作领导小组”。领导小组研究决定，股改上市工作实行项目负责制，由锦鲤项目部负责股改上市的具体组织实施。4月3日，总公司《企业重组和股改上市总体实施方案》正式上报国务院国资委，7月26日上级批准该方案。8月17日，国务院国资委下发《关于中国铁道建筑总公司整体重组并境内外上市的批复》，同意总公司改制重组完成后独家发起设立股份公司，新公司以“先A后H”方式发行股票，在上海证券交易所和香港联合证券交易所主板上市。11月2日，国务院国资委出具《关于中国铁建股份有限公司国有股权管理有关问题的批复》，批准股份公司国有股权处置方案。11月4日，国务院国资委出具《关于设立中国铁建股份有限公司的批复》，批准总公司作为发起人，以发起方式设立股份公司。11月5日，中国铁建股份有限公司召开创立大会，并在国家工商总局注册登记。

2008年1月24日，中国证监会下发《关于同意中国铁建股份有限公司发行境外上市外资股的批复》，批准中国铁建发行境外上市外资股并在香港联合证券交易所主板上市。2月4日，中国证监会下发《关于核准中国铁建股份有限公司首次公开发行股票的批复》，批准中国铁建 A 股发行。3月10日、3月13日，中国铁建先后在上海A股、香港H股鸣锣上市，两地共募集资金407亿元，居亚洲第一、全球第二。在全球股市低迷的不利环境下，中国铁建在中国香港公开发售，名列H股发行第三位，冻结资金量达5400多亿港元，创香港股市冻结资金最高纪录，被香港媒体称为“冻资新股王”，并囊括了《亚洲金融》《亚洲货币》《亚洲财务总监》等金融杂志2008年度“最佳股权交易”“最佳首次公开发行”“年度交易大奖”的奖项，显示了公司在资本市场中的投资价值，提升了企业的社会影响力和国际知名度。

通过股改上市，中国铁建由传统的、相对封闭的国有企业向国有控股的公众公司、中外合资公司转变，实现了股权多元化，转换了经营机制，增强了企业活力，同时在资本市场建立了持续有效的融资平台，提升了企业的经济实力和资产质量，实现了由公司制向股份制的飞跃，完成了一次具有里程碑意义的历史性变革。

（5）股改后的公司治理与党的领导。按照《公司法》《证券法》等规定，中国铁建股份有限公司（以下简称股份公司）设立后，建立并完善了以股东大会为公司最高权力机构、以董事会为经营决策机构、以监事会为监督机构的公司法人治理结构。

2007年11月5日，中国铁建股份有限公司召开创立大会、第一届董事会、第一届监事会和第一次临时股东大会。会议选举产生第一届董事会董事9名、第一届监事会股东代表监事2名，审议通过了《公司章程》《股东大会议事规则》《董事会议事规则》《监事会议事规则》等公司治理文件。11月23日，股份公司职工代表会议选举产生了职工代表监事。为满足上市公司治理要求，股份公司还建立了独立董事制度，此届董事会共有4名独立董事，在董事会专门委员会中均有独立董事成员。

2008年，作为国务院国资委确定的董事会试点单位，中国铁建按照《公司法》、国务院国资委相关规章和监管机构的公司治理准则要求，进一步完善了法人治理结构。董事会9名成员中，外部董事占5名，且下设4个专门委员会中，独立董事担任主席的占3个，董事会结构进一步优化。同时，股份公司相继制定或修订了《公司章程》《股东大会议事规则》《董事会议事规则》《总裁工作细则》《专门委员会工作细则》等20余项治理制度，基本形成了股东会、董事会、监事会、经理层各负其责、各司其职、协调运作、有效制衡的公司治理机制。

股改上市后，中国铁建由原来单一国有产权变为国有控股的多元化投资市场主体，产权多元化使党组织直接参与决策、分配经济资源的功能减弱，党组织既要支持股东会、董事会、监事会和经理层依法行使职权，又要依照党章、《公司法》、《公司章程》发挥政治核心作用，且不能包办代替法人治理结构的工作。为适应这一形势，中国铁建党委贯彻落实《中共中央组织部 国务院国资委党委关于加强和改进中央企业党建工作的意见》，理清股份制条件下股东会、董事会、监事会、经理层和党委会的职责定位，制定了《党委会议事规则》《“三重一大”集体决策制度》《重要工作情况通报制度》《重大问题请示报告制度》等相关制度，建立和完善了“双向进入、交叉任职”的企业领导体制。

从企业治理的实践来看，党的领导这一政治核心作用主要体现在参与决策、带头执行、促进落实等环节。参与决策，主要是对重大决策内容进行政治把关，目的是保证党的路线方针政策在公司得到贯彻执行。带头执行，主要是组织党员领导干部带领职工积极实施经过董事会研究制定的发展战略、年度计划、生产经营目标等，率先垂范、带头落实，努力实现既定目标。促进落实，主要是确保党的方针政策在公司得到贯彻执行，确保公司重大决策和发展战略得到认真落实，对违反党和国家路线方针政策的行为进行监督，并按照规定程序进行整改纠正。

6.新时代建设中国特色现代企业制度

2013年11月，党的十八届三中全会通过了《中共中央关于全面深化改革若干重大问题的决定》，对全面深化国有企业改革作出了系统性部署，明确提出，“必须毫不动摇巩固和发展公有制经济，坚持公有制主体地位，发挥国有经济主导作用，不断增强国有经济活力、控制力、影响力”；要求“完善国有资产管理体制，以管资本为主加强国有资产监管，改革国有资本授权经营体制，组建若干国有资本运营公司，支持有条件的国有企业改组为国有资本投资公司；以规范经营决策、资产保值增值、公平参与竞争、提高企业效率、增强企业活力、承担社会责任为重点，进一步深化国有企业改革，推动国有企业完善现代企业制度”。中国国有企业改革进入到了全面深化阶段。

2015年9月13日，中共中央、国务院《关于深化国有企业改革的指导意见》（简称《指导意见》）正式公布，同时出台了22个配套文件，形成了“1+N”政策体系，初步完成了国企改革的顶层设计。《指导意见》提出，健全公司法人治理结构“重点是推进董事会建设，建立健全权责对等、协调运转、有效制衡的决策执行监督机制，规范董事长、总经理行权行为，充分发挥董事会的决策作用、监事会的监督作用、经理层的经营管理作用、党组织的政治核心作用，实现规范的公司治理”。

按照党中央、国务院国资委党委的部署要求，2016—2017年，中国铁建及所属二、三级单位初步完成了中国特色现代企业制度建设工作，主要包括：一是将党建工作要求写入公司章程，明确党组织职责权限、机构设置、运行机制和保障。二是推行“双向进入、交叉任职”的领导体制，全面推行党委书记和董事长“一肩挑”，党员总经理兼任党委副书记，通过法定程序让符合条件的党组织领导班子成员进入董事会、监事会、经理层，从体制上保证了党组织在公司法人治理结构中的领导地位，确保党组织在决策层、监督层、执行层全面发挥作用。三是健全党组织议事决策机制，完善党组织研究讨论作为前置程序的制度流程，进一步厘清党委和其他治理主体的权责边界，持续完善“三重一大”决策程序，构建起了党委会前置研究、董事会科学决策、监事会依法监督、经理层高效执行的科学治理结构。

中国铁建党委根据《中国共产党章程》等党内法规及《公司章程》，在新时代中国特色国有企业法人治理结构中主要履行以下职责：一是保证监督党和国家方针政策在公司的贯彻执行，落实党中央、国务院重大战略决策，国务院国资委党委以及上级党组织有关重要工作部署。二是坚持党管干部原则与董事会依法选择经营管理者以及经营管理者依法行使用人权相结合。党委对董事会或总裁提名的人选进行酝酿并提出意见建议，或者向董事会、总裁推荐提名人选；会同董事会对拟任人选进行考察，集体研究提出意见建议。三是对公司决策决定的企业改革发展稳定、重大经营管理事项和涉及职工切身利益等重大问题，先行研究讨论，提出意见建议。四是承担全面从严治党主体责任；领导公司思想政治工作、统战工作、精神文明建设、企业文化建设和工会、共青团等群团工作；领导党风廉政建设，支持纪委切实履行监督责任。

为确保公司治理结构运行顺畅，中国铁建党委印发了《贯彻落实“三重一大”决策制度实施办法》，梳理出“三重一大”决策事项清单136项，明确重大事项范围、厘清权责边界、细化决策程序，有效提升了议事决策的科学性和有效性。修订完善《党委议事规则》《董事会议事规则》《总裁工作细则》等制度办法，从制度上保证党委领导作用的发挥。坚持党管干部原则，持续规范选人用人程序，把党管干部和董事会依法选聘管理人员结合起来，把党的领导融入公司治理各个环节，提高经济运行质量，增强企业竞争实力，实现国有资产保值增值。中国铁建董事会连续多年被国务院国资委评为最高等级“运行良好”董事会，获得了三大国际信用评价机构给予全球建筑行业的最高信用评级。

2007—2016年，完成股改上市的中国铁建极大地提升了经济实力、资产质量、海内外社会知名度和影响力，实现了股权的多元化，规范了法人治理结构，由公司制向股份制飞跃。2016年，中国铁建在世界企业500强中排名第62位，在中国企业500强中排名第14位，在“全球最大250家工程承包商”中排名第3位。当年，新签合同额12191亿元，较2006年增长5.7倍；完成营业收入6293.2亿元，较2006年增长4.4倍；实现利润总额189.6亿元。在中国香港联合交易所成功发行5亿美元零票息零收益率的H股可转换债券和34.5亿元票息为1.5%的美元结算H股可转换债券，在上海证券交易所成功发行80亿元可续期公司债券。以市场为导向，中国铁建扎实推进转型升级，设立建筑央企第一家金融租赁公司，构建投融资区域经营平台体系；成立中国首家磁悬浮投资建设公司，磁浮产业布局初见成效，抢占了市场先机，企业开始向联动发展、协同发展、融合发展迈进。

7.落实“国有企业改革三年行动”方案

2020年5月，全国人大十三届三次会议在政府工作报告中提出：提升国资国企改革成效，实施“国企改革三年行动”（简称“三年行动”）。2020年6月，习近平总书记主持召开中央全面深化改革委员会第十四次会议，审议通过了《国企改革三年行动方案（2020—2022年）》（简称《方案》）。《方案》进一步明确了国有企业各治理主体的作用，即：党委（党组）要把方向、管大局、保落实，结合不同层级、不同类型企业实际制定党委（党组）前置研究讨论重大经营管理事项清单，厘清各治理主体权责边界；董事会要定战略、作决策、防风险，全面依法落实董事会各项法定权力；经理层要谋经营、抓落实、强管理，全面建立董事会向经理层授权的管理制度，充分发挥经理层的经营管理作用。“三年行动”是落实国有企业改革“1+N”政策体系和顶层设计的规划图，也是党的十八大以来国有企业改革重大举措的再深化。

2020年11月，中国铁道建筑集团公司向国务院国资委上报了《中国铁道建筑集团有限公司改革三年行动实施方案（2020—2022年）》，该方案对加快中国特色现代企业制度建设，加强党的领导和完善公司治理，加强董事会建设和落实董事会职权等工作进行了明确。2021年3月30日，股份公司印发《中国铁建完善现代企业制度和规范二级公司董事会建设工作方案》（中国铁建董办〔2021〕40号）（以下简称《方案》），成立了股份公司完善现代企业制度和规范二级公司董事会建设领导小组，要求坚持“实事求是、守正创新、行稳致远”的工作原则，按照“分步实施、分类施策”的工作思路，在二级公司建立以规范董事会为主要特征的现代企业制度，重点推进外部董事占多数的规范董事会建设。同时，《方案》明确了中国铁建所属27家公司作为改革现行单位，要在2021年底前完成规范董事会建设；其余二级公司在2022年6月底前完成规范董事会建设。

2021年7月12日，股份公司印发《中国铁建加强子企业董事会建设工作方案》（中铁建董办〔2021〕48号），对二级公司董事会规范建设完成时限进行调整。9月29日，中国铁建印发《中国铁建落实子企业董事会职权工作方案》，就落实董事会的中长期发展决策权等6项重点职权事宜进行部署。至11月30日，中国铁建先后制定、修订下发了关于董事会规范建设的相关制度文件、方案、办法等共计14项，囊括外部董事履职服务、履职管理、绩效评价、工作调研及专门委员会运作、董事会职权落实、董事会授权管理等内容。

随着中国特色现代企业制度的建立和完善，中国铁建改革发展各项工作突飞猛进。2017年以来，中国铁建工业制造、物资物流、产业金融稳健发展，投建营一体化的产业模式更加成熟，产业纵深的服务能力和产品体系打造成型。2020年，中国铁建新签合同额25543亿元，较2016年增长2.1倍；营业收入9103亿元，较2016年增长1.4倍；利润总额315亿元，较2016年增长1.6倍，主要经济指标均创历史新高，授权专利位列国务院国资委2020年中央企业专利质量评价建筑类央企首位。公司连续16年跻身世界企业500强，并由2015年的第79位上升到2021年的第42位。2020年中央企业负责人经营业绩考核中，中国铁建继续保持A级，总分排名位列所有央企第9名，实现历史新突破。

三、对混合所有制的探索

2013年11月，党的十八届三中全会通过《中共中央关于全面深化改革若干重大问题的决定》，提出“混合所有制经济是基本经济制度的重要实现形式，有利于国有资本放大功能、保值增值、提高竞争力，有利于各种所有制资本取长补短、相互促进、共同发展”，允许更多国有经济和其他所有制经济发展成为混合所有制经济，国有资本投资项目允许非国有资本参股，允许混合所有制经济实行企业员工持股，形成资本所有者和劳动者的利益共同体。

2015年8月，中共中央、国务院印发《关于深化国有企业改革的指导意见》，提出发展混合所有制经济的目标，是促进国有企业转换经营机制，放大国有资本功能，提高国有资本配置和运行效率，实现各种所有制资本取长补短、相互促进、共同发展，稳妥推动国有企业发展混合所有制经济。2015年9月，国务院印发《关于国有企业发展混合所有制经济的意见》，提出分类、分层推进国有企业混合所有制改革，鼓励各类资本参与国有企业混合所有制改革，建立健全混合所有制企业治理机制，建立依法合规的操作规则，营造国有企业混合所有制改革的良好环境。

2016年8月，国务院国资委印发《关于国有控股混合所有制企业开展员工持股试点的意见》，提出从中央企业所属子企业中选择10户企业开展混合所有制改革首批试点，视情况适时扩大试点。试点企业的条件主要有：一是主业处于充分竞争行业和领域的商业类企业。二是股权结构合理，非公有资本股东所持股份应达到一定比例，公司董事会中有非公有资本股东推荐的董事。三是公司治理结构健全，建立市场化的劳动人事分配制度和业绩考核评价体系，形成管理人员能上能下、员工能进能出、收入能增能减的市场化机制。四是营业收入和利润90%以上来源于所在企业集团的外部市场。2016年12月，国务院国资委印发《关于中央企业实施混合所有制改革有关事项的规定》，对统一部署和推动改革方案落实、协调解决改革过程中的重大问题、及时跟踪和评估改革成效、确保改革依法合规进行等方面作出了全面部署安排。

为贯彻落实党中央、国务院国资委党委关于混合所有制改革的部署要求，2017年10月，中国铁建下发《中国铁建发展混合所有制经济指导意见（试行）》（中国铁建发展函〔2017〕174 号）（简称《意见》）文件，全面推动落实深化企业改革工作，积极稳妥推进中国铁建混合所有制改革。

《意见》提出，要坚持加强党的领导，把握正确改革方向；坚持完善基本经济制度；坚持试点先行、稳步实施；坚持依法合规、防止国有资产流失等原则，着力经过 5 年左右的持续推进，发展混合所有制经济取得较大进展，集团公司、三级公司股权结构进一步优化，市场经营机制进一步确立，现代企业制度进一步完善。培育发展一批产权清晰、治理完善、机制灵活、规模效益突出的混合所有制企业。培养造就一批懂管理、善经营、恪尽职守、富有开拓精神的职业经理人队伍。股权激励、员工持股取得较大突破，国有经济活力进一步增强。《意见》重点实施12项改革举措：积极推动集团公司发展混合所有制，大力实施增量三级子公司混合所有制，审慎开展存量三级子公司混合所有制改革，推进项目公司层面混合所有制，积极推动专业化企业分拆上市，大力促进合作基金的建立，积极推进相关资产证券化，探索研究专业资源整体上市，积极推动投资类公司、部分集团公司以多种方式入股非公有制企业，推进混合所有制企业职业经理人制度，探索实施股权激励制度，稳步开展混合所有制企业员工持股。同时，对改革中加强风险防控、审慎决策、操作流程、审核重点、强化组织领导等方面作出了明确规定。

2019年12月，中国铁建下发《关于加快推进混合所有制改革工作的通知》（中国铁建发展函〔2019〕612 号），进一步明确了积极探索混合所有制改革的多种途径，鼓励所属二、三级企业、项目公司等根据企业发展实际需要，通过增资扩股、兼并收购、拆分上市等多种途径，开展混合所有制改革。同时，明确了混改必须坚持的原则：一是混合所有制改革要坚持战略投资者引入的筛选标准，确保企业文化上的高认同性，即“1+1等于1”，确保经营发展上的高互补性，即“1+1大于2”。二是混合所有制改革引入非公资本，要考虑合理设置资本金规模和股权比例，充分发挥非公资本的积极性，取长补短、相互促进、共同发展。三是混合所有制改革“混”是第一步，“改”才是关键，要做到“引资本”和“转机制”同步推进，持续完善企业市场化经营机制，激发发展活力。四是混合所有制改革要充分调动员工的积极性，利用员工持股、岗位分红等多种方式调动员工参与改革的积极性。

在相关政策指引下，中国铁建所属中铁二十三局、铁五院两家单位入选国务院国资委国企改革“双百行动”，并进行了积极而有益的探索。两家单位通过推动改革方案落实落地，有效弥补了发展短板、转换了经营机制、增强了企业活力、推动了高质量发展，取得了混合所有制改革的积极成效。下面简述两家单位混改成效。

中铁二十三局落实“混合所有制改革”“处僵治困”等系列改革措

施，截至2020年底，该集团“三供一业”、医疗机构移交处置及川水公司“处僵治困”等工作全部完成。被誉为“中国铁建系统内涉及人数最多、改革难度最大”的“大集体”改革工作，超额完成中国铁建计划推进的目标任务，成立混合所有制企业8家，引入非公资本9000多万元。集团所属轨道公司与民营企业合作成立的混合所有制企业，2020年新签合同额超15亿元，利润总额超1亿元。

铁五院通过收并购、组建等方式，与社会资本先后成立了5家合资公司，探索建立了灵活高效、多元发展的合资公司管理模式，并在子企业衢州交通设计有限公司建立员工持股，以股权为纽带，建立对核心员工的激励约束机制。截至2021年6月底，该公司已提前完成年度承揽合同额任务指标。

在混合所有制改革过程中，中国铁建进一步认识到：混改重在“改革”而非“混合”，不能为“混”而“混”。改革必须聚焦国有企业发展的主要矛盾和核心需要，以解决企业面临的发展瓶颈、推动企业高质量发展为目标。混合所有制改革的实质是混平台、混资源、混技术、混能力、混机制，通过改革达到优化产业布局、升级商业模式、转换经营机制、提升市场竞争力的目标。

第二节　中铁十七局领导体制的历史沿革

一、中铁十七局基本情况

中铁十七局集团有限公司（以下简称集团公司）前身为中国人民解放军铁道兵第七师，组建于1952年，其前身部队最早可追溯至抗日战争时期。1984年1月，兵改工并入铁道部，改称“铁道部第十七工程局”；1999年10月与铁道部脱钩，划归中央企业工委序列；2000年1月更名为“中铁第十七工程局”；2001年9月建立现代企业制度，更名为“中铁十七局集团有限公司”；2003年归属国务院国资委管理；2008年随中国铁建整体股改上市，现为中国铁建股份公司旗下核心成员单位。

集团公司下设一至六、建筑、电气化、轨道交通、城市建设、物资、股权投资、西藏、山西铧兴检测公司、中心医院等15家子公司，以及铺架公司、勘察设计院2家分公司（院）。集团本级设华东、西北、西南、东北、山西、鲁豫、云南、华北、青藏、华中、华南等11个区域指挥部和投资开发事业部、海外事业部、北京事业部、财务共享中心等单位，以及印度尼西亚有限责任公司，埃塞俄比亚、尼日利亚、哈萨克斯坦、马来西亚、玻利维亚、巴基斯坦分公司，印度尼西亚代表处等8家境外机构。集团公司拥有各类资质198项，其中包括铁路、公路（3项）、建筑（2项）和市政公用7项工程施工总承包特级及对应设计甲级资质，同时具有地质灾害治理甲级、军工备案、营业性爆破作业、援外成套项目等资质，拥有承包境外工程、设备物资进出口和对外派遣劳务等涉外经营权。

集团公司先后承建了400多条铁路、500多条高速公路、50多条城市轨道交通和一大批市政、房建、水利、机场和“四电”等重点工程项目，建成了多项世界之最、亚洲第一和全国知名的地标式建筑，确立了在长大隧道、高难度桥梁、大型市政、房屋建筑、水利水电、民航机场、地下综合管廊等领域的竞争优势，先后获得中国建设工程鲁班奖15项、国家优质工程奖35项、省（部）级优质工程170项；国家科技进步特等奖2项、二等奖4项，詹天佑土木工程大奖14项，省部级及以上科技进步奖93项；拥有专利907项、工法737项，主（参）编行业技术标准34项。2013年，集团公司技术中心被认定为国家级技术中心。

二、中铁十七局领导体制改革沿革

从1984年告别军旗实施兵改工开始，到2000年企业改制全面建立现代企业制度，到2008年随中国铁建整体股改上市，再到2020年贯彻落实“国企改革三年行动”，中铁十七局在党中央、上级党委的坚强领导下，主动适应国有企业领导体制改革变化，实施了一系列重大改革举措。

第一阶段：坚持和完善局（处）长负责制

1983年10月28日，国务院、中央军委正式下发《关于铁道兵并入铁道部实施方案的批复》（国发〔1983〕168号）。当月，铁七师根据铁道兵指挥部的批复，本着精简、效能、节约的原则，结合部队由青海省向山西省的调动，对编制进行了调整。11月25日，铁道部在北京二七剧场举行欢迎大会，欢迎铁道兵并入铁道部。12月，铁七师成立并入改编的组织机构，同时下发《关于部队进行并入改编教育的安排》，并于当月下旬召开并入改编大会。

1984年1月1日，铁道兵第七师集体转业，正式并入铁道部，改称“铁道部第十七工程局”（简称“铁十七局”），归属铁道部工程指挥部直接领导。10月，根据铁道部党组通知，原铁道兵第七师政委改为党委书记，师长改为局长，团长改为处长，教导员、指导员职务称呼暂不变，正处级以上干部由工程指挥部任免。

1984年至1986年底，新成立的铁十七局面临新旧体制交替，党、政、工、团各方面工作处在承前启后的阶段。为保证由旧体制向新体制的顺利过渡，保持工作的连续性、完善性和企业的健康发展，铁十七局基本沿用过去的领导体制，即实行党委集体领导下的党政主管分工负责制。

1987年以后，按照党中央、国务院《全民所有制工业企业厂长工作条例》《中国共产党全民所有制工业企业基层组织工作条例》《全民所有制工业企业职工代表大会条例》这“三个条例”的要求，铁十七局逐步推进企业领导体制改革工作，包括：规定了党组织在企业中的地位和作用，提出了企业党政主管应具备的素质条件，规定改革实行局（处）长负责制必须遵循的指导方针。局和局属单位成立了领导体制改革小组和工作机构，拟定领导体制改革的实施方案，制定党、政、工、团贯彻“三个条例”的实施细则，拟定局（处）长或行政首长任期目标责任书，提出了党、工、团支持和保证局（处）长、经理、行政首长实现任期目标的措施。1987年10月起，局、工程处、机械化工程公司正式实行局（处）长负责制，局属各单位也相应实行厂长（经理）、行政首长负责制。

1989年2月1日，根据铁道部党组《关于铁路企事业单位体制改革的意见》和铁道部工程指挥部党委指示，铁十七局撤销局政治部，设立局（处）党委办公室、组织部（科）、宣传部（科）。局党委及局属各级党组织贯彻执行党中央、铁道部党组关于政治体制改革和加强党的建设的指示精神，发挥党组织的政治核心作用，确保了企业和谐稳定发展。

1989年7月1日，铁道部工程指挥部撤销；10月1日，中国铁道建筑总公司正式挂牌。中铁十七局成为总公司下属二级法人单位，自主经营、自我发展的市场竞争主体地位得到进一步确立和强化。

这一时期，中铁十七局通过坚持和完善局（处）长负责制，在改革和实践中寻找出路，逐步建立起了跨地区、跨行业，多种产业一体化、内地沿海一体化的集团企业，初步树立了自主经营、大市场竞争和独立纳税人观念，局与处之间的产权关系，局与局管项目以及工程部之间的责权利关系开始理顺，广大干部职工干事创效的活力有效激发，企业连年超额完成年度计划指标，生产经营能力和综合效益显著提升。1993

年，中铁十七局承揽任务首次突破10亿元大关，完成总产值达9.2亿元（4个工程处产值突破亿元大关），是兵改工初期的11.6倍；上缴国家税费超过1000万元，是兵改工初期的195.4万元的6倍以上；形成固定资产2.7亿元，是兵改工初期的4倍以上；职工年人均收入增长至5000元，是兵改工初期1800元的近3倍。

第二阶段：建立现代企业制度

1993年3月，中国铁道建筑总公司下发《关于深化企业改革转换经营机制的意见》，提出了按照自主经营、自负盈亏、自我发展、自我约束的要求，建立符合社会主义市场经济规律和铁路施工企业特点的经营机制。

1998年1月，中铁十七局出台《深化企业改革若干问题的意见》，对企业建制的总体安排、基本模式、股权结构、程序设计和对策措施等作出了初步的设计和安排。1999年10月，根据中共中央《关于国有企业改革和发展若干重大问题的决定》文件精神，在深入分析企业现状，广泛参考国内先行建制企业经验和做法的基础上，中铁十七局组织撰写了《中铁第十七工程局关于建立现代企业制度若干难点问题的初步意见》，勾画出改制方案的主线和轮廓。

2000年2月17日，中铁十七局成立建立现代企业制度领导小组及办公室。3月16日，按照中国铁道建筑总公司“包括十七局在内的6个工程局、北京中铁建筑公司和4个工厂在2000年内完成改制”的要求，成立现代企业制度课题组，于当月下旬分赴中铁十八局、北京建工集团、中铁二局、长虹集团等企业调研学习。4月至年底，先后完成了各项资产清查、评估、公司登记等工作，形成了改制方案初稿。2001年5月24日，中国铁道建筑总公司下达《关于中铁第十七工程局建立现代企业制度总体实施方案的批复》。9月14日，中铁十七局有限公司召开首次股东会会议、一届一次董事会会议和一届一次监事会会议，产生中铁十七局集团有限公司法人治理结构。9月16日，中铁十七局集团有限公司在太原举行挂牌成立大会，建立现代企业制度跨入了新的发展阶段。

改制前的中铁十七局投资形式单一，且产权主体缺位、产权责任不明。通过改制建立现代企业制度，不仅在国有资产上理顺了产权关系，明确了国有资产的投资主体——中国铁道建筑总公司，而且确立了另一投资主体——代表员工利益的职工持股会，实现了投资主体二元化。产权制度的变化促进了企业领导体制的变化，依据两个投资主体的投资协议和《公司章程》，中铁十七局建立了由权力机构、决策机构、执行机构、监督机构组成的相互独立、权责明确、相互制衡的法人治理结构，即股东会、董事会、监事会和经理层。

现代企业制度的建立，促使中铁十七局的管理理念与市场接轨，逐步确定了"稳健经营、管理增效"的思路，尤其是职工持股会的建立，不仅为生产经营筹集了大量资本金，有利于盘活资产、促进劳动生产率提高，又提高了广大职工的主人翁地位，实现企业劳动者与所有者利益的有机结合。2006年，中铁十七局新签合同总额145亿元，是1993年的14倍；完成总产值119.1亿元，是1993年的12倍；实现利润8108万元，产值利润率达到0.7%，净资产收益率达到7.7%，创收水平显著提升。尤其是企业技术创新取得重大进步，在客运专线建设方面实现了无砟轨道系统的国产化，成功设计制造了900吨箱梁预制和提运架设备，总结开发的长大隧道超长距离通风技术创全国铁路隧道长距离通风之最，成为中国高铁技术研发和施工建设的领军者。

第三阶段：调整法人治理结构适应股改需求

2007年2月25日，中铁十七局按照中国铁道建筑总公司推进企业股改工作要求，召开专题会议安排部署相关工作。4月份，集团公司和各子公司先后召开职工代表大会、职工持股会会员代表大会和公司股东会会议。4月18日，中国铁道建筑总公司与中铁十七局集团有限公司职工持股会签署《股权转让协议》。至此，中铁十七局集团有限公司职工持股会全部股权被中国铁道建筑总公司收购，中国铁道建筑总公司成为集团公司唯一股东，集团公司不再设置股东会，实施投资主体一元化。

随着董事会机构和职能的健全完善，企业重大事项论证及决策程序日趋规范，子公司法人治理结构全部调整到位，中铁十七局整体决策管理效率明显提高，发展质量和效益水平实现了持续提升。2012年，中铁十七局新签合同总额414亿元，是2006年的2.85倍；完成企业总产值308.4亿元，是2006年的2.59倍；实现利润4.5亿元，是2006年的5.5倍。企业综合实力保持中国铁建系统领先，海外份额位居系统前列。尤其是投资建设项目迈出实质步伐，获取工程承包份额85亿元；勘察设计板块实现零的突破，签订设计合同1453万元，为企业向投资、设计、施工一体化发展奠定了良好开局。

第四阶段：建立中国特色社会主义现代企业制度

2013年，中铁十七局根据《公司法》和公司章程规定，设立集团公司战略与投资、薪酬与考核、审计与风险管理等3个专门委员会，制定《中铁十七局集团董事会专门委员会工作细则》，明确人员组成和工作职责。

中铁十七局全面实行“双向进入，交叉任职”的领导体制，17个子（分）公司及直属单位中，8个单位的党委书记任执行董事；8个单位的执行董事、总经理（或院长）任党委副书记，7个单位设立专职党委书记，实现了80%以上的执行董事、经理层成员与党委成员交叉任职，逐步建立以“一岗双责”为特征的领导机制。同时，持续健全优化公司决策机制和流程，建立、修订和完善党委议事规程、董事会议事规则、经理层议事规则和“三重一大”集体决策制度等，明晰了党委会、董事会、监事会、经理层等治理主体的权责边界，推动形成权力制衡、运转协调、科学民主的决策机制。

2015年2月，中铁十七局下发《关于进一步贯彻落实“三重一大”决策制度的实施细则》，明确界定党委参与重大问题决策的内容和范围，把企业重大决策、重要人事任免、重大项目安排和大额度资金运作，以及涉及职工切身利益的重大举措和改革等全部纳入党委决策内容。该制度进一步健全完善了党委常委扩大会、党政联席会、董事会、监事会、总经理办公会和职工代表大会等会议制度，规范了党组织在企业管理中的地位、作用、程序和方法，畅通了党委参与重大决策、发挥政治核心作用的途径。

2015年3月，中铁十七局出台《关于优化完善集团公司董事会专门委员会运行机制的决定》，使企业由过去的召开党政联席会，向党员董事根据党委意见在董事会中发挥作用的方式转变。

2017年5月，中铁十七局在全系统率先制定出台《关于建立健全重大问题决策前置程序的指导意见》，明确把党组织研究讨论作为董事会、经理层决策重大问题的前置程序，突出了国有企业党的领导核心、政治核心作用，将“加强党的领导”的政治原则有效落到实处。同年，集团本级和三级法人单位完成了章程修订，明确了党组织在公司中的法定地位，把党建工作要求写入公司章程，从制度上保证企业党委领导作用的发挥。

按照中国铁建落实“国企改革三年行动”工作部署，2021年8月20日，中铁十七局印发《完善现代企业制度和推进董事会规范建设工作方案》（公司办〔2021〕317号），对完善公司法人治理制度、科学设置集团公司董事会、推进董事会规范运行、落实董事会6项职权、推进股东依法行权等5个方面的重点工作进行了安排部署，明确各责任部门和时间节点，扎实推进改革相关工作。

2021年11月，中铁十七局修订《公司章程》及《董事会议事规则》。新的《公司章程》规定：董事会是公司的决策机构，负责定战略、作决策、防风险。董事会由7名董事组成，其中，股东代表董事6名、职工代表董事1名。股东代表董事由中国铁建股份有限公司委派，职工代表董事由公司职工代表会议民主选举产生。董事会成员中，外部董事人数应超过全体董事成员的半数。同月，印发《落实董事会职权实施方案》（公司董办〔2021〕419号），要求在实现董事会规范运作的基础上，紧密结合集团公司改革发展实际，积极落实集团公司董事会各项职权，重点做好中长期发展决策权、经理层成员选聘权、经理层成员业绩考核权、经理层成员薪酬管理权、职工工资分配管理权、重大财务事项管理权等6项职权的落实。与此同时，《经理层成员任期制和契约化管理办法》《经理层成员经营业绩考核和薪酬管理办法》《信贷规模管理办法》《对外担保管理办法》《对外捐赠管理办法》等配套制度出台。

2021年11月29日，中铁十七局举行经理层任期制和契约化管理签约仪式，标志着集团公司正式进入到经理层成员任期制和契约化管理阶段。12月，集团公司印发《董事会授权管理制度》，明确了董事会授权总经理的基本范围、工作程序和授权事项清单等内容，积极推进董事会向经理层授权，提升董事会决议效率，激发经理层活力。同时，制定下发《外部董事履职保障工作方案》《外部董事调研工作制度》，建立健全外部董事履职保障机制。

2022年1月16日，中铁十七局召开外部董事见面会，对加强董事会建设、保障外部董事履职进行了工作部署，发挥外部董事占多数的管理优势，持续提升企业科学决策能力，不断适应公司治理和企业管理的新形势新任务。至此，中铁十七局的法人治理结构正式进入外部董事占多数的新阶段，企业治理模式翻开了新的篇章。

中国特色社会主义现代企业制度建立以来，中铁十七局的市场竞争实力进一步提升，勘察设计、投融资、运营管理等价值链高端业务取得突破性进展，从施工商向投资商、运营商、总承包商转型迈出实质性步伐。2021年，中铁十七局新签合同额1346.6亿元，是2012年的3.2倍，房建、市政、城轨等城市经营占比超过60%，6个区域和7个子公司经营规模超过100亿元，自主投资项目承揽同比增长5.1倍，自2019年以来连续3年承揽刷新历史纪录；完成产值604亿元，是2012年的1.96倍；利润总额3.4亿元，比2018年增长61.1%；企业圆满完成年度任务目标，经济质量有效提升，高质量发展跨上新台阶。

三、企业领导体制（治理结构）现状

1.治理结构

中铁十七局的企业治理结构主要由党委、董事会、经理层、监事会、职工代表大会等组成。

党委即中国共产党中铁十七局集团有限公司委员会，发挥党组织“把方向、管大局、促落实”的重要作用。党委设党委书记 1 名，党委副书记、常务委员及其他党委成员若干名。公司董事长、党委书记由一人担任。

中铁十七局集团有限公司董事会是公司的决策机构，负责定战略、作决策、防风险。董事会成员7人，其中外部董事4人。

经理层是公司的执行机构，负责谋经营、抓落实、强管理。设总经理1名，由董事会聘任或者解聘；设副总经理若干名及总会计师、总工程师、总经济师各1名，协助总经理工作，经总经理提名由董事会聘任或解聘。

公司设监事会，由3名监事组成，其中，股东代表监事2名、职工代表监事1名，设监事会主席1人。

公司按期召开职工代表大会，公司工会依照法律规定组织职工参与本单位民主管理。

2.治理主体

党委会，负责研究决定党群工作重要问题、重要人事任免，对企业生产经营重大决策事项提出意见建议。凡涉及党委参与企业生产经营重大问题决策的内容，要把党委会研究作为前置程序，先召开党委全会或常委会，党委以集体讨论形式的决议或决定，向董事会、经理层提出对企业重大决策和生产经营管理中的重大问题的意见和建议，并通过依法进入集团公司董事会、监事会和经理层的党委成员，将党委的意见、建议体现到董事会、监事会和经理层的决策中去。

董事会，通过召开定期会议和临时会议，对职责权限范围的“三重一大”事项作出决策。

经理层，研究决定经理层职权范围内的重要事项，协调解决、决定集团公司日常经营活动的具体事项。

监事会，对股东负责，依照《公司法》《国有企业监事会暂行条例》等有关规定行使职权。

职工代表大会，研究决定企业发展规划、年度经营管理情况。修订涉及职工切身利益的规章制度或重大事项，重组改制方案和重大改革措施，申请破产或解散等重要事项，应当通过职工代表大会或者其他形式听取职工群众的意见和建议。涉及薪酬福利、劳动用工管理、教育培训等方面的重要制度、企业改革改制中涉及的职工安置方案，其他涉及职工切身利益的重要事项应当向职工代表大会报告，并由职工代表大会审议通过。

3.治理制度

中铁十七局的公司治理总体遵循《公司章程》《规范落实“三重一大”决策制度实施细则》。《党委议事规则》《关于建立健全重大问题决策前置程序的指导意见》等明确了党委在公司治理中行使权力的具体规则。董事会依据《董事会议事规则》《董事会议案汇报沟通有关规定》《完善现代企业制度和推进董事会规范建设工作方案》《落实董事会职权实施方案》《外部董事履职保障工作方案》《董事会授权管理制度》《外部董事调研工作制度》等开展工作。经理层在《总经理办公会实施细则》《总经理办公会议评审论证事项有关规定》等制度下决定公司治理事项。监事会依据《监事会制度》履行职能。职工代表大会依据《职工（代表）大会实施办法》《职工董事、职工监事管理制度实施办法》等民主参与公司治理。

第三节　中国铁建领导体制演进特征及分析

一、中国铁建领导体制的演进过程

从党委领导下的厂长负责制到厂长（经理）负责制，从淡化、削弱党组织的作用到“三句话”方针，从《企业法》到《公司法》，从建立现代企业制度到健全完善法人治理结构，中国铁建的领导体制经历了长期而复杂的探索和发展。可以归纳总结为如下4个阶段。

第一阶段，从兵改工后到1994年，逐步实施厂长负责制，企业党组织的领导地位向政治核心转变

这一阶段，中国铁建通过调整规范企业领导体制，推行厂长（经

理）负责制，厂长（经理）对企业负有全面责任，充分行使职权、推动生产经营，企业改革发展不断深化、成效明显，表现在：一是突破了计划经济的旧框框，建立了适应市场的经营机制和管理机制，实现了放权搞活。二是打破了“铁饭碗”的用工制度，改为固定工、合同工、临时工相结合的用工制度，提升了用工弹性。三是打破了组织的刚性结构，根据任务量和工程性质，段队和项目部的编制可大可小。四是突破“平均主义”的分配方式，建立责权利相结合、以经济效益为标准的分配制度，层层建立经济承包责任制，调动了职工积极性，控制了成本、提高了效益。五是进行了企业领导体制改革，全面推行局（处、厂）长负责制，建立健全局、处长任期目标责任制。六是推行人事制度改革，试行干部任期制、试用制、选举制和聘任制，建立竞争上岗、择优录用的新机制，使一批德才能绩优秀的年轻干部走上各级领导岗位。同时，中国铁建还进行了住房、医疗、养老保险、财务制度等方面的配套改革。这一系列改革措施，符合市场经济规律，使中国铁建迅速适应了市场经济体制，顺利由军队生产型转为企业生产经营型，实现了自负盈亏、自主发展，促进了企业的振兴。

然而，这一领导体制也不可避免地存在一些问题：局（处）长负责制的全面实施，使企业党组织不再是过去意义上的领导核心，职责主要是保证监督，支持局（处）长负起全面领导责任。这种地位和职责上的变化，使企业出现了党组织地位虚化、党的领导弱化、党务工作者边缘化的问题，使党对企业的领导出现偏差，出现重利益、轻政治的问题。尤其是在兵改工头几年，企业党组织发扬军队时期思想政治工作的优良传统有所弱化，部分职工在“回家致富”的浪潮冲击下，申请离队报告像雪片一样纷至沓来，稳定队伍一时成为头号难题。随着企业改革深入推进，内部利益分配冲突，加之国家指令性任务急剧减少，基建战线收缩，竞争日趋激烈，有的企业生存受到威胁，职工信心不足，丧失组织性和战斗力。党组织参与企业生产经营决策、监督保障机制跟不上新任务、新情况要求，一些单位出现“一言堂”问题，重大事项不经过集体讨论， 权力失去了应有的监督，造成决策失误、国有资产流失。国有企业党组织如何在不干预企业具体经营管理的情况下保证党的领导，成为当时国有企业的一个时代性的难题。现在提出的“发挥政治核心作用”，正是这一时期对企业党组织地位作用的认识逐渐深化、明晰的结果。

从这一阶段领导体制的变革中，可以得到如下启示：国有企业必须发挥好党组织的政治核心作用，通过加强党的建设和思想政治工作，发挥政治优势，把党组织参与重大问题决策、党的纪律检查监督与业务公开、厂务公开、监察、审计、法律事务等多个监督机制有机结合起来，对企业生产经营实施全方位有效监督，确保企业坚持正确的政治方向，依法合规经营。尤其是在国有企业转变经营机制，建立新的企业制度过程中，党组织不能偏离经济建设和生产经营这个中心，要充分发挥党组织的战斗堡垒和党员的先锋模范作用，把广大职工的积极性凝聚到提高经济效益和推动技术进步上来，更好地完成企业生产经营和全面建设任务。

第二阶段，1994—2006年，公司制改革阶段，从厂长（经理）负责制向建立完善现代企业制度转型

如果说1984年兵改工是第一次历史性转变的话，建立现代企业制度就是中国铁建的第二次历史性转变。随着公司制改革、现代企业制度的基本建立，中国铁道建筑总公司与各局（集团公司）的职能、关系均发生较大变化，由过去的行政隶属关系转变为以资产为纽带的母子（分）公司体制的产权关系，有力推动了国有企业政企分开。总公司依法行使出资者的各项职能，按照管人、管事、管资产相结合的原则，依法行使

资产所有权、资产受益权、重大决策权和经营者的选择权，通过委派股东代表、董事会与监事会成员，强化决策、资产运作、投资功能。子公司作为市场主体，实行自主经营，享有法人财产权，独立核算，自主经营，以其全部资产承担有限责任，成为生产中心、利润中心、成本控制中心。

这一阶段，各局（集团公司）按照法人治理结构、公司章程及现代公司制管理的要求，逐步理顺股东会、董事会、监事会和经理层的职责，建立符合现代企业制度要求的会议制度、议事规则和决策程序，推动改制后的企业走上了制度化、法制化建设轨道，真正成为依法自主经营、自负盈亏、自担风险、自我约束、自我发展的独立市场主体，从而激发了内生活力，实现了更好更快发展。改制后的企业普遍实行职工持股，建立职工持股会，实现“二元股东”体制，职工参与企业经营管理的积极性主动性进一步提高，企业凝聚力进一步增强，经营管理水平和市场竞争能力持续上升。至2006年末，中国铁建生产经营指标再创历史新高，主营业务收入、实现利润和上缴税费连续5年平均增长超过20%；“走出去”战略取得重大突破，海外全年新签合同额同比增长325%；技术创新能力大幅增强，破解了高原铁路、高速铁路、溶岩富水地质隧道施工等世界性难题，快速成长为中国建筑行业的领军者、世界500强企业和世界最大建筑承包商之一。

但是，此时建立的现代企业制度尚不够完善，企业改革的主要精力集中在产权关系上，各个法人治理主体间的关系还没有理清，随意决策、违法决策等问题时而出现，对企业造成了较大风险。总的来看，企业的内部管理还没有上升到公司制管理的高度上来。

第三阶段，2007—2016年，股改上市，法人治理结构持续完善，现代企业制度更趋健全

这一阶段，中国铁建的公司治理体制实现历史性变革，主营业务

整体重组改制上市，构建了党委会前置研究、董事会科学决策、监事会依法监督、经理层合规经营的法人治理结构，主要经济指标全面翻番增长。作为高铁建设的主力军，中国铁建承担了55.5%以上的高铁勘察设计任务，承担了超过45%以上的高铁建设任务，实现了由路内向路外、由地上向地下、由陆地向水域、由国内向国际的全面拓展跃升。世界500强企业排名由第485位前进至第62位。2016年，中国铁建在中央企业负责人经营业绩考核中连获4A荣誉，首次进入央企考核前十名，位列六大建筑央企第一位。

但是，随着中国铁建整体上市，公司由单一国有产权变为国有控股的多元化投资市场主体，产权多元化使党组织直接参与决策、分配经济资源的功能减弱，党组织由决策变为引领和参与决策。这些变化，对企业党组织发挥政治核心作用的途径与方式提出了挑战。上市公司党组织要处理好与股东会、董事会、监事会、经理层的关系，党组织要依法支持股东会、董事会、监事会和经理层行使职权，既要依照党章、公司法和公司章程的规定发挥作用，又不能包办代替法人治理结构的工作，党组织发挥政治核心作用的途径、手段和方式等方面亟待改革创新。同时，市场机制驱使员工的价值取向多样化，股东利益与职工利益、企业利益与社会利益、眼前利益与长远利益、局部利益与整体利益等一系列平衡关系需要强有力的思想政治工作来进行调整和维系，企业党组织面临新的任务与挑战。

第四阶段，自2016年全国国有企业党的建设工作会议召开至今，探索和建立中国特色社会主义国有企业制度

这一阶段，中国铁建在落实“国企改革三年行动”及混合所有制改革任务，持续健全完善现代企业制度的基础上，更加注重党的领导作用发挥。特别是党的十九大以来，中国铁建党委坚持党的领导、加强党

的建设，贯彻全面从严治党，落实“两个责任”，抓住“关键少数”，狠抓中央“八项规定”精神落实，持续纠正“四风”，实现了巡视巡察全覆盖，守住了防止国有资产流失的底线，促进了国有资产保值增值。2020年度中央企业负责人经营绩效考核的47家A级企业中，中国铁建以第9位刷新历史。截至2021年三季度末，全系统新签合同额增长12.64%，营业收入增长17.86%，利润总额增长12.51%，净利润增长19.46%。对比2020年同期增长率，企业盈利能力大幅提升。

二、中国铁建领导体制演进的特征

总的来看，中国铁建领导体制的演进具有以下特征。

第一，适应企业改革治理的需要。中国铁建贯彻落实党和国家的方针政策、顺应时代发展潮流，逐步建立起规范化的领导体制，使企业的权力机构、监督机构、决策和执行机构之间职责明确、运转高效。在近40年的发展历程中，中国铁建始终坚持党对企业的全面领导，为党的领导融入企业治理提供了良好的实践经验和工作范例。

第二，理顺党组织与其他治理主体的关系。中国铁建较好地建立起了符合自身发展需求的法人治理结构：党委会与董事会有任职交叉，但各有分工、各司其职；党委书记兼董事长，能集中力量，形成统一意志，避免了相互内耗，有利于高效决策；董事长与总经理分设，董事会与经理层建立契约制，打破了传统的行政隶属关系，经理人依照契约行使独立的经营管理权，与董事会保持共同的利益目标。

第三，形成有效的监督约束机制。中国铁建形成了具有自身特色的监督约束机制：一是党委依靠合法程序进入决策层、经营层和监督层，实施对企业的政治领导和多层次监督。二是党委依照党内民主集中制的组织原则，实行重大问题党委集体讨论决定；党委书记作为董事长，遵照公司章程服从董事会的集体决策，实现了权力的相互制衡。三是经理层在董事会的监督下行使经营管理权，并向董事会报告工作，防控经营风险。四是监事会代表股东利益独立行使监督权，包括对决策层、执行层的监督，形成了企业内部各方利益主体之间相互激励又相互制衡的良性的法人治理结构 。

第五章

党的领导与国有企业控制权

国有企业的控制权问题，根本上是国有企业由谁领导、维护谁的利益、走什么样的道路、实现什么样的目标的问题。坚持党对国有企业的领导与完善公司治理相统一，建设中国特色现代国有企业制度，本质上是国有企业控制权的配置和控制权功能实现的问题。这就要求国有企业党组织掌握相应的控制权，确保“国企姓党”“国企为民”，坚定不移做强做优做大国有企业，促进国有资产保值增值，不断维护和发展全体人民作为出资人的根本利益。

第一节　国有企业坚持党的领导的重要意义

坚持党对国有企业的领导，党组织依法参与国有企业治理，这是由中国特色国有企业的性质所决定的，对于国有企业充分发挥其经济功能和非经济功能，保障国有企业出资人利益、确保国有企业持续健康发展、促进国有资产保值增值具有重要意义。

一、党的领导有利于维护国有企业出资人利益

中国国有企业的产权归全体人民所有，全体人民是国有企业的所有者和出资人，国有企业控制权代表着全体人民的利益、承担着全民赋予的责任，这是国有企业控制权的基本功能。中国共产党是全心全意为人

民服务的政党，代表着中国最广大人民群众的根本利益，这是党的根本属性。因此，党组织参与国有企业治理，确保国有企业改革发展的目标始终是为了维护人民的根本利益，这是党组织参与国有企业治理的合法性依据，也是国有企业党组织的重要使命，体现了党的领导与国有企业控制权在目标上的一致性。

国有企业党委（党组）参与企业治理的基本作用是“把方向、管大局、促落实”，即保证和监督党和国家的方针政策在企业中的贯彻执行，支持其他公司治理主体依法行使职权，确保党对国有企业的领导。董事会、经理层、监事会等作为国有企业控制权配置的其他主体，其行使控制权的形式主要是确保国有资产保值增值、实现企业经营效益最大化。二者分别体现了国有企业政治属性、经济属性的双重属性，共同构成了完整的国有企业控制权。

客观地讲，西方企业在长期发展过程中创立了现代企业制度，值得我国国有企业学习借鉴。但是，中国国有企业基于国情的特殊性，并不能完全照搬西方模式。且在西方国有企业日渐式微的情势下，其国有企业治理模式的科学性、合理性难以自证。为此，中国国有企业必须坚持走“中国化”道路，深化对企业治理的认识和实践，在中国特色社会主义的本质特征——中国共产党的领导和中国特色社会主义市场经济条件下，探索中国特色的企业治理制度，将企业控制权向各个公司治理主体进行合理配置，实现目标上的一致和功能上的互补，探索出一套超越西方国有企业治理体系的、更先进的中国特色国有企业治理体系，从而在国际竞争中取得优势，实现建设世界一流企业的目标，为实现中华民族伟大复兴的“中国梦”提供坚实的物质基础。

坚持党对国有企业的领导。党组织参与国有企业治理，其根本目的在于确保国有企业服务的对象是人民，国有企业发展的成果用于回报人民。国有企业党组织作为出资人利益的维护者，在中国特色国有企业治理体系的框架下，通过自身独特的组织体系、工作机制和具体行动，履行对国有企业“把方向、管大局、促落实”的控制权，这是中国国有企业的本质要求和企业治理的基本原则。

二、党的领导有利于提高国有企业治理效能

党对国有企业的领导，以及国有企业党的建设各项工作，在深化国有企业改革、完善公司治理结构、维护企业和社会稳定中发挥了不可或缺的保障和支撑作用。

这种作用主要体现在以下几个方面：一是中国共产党领导国有企业贯彻落实党和国家方针政策，建设政治坚定的干部队伍和职工队伍，在企业内部形成共同的价值观，全体员工思想一致、目标一致、行动一致，客观上促进了企业生产经营管理水平的提高。二是中国共产党以马克思主义中国化的科学理论为指导，通过加强思想政治建设，以理论创新成果武装头脑、认识问题、开展实践，在提高党员干部政治和文化素质的同时，为国有企业治理水平的提高筑牢了思想基础、提供了智力支撑。三是中国共产党坚持以人民为中心的发展观，践行群众路线的工作方法，发挥密切联系群众的优势，通过党组织和工团组织进行形式多样的群众工作，将广大职工进一步团结和凝聚在党的周围，扩大和巩固了党在企业中的执政基础，通过“凝心聚力干大事”，提高了企业治理的效能。

三、党的领导有利于国有企业非经济功能的发挥

国有企业是中国特色社会主义的重要物质基础和政治基础，国有企业党组织作为党在经济领域的延伸，承担着重要的非经济功能，主要表现为国有企业的社会责任。

中国特色社会主义制度的特殊性，决定了中国国有企业不能效仿西方资本主义国家将“经济利益最大化”作为企业控制权功能的单一目标，而应充分兼顾国有资产保值增值、履行社会责任两个方面的目标。从抗日战争时期的武器供应、解放战争时期的后勤保障，到新中国成立初期完善国家经济结构、改革开放后试点先行，再到响应“一带一路”倡议、参与抗洪救灾和新冠肺炎疫情防控，中国共产党领导下的国有企业始终担当“国之大者”，不惜以牺牲经济利益为代价，履行为国尽责、保障民生、维护稳定的社会责任，成为党执政兴国最可信赖的“六种力量”。因此，坚持和加强党对国有企业的领导，能够进一步提高国家在维护公共利益和应对重大突发事件中调动和配置资源的能力，发挥社会主义制度“集中力量办大事”的优势，实现国有企业控制权的基本功能、发展功能和衍生功能。

随着国有企业改革的不断深化，国有企业党组织的控制权也在随之动态调整，从占有、支配资源到加强思想政治领导、发挥政治核心作用，从直接组织、领导发展到引领、服务发展，从分配利益到维护、整合、协调利益。新时代的国有企业中，党组织作为治理主体之一，在重大决策中发挥作用，直接参与国有企业治理；按照“党管干部”原则，对领导干部进行选拔任免，间接参与国有企业治理；依托党的基层组织，开展意识形态、党内监督、文化建设等工作，实现对公司治理结构

的完善与优化。党组织参与国有企业公司治理，在企业控制权配置、控制权功能及其实现中发挥作用，是中国特色国有企业治理体系区别于其他企业治理体系的基本特征。

第二节 国有企业控制权存在的问题

进入新时代，以“国有企业改革三年行动”为标志，党对国有企业控制权的认识和实践也发展到了新的阶段。但是，在中国特色国有企业治理体系构建完善的过程中，当前国有企业的控制权配置、控制权功能以及控制权功能的实现等方面仍然存在一些问题，需要认真加以分析。

一、国有企业控制权配置中存在的问题

1.行政因素对控制权配置存在影响

中国国有企业控制权配置方式中，行政任命仍然是非常重要的一类。《中华人民共和国公务员法》规定：国家实行公务员交流制度。公务员可以在公务员和参照本法管理的工作人员队伍内部交流，也可以与国有企业和不参照本法管理的事业单位中从事公务的人员交流。实践中，国有企业与政府的人事交流相当频繁，政府公务员通过行政任命的方式，进入国有企业担任领导职务，这是党组织参与公司治理的重要途径之一。

控制权的行政配置，即政府代表人民作为国有企业的所有者，行使对企业经营者的任免权，而非通过市场来实现控制权的配置和转移。但是，这种任免权往往是一种行政权力，而非基于资本逻辑的所有者权

力。[1]政府本身不是经济组织，其评价标准和价值考量往往是非经济性的，通过行政委派或指定的企业管理者可能是优秀的公务员，但不一定具有良好的企业家素质，管理企业的专业知识和领导才能无法保证。现实中往往出现两个方面的问题：第一，一些优秀的党组织干部没有经过专业的企业管理训练，也不具备领导企业的相应能力，或者专业特长不适应该类型企业的生产管理需要，但通过行政任命担任了领导职务。第二，一些企业员工专业能力、领导才能突出，但自身不是党组织成员，所以无法在企业中担任领导职务，无法参与企业经营管理，给企业带来积极作用。由于政府对企业信息掌握得不充分，且没有足够的动机和能力去获取信息，真正具有企业管理能力的人可能难以被选择到国有企业领导者岗位上去。

同时，国有资产管理部门代表国家行使股东权力，掌握控制权配置，但没有剩余索取权，不是真正的风险承担者，因此缺少在管理层监管中的动力，且部分管理层更关心自己的政治前途而非企业盈利，委托代理问题加剧。

随着我国社会主义市场经济体制的逐步完善，推进国有企业建立现代企业制度，一些国有企业通过开展经理层成员任期制和契约化管理，完成了经理层的市场化选聘。但在现实中，不少国有企业董事会未实质承担高级管理人员的选聘与激励职能。同时，国有企业经理层的市场化选聘程序相对冗长、仍带有一定的行政委任色彩；部分国有企业虽然实现了经理层成员中副总经理的市场化选聘，但董事长、总经理仍然采用委任制，改革尚未从根本上完成。

[1] 黄群慧. 企业家的激励约束机制研究——一个综合分析模式及其在中国国有企业中的应用[D]. 中国社会科学院研究生院, 1999.

2.不同层级控制权的主体存在重合

当前，较多国有企业，特别是企业集团的下属企业，在控制权配置中存在党委会、董事会、经理层等成员重合的问题，一方面，公司领导班子成员在公司治理主体中重复任职，会造成企业生产经营的决策权、执行权和监督权难以有效分离，既是决策者也是执行者，既是运动员也是裁判员，很难清晰界定是哪方治理主体的责任，现代企业制度中各治理主体的功能定位无法实现。另一方面，董事会成员间存在上下级关系，例如，作为党委成员的董事是作为党委书记、董事长的下级，作为副总经理的董事是作为总经理的董事的下级，如此等等。这种关系很难保证每一个董事能完全独立地表达自己的意见，尤其是自己的意见与作为上级的董事意见不一致时，集体决策就容易沦为一种形式。同时，一些国有企业将党委会、董事会、总经理办公会合并召开，一次会议、三个记录，或者以党政联席会议替代党委会、董事会、总经理办公会决策重大事项，甚至以领导签批、会签、传签等形式替代集体决策，导致了国有企业决策不规范、出事无人担责、重复决策等问题。

3.控制权主体责权有待明晰与细化

党中央、国务院国资委就国有企业的党组织、董事会、经理层在公司治理中的职权划分出台了大量政策性文件，提出了指导意见，但主要是原则性、方向性的。具体到实践中，仍有不少国有企业对党的领导与企业治理的关系理解不深、把握不准，对自身的职责定位没有明确，与其他治理主体的关系没有理顺。有些重大的、方向性的决策事项未纳入党委会职权范围，导致党委在重大问题决策上不能发挥“把方向、管大局、促落实”作用，决策不能充分体现党组织的意志；有些则将大事小情一律提交党委会研究，造成决策资源浪费，影响了决策效率和效果。

同时，一些国有企业在“三重一大”事项决策中没有按照“最终决定主体唯一性”的原则，明确哪些事项需要党委会直接决定、哪些事项需要党委会前置研究讨论、哪些事项需要董事会决定、哪些事项需要总经理办公会决定等，导致公司各治理主体间不能有效协同开展工作。对于一些责任边界模糊不清的事项，通过增加不必要的党委会前置程序，以达到责任分担和免除的目的，出现推诿扯皮情况。

4.控制权配置失衡影响治理效能

前面主要讨论的是企业控制权配置的问题，从董事会、经理层控制权配置看，同样存在配置失衡影响企业整体治理效能的问题。需要说明的是，这些问题不仅是中国国有企业治理的问题，在西方国有企业及其他所有制企业中也同样存在。

从董事会层面看，董事会作为联系股东及经理层的关键桥梁，位置至关重要，其合理的控制权配置可以缓和控制权委托代理引发的矛盾冲突，提高企业治理效率。但是，董事会决议实施的制度基础是“多数表决制”，通过赞同与反对的人数来决定一项计划是否实施，如果各个董事的利益存在重大分歧，就可能影响企业控制权功能的实现效果。独立董事依其“专业优势”和“独立身份”进入企业决策层，但独立的外部董事与受股东控制的内部董事在信息上存在不对称性，使双方在执行控制权中有可能存在偏差和冲突。

从经理层层面看，控制权的配置方式主要是总经理的委派，主要包括大股东委派与公开选拔两种。目前，大部分国有企业的总经理主要由股东委派，本级董事会没有聘任或解雇总经理的权力。同时，由于控制权配置的模糊和行政职级的存在，不少国有企业的董事长由总经理提拔而来，实际上仍在行使生产经营管理的最高权力，成为事实上的“一肩挑”，影响了国有企业的治理效能。

二、国有企业控制权功能中存在的问题

1.多层级委托代理造成管理效能衰减

我国国有企业的所有权属于全体人民，人民代表大会授权中央和地方国资监督管理机构代表人民履行出资人职责。因此，中国国有企业是全世界股东人数最多的公司。

“人民代表大会→政府→（地方政府）→国资委→（国有资产运营机构）→经营者”的委托代理模式，增加了企业控制权的层级，如果责任不清晰、信息不对称，就会出现“所有者过程缺位”，造成严重的控制权私利，使得所有者虚置、出资人管理效能减弱。这是因为，全体人民作为国有资产控制权的终极所有者，只是一个抽象概念，不可能每个人都作为国有企业的所有者去行使控制权，无论政府还是企业，都不是国有资产真正的所有者，而只是相应层次的被授权者。在这种情况下，国有企业的资产安全和经营效果对被授权者的利益一般不构成重大影响。

国有企业所有权的高度分散，导致对企业控制权监督的缺位，多层级的代理关系导致代理者尤其是底层代理者对国有资产保值增值的责任和意愿减弱，下级把问题和矛盾上交上级成为常规操作。同时，由于政治属性的存在，一些非竞争领域的国有企业缺少资本积累欲望、缺少市场竞争意识、缺乏经济思维和成本思维，企业负盈不负亏。部分国有企业和国有资产甚至处于无人关心、无人管理、无人负责的状态，造成严重的流失问题。由于“人人所有即无人所有”的所有权，使国有资产表现出“无主性”，部分企业管理者攫取私利、中饱私囊，滋生贪污腐败问题，尤其是企业改制、关联交易、不法担保、资产转让等环节，成为

国有资产流失的高发地带。

2.“内部人控制”现象仍然存在

企业管理者在事实上或者依法掌握了企业控制权，并使他们的利益在公司决策中得到充分体现的现象，称作“内部人控制”问题。由于企业股东不介入、也无法介入具体经济活动，通过委托董事会代表自身利益、实现股东意志，而经理层在企业控制权中占据信息优势，直接控制企业生产经营管理。因此，对企业更了解的经理层人员可能利用信息不对称来实现“内部人控制”。

在中国国有企业中，由于治理主体成员高度重叠，党委会、董事会、经理层出现“自己监督自己”的现象，治理主体缺乏有效制衡，故而容易形成“三位一体”的利益同盟，成为“内部人控制”。现在大力推行的“外部董事占多数”的制度设计，初衷是解决“内部人控制”问题。但在市场不能为外部董事提供完整信息的情况下，追求与企业毫无关联的完全独立，反而使外部董事处于被孤立的“信息孤岛”地位，难以保证对控制权的有效监督，使“内部人控制”现象得不到根本解决。

国有企业的“内部人控制”问题主要表现在：一是过度的在职消费；二是信息披露不规范，经营业绩报喜不报忧；三是短期行为增加，不考虑企业的长期利益和发展；四是过度投资和耗用资产，使国资投放和使用低效率；五是工资、奖金、集体福利等增长过快，侵占利润、影响正常积累；六是转移国有资产；七是不分红或少分红，大量拖欠债务甚至严重亏损等。

“内部人控制”进一步导致企业控制权所有者与出资人出现站位的差异，不能或不愿体现出资人意志，甚至出现权力“寻租”。一些比较典型的例子是：个别国有企业领导人员为了规模偏好和短期业绩，贪多求大、盲目冒进、违规决策，造成国有资产重大损失；个别领导人员通过假数据、假报表夸大经营成果，隐瞒实际情况，制造虚假繁荣，欺瞒出资人；有的领导人员甚至通过内部串联或内外勾结损害出资人利益，侵吞国有资产、谋取个人私利等。

国务院国资委成立后，中央及地方依然掌管部分大、中型国有企业的人事、投资等重大决策权。一些国有企业只注重政府对其的态度和支持，长期依靠“隐性政府担保”；一些地方政府也把国有企业当作地方经济发展的平台，甚至变成国有企业的利益主体。在这种关系下，政府担当企业背后的“保护伞”、企业成为政府的“钱袋子”，客观上造成了滥用公共权力的可能，既不利于企业参与市场竞争、实现持续健康发展，又容易带来严重的贪污腐败问题。

三、国有企业控制权功能的实现问题

1.控制权的监督体系有待健全

近年来，按照国有企业治理体系建设要求，国务院或地方政府向国有独资企业派出监事会，一定程度上加强了对国有企业的监督，保障了党对国有企业的控制权。但在实际工作中，其作用发挥并未取得应有的成效，国有企业存在的问题很少是由这些监事会披露出来的。这是因为，一方面，外派监事会与国有企业管理者一样是国有资产监督的代理人，也存在代理问题。由于外派监事不拥有剩余索取权，故而国有企业经营的好坏对其自身利益并无太大影响，影响程度甚至比企业的直接经营者还要弱。因此，监事很难有动力去对管理者进行监督，而宁愿与管理者相安无事甚至合谋获取利益。另一方面，外派监事人员往往是政府部门官员，兼职情况普遍存在，其知识和能力能否胜任对专业化程度极高的企业进行监督尚存疑问，而且也缺乏充足的时间和精力去调研了解掌握情况，对企业实施有效监督。同时，尽管在制度设计上期望外派监事会对国有企业进行过程监督而非事后监督，但监事会并无中止决策的权力，发现问题后要按程序向政府反映，等待政府作出判断和采取措施，这影响了监督的时效性，使监督效果大打折扣。至于国有企业的内部监事会，其问题较外派监事会更为严重，其职能很大程度上形同虚设，既不能对董事会、经理层加以有效制约，对国有资产流失、虚假会计信息、不当关联交易等问题也起不到监督和纠治的作用，治理主体实际上不存在。

除监事会的监督职能外，国有企业内部的其他监督呈现条块分割、各行其是的状态，监督工作缺乏统筹协调，监督力量高度分散，政治监督和经济监督不能实现统一、形成合力。党委、纪委、审计、业务部门各有一套监督组织和机制，党委巡视、纪委办案、内部审计、业务专项检查等看似构成了一张网络，实则存在大量重复投入和监督漏洞，导致国有企业内部监督外紧内松、效果不佳，无法实现对国有企业控制权实施有效的监督。

2.控制权的落实偏离功能定位

《党章》明确了国有企业党组织参与企业重大决策的职能定位，这是党组织参与公司治理的基本依据。但在实践中，部分党组织在对党的领导与国有企业控制权的认识和执行上存在偏差。归纳起来，主要有两种错误观点。

第一，党组织参与国有企业治理的范围和权责过分扩大。表现在：一是党委会决策事项清单范围过大、事项过多，不仅包括思想政治建设、干部队伍建设、组织建设、作风建设、纪律建设等重大事项，且事无巨细涉及企业生产经营的方方面面。二是党委前置程序不仅讨论原则性、政策性、方向性的问题，而且具体研究各种经济技术指标的合理性、准确性和必要性，偏离了“把方向、管大局、促落实”的定位。这样的制度设计，导致党委会“前置研究讨论”变成了“前置决定”，在事实上代替了董事会、经理层成为企业生产经营管理的实际决策者，架空了其他治理主体的控制权，变相回到了“党委一元化领导”的控制权结构。

第二，党组织参与国有企业治理主动或被动地削弱、放弃。也就是党的十八大以来表述较多的“党组织作用弱化、虚化、边缘化问题”。一些国有企业在日常经营管理中，党组织的作用被限制在党务范围内，党组织的工作与企业经营完全或基本脱钩，政治核心作用让位于企业法人治理。现实中这一问题表现在：一些国有企业的党组织埋头做党务工作，对企业生产经营管理基本不管不问；一些应当由党委前置讨论或由党委决策的重大问题不上党委会，以党政联席会取代党委会；一些国有企业“党管干部”落实不到位，董事会、经理层以市场化选人用人等为借口，绕开党委会决策人事，如此等等。尤其是一些国有企业领导干部，包括党委领导干部都存在“生产经营是干实事，党组织工作则是务虚”的观念，认为企业经营管理决策应当由董事会、经理层作出，国有企业党委参与决策不是企业发展的现实需要。

3.党组织参与国有企业治理的能力不足

党对国有企业的领导，要求国有企业的董事长、总经理等控制权主体既是公司治理成员，同时也是企业党组织成员。在满足双重身份的条件下，拥有承担双重责任的能力。

一方面，国有企业与其他类型企业不同，不但负有追求经济利益最大化的责任，而且还承担了多个领域的重要社会责任。不同类型和不同领域的国有企业，在控制权功能上也是不同的。例如，功能型国有企业主要服务于政府战略，完成国家交给的专项任务，侧重于发挥控制权的基本功能，即保值和稳定；竞争型国有企业在市场上竞争打拼，提高市场竞争力和企业经济效益是首要目标，侧重于发挥控制权的发展功能，即增值和进步；公益型国有企业不以盈利为目的，需要提升的是提供社会公共产品和服务的能力，侧重于发挥控制权的衍生功能，即社会责任。这些类型的企业对党组织参与治理有着不同的要求，即便在企业控制权配置中给予了党组织应有的职权，但党组织能否根据企业发展需求履行好这一职权，实现做强做优做大国有企业、促进国有资产保值增值的目标，现实中仍然面临艰巨的挑战。

另一方面，即使是企业党组织自身的本职工作，当前也存在不少问题和短板。一些国有企业党的建设工作思想观念陈旧、方式方法落后，仍习惯于会议贯彻会议、文件落实文件等照本宣科、机械教条的传统方式；党委对企业生产经营管理干部的识别、培养、评价和监督等缺乏相应的能力，仅仅是按照董事会、经理层的意见去履行谈话、测评等考察程序，“党管干部”存在形式化问题；企业内部监督和政治生态建设方面，方法不多、力度不强，执纪问责失宽失软，党纪处分跟随行政处分下达，没有体现全面从严治党、把纪律和规矩挺在前面的要求。这些问题都需要国有企业党组织进一步提高行使控制权的能力，在提高国有企业治理能力和治理成效中彰显作为。

第三节　国有企业控制权优化的实现路径

坚持和加强党的领导，进一步优化国有企业控制权的配置和功能实现，充分发挥企业党组织作为出资人的利益代表行使职权、维护国有资产安全和促进国有资产保值增值的作用，是中国特色现代企业制度建设的重大任务。其中，最为关键的两项任务是：第一，将党的领导融入公司治理各环节；第二，将党的组织内嵌于公司治理结构。前者是控制权配置的问题，后者是控制权功能实现的问题。通过党的领导和党组织职能在国有企业中的作用发挥，实现做强做优做大国有企业、促进国有资产保值增值的目标。

坚持和加强党的领导，优化国有企业控制权的配置和功能实现，需要遵循以下原则。

一是坚持党的领导。国有企业作为党领导下的国家治理体系的重要组成部分，坚持党的领导是政治原则；国有企业同时作为全民所有制企业，服从作为出资人代表的党的领导是经济责任。因此，国有企业必须毫不动摇地坚持党的领导，组织化、具体化、制度化地发挥好党组织的政治功能。这一过程中，要重点把握好两条底线，即“既不失去控制，也不丧失活力”“既要从严加强党的领导和党的建设，又要科学加强党的领导和党的建设”，切实发挥好国有企业党组织的领导作用，保证党组织“把方向、管大局、促落实”的作用发挥，把党的领导作用转化为国有企业改革发展的治理效能。

二是完善治理结构。建立现代企业制度是国有企业改革的方向。需要强调的是，中国国有企业寻求建立的现代企业制度，是中国特色的现代国有企业制度；中国国有企业的法人治理结构，是中国特色的公司法人治理结构；中国国有企业的控制权配置，是中国特色的企业控制权配置，要立足我国国情，同大的体制合拍，不能生搬硬套国外国有企业的做法。所谓中国特色，就是“国有企业党组织是公司治理的法定主体之一”，中国特色国有企业治理体系的建设，关键在于推动国有企业党组织与公司法人治理结构的融合，形成一套能够有效克服现有企业治理结构弊病的新型治理体系。

三是坚持党的领导与完善公司治理相统一。中国特色现代国有企业制度建设，核心是坚持党的领导，关键是推动党的领导与完善公司治理相统一，具体做法是把党的领导融入公司治理各环节，把党组织内嵌到公司治理结构之中。为实现这一目标，需要明确党组织在决策、执行、监督各环节的权责和工作方式，处理好党组织和其他治理主体的关系，明确权责边界，形成各司其职、各负其责、协调运转、有效制衡的公司治理机制，从而确保党和国家的方针政策在企业的贯彻执行能够得到有效监督，保证国有企业在追求经营利益最大化的同时不偏离中国特色社会主义的发展方向。

在优化国有企业控制权的过程中，尤其要注意各项工作的依法合规，注重党组织配置和行使企业控制权的合法性。其中，既要遵循《党章》《国有企业基层组织工作条例（试行）》等党的规章制度，也要依据《公司法》《企业国有资产法》等法律法规，以公司章程为行为准则，明确和规范企业各治理主体的权责定位和行权方式，实现深化改革与依法治企的有机统一。

上述内容参见表5-1所示。

表5-1 党的规章制度和法律法规（会议）中对发挥党组织在企业中作用的规定

规章制度与法律法规名称	关于党组织发挥作用的规定
《关于中央企业党委在现代企业制度下充分发挥政治核心作用的意见》（2013）	明确了党委发挥政治核心作用的内涵、要求和规则程序
《关于深化国有企业改革的指导意见》（2015）	充分发挥国有企业党组织政治核心作用。把加强党的领导和完善公司治理统一起来，将党建工作总体要求纳入国有企业章程，明确国有企业党组织在公司法人治理结构中的法定地位，创新国有企业党组织发挥政治核心作用的途径和方式
《关于在深化国有企业改革中坚持党的领导加强党的建设的若干意见》（2015）	各国有企业应当明确党组织在企业决策、执行、监督各环节的权责和工作方式以及与其他治理主体的关系，使党组织成为公司法人治理结构的有机组成部分，使党组织发挥领导核心作用和政治核心作用组织化、制度化、具体化

（续表）

规章制度与法律法规名称	关于党组织发挥作用的规定
全国国有企业党的建设工作会议（2016）	坚持党对国有企业的领导是重大政治原则，必须一以贯之。中国特色现代国有企业制度，“特”就特在把党的领导融入公司治理各个环节，把企业党组织内嵌到公司治理结构之中，明确和落实党组织在公司法人治理结构中的法定地位，做到组织落实、干部到位、职责明确、监督严格
《关于进一步完善国有企业法人治理结构的指导意见》（2017）	到2020年，党组织在国有企业法人治理结构中的法定地位更加牢固，充分发挥公司章程在企业治理中的基础作用
《中国共产党章程》（2017）	国有企业党委（党组）发挥领导作用，把方向、管大局、保落实，依照规定讨论和决定企业重大事项。国有企业和集体企业中党的基层组织，围绕企业生产经营开展工作
《中共中央关于坚持和完善中国特色社会主义制度 推进国家治理体系和治理能力现代化若干重大问题的决定》（2019）	深化国有企业改革，完善中国特色现代企业制度
《中国共产党国有企业基层组织工作条例（试行）》（2019）	坚持加强党的领导和完善公司治理相统一，把党的领导融入公司治理各环节

一、明确党组织的法定地位和职权范围

在国有企业控制权配置中，由于层级的委托代理链条较长，导致国有企业出现“出资人缺位”现象，但这种缺位实际上不是出资人的主体缺位，中国国有企业的出资人一直非常明确，即为全民所有；这种缺位实质是出资人的“过程缺位”，即出资人无法通过行使企业控制权来维护自身权益。明确党组织作为出资人代表，可以有效解决出资人过程缺位的问题。

1.明确党组织作为企业治理主体的定位

就目前而言，我国国有企业贯彻落实党的领导，主要依据是党内

规定和党的文件，国家法律法规在这方面的规制建设相对薄弱。国有企业党组织在企业治理中的主体地位还没有得到法律的明确。《中华人民共和国宪法》强调任何组织和个人都不能凌驾于法律之上；任何组织和个人都必须在法律规定范围内活动。《中华人民共和国公司法》只通过原则性的条文表示授权党章来予以确定，而党章并不是法律。因此，仅凭党章和党的文件来指导党组织参与国有企业治理活动，缺乏合法性依据，主体地位无法确立。

2.明确党组织在企业治理中的权力范围

国有企业党组织在企业控制权中的权力范围，在法律中的规定和党章中的规定都是原则性表述，缺乏具体规范。例如，《公司法》第十九条明确“在公司中，根据中国共产党章程的规定，设立中国共产党的组织，开展党的活动。公司应当为党组织的活动提供必要条件”。其中，“党的活动”到底包括哪些内容、涉及国有企业治理的哪些方面，并无具体明确的解释。

3.明确党组织在企业治理中的法定地位

将党组织在公司治理中的法定地位进行明确，以法律法规形式予以保障，是确保国有企业党的领导的基本前提和重要保证。为此，提出4个方面建议：一是修订《公司法》，将企业党组织的地位、功能、作用、机构设置、职责任务等纳入其中并作出明确规定，以国家法律的形式确立国有企业党组织的法定地位，明确和赋予国有企业党组织代表出资人利益和员工利益的身份定位以及相应权利和责任，通过与另一个出资人代表——国资委的配合，构建“党内监督+行政监督”的大监督体系，共同代表出资人利益，有效减少所有者缺位所带来的信息不对称，解决委托-代理问题。二是整合现行法律和政策，加快推进国有企业特别是企业集团下各级公司的章程修订工作，为党委会进入公司治理体系中，并发挥“把方向、管大局、促落实”作用提供法律依据，确保党对国有企业的领导有法可依。三是根据国有企业改革发展需要，及时修订党内法规和政策性文件，指导建立国有企业党组织从研究、决策、执行到监督全过程的运行机制，使各项制度相衔接，科学协调运行。四是探索党组织和公司法人治理结构有机结合的途径和实现形式，更好地发挥国有企业党组织的政治优势、组织优势、纪律优势、文化优势和群众优势，以党的建设促进高质量发展，持续增强党领导下的国有企业的改革活力和市场竞争力。

二、强化国资委的国资监管和国企改革职能

前面讲的主要是企业党组织通过参与决策、强化监督，参与国有企业治理，维护出资人利益的方式和路径。同时，国资委作为另一层面的出资人代表，需要从行政监督上进一步完善保障出资人利益的国有企业控制权机制。

1.推动国资监管体制向以管资本为主转变

从党的十八届三中全会首次提出“以管资本为主加强国有资产监管”，到党的十九届四中全会强调“形成以管资本为主的国有资产监管体制”，反映出国资监管体制从管企业向管资本的转变。准确界定国资监管职能，明确国资监管机构的权力边界，做到合理放权、科学行权，才能从根本上缓解政企不分、政资不分问题，以及国有资产监管中存在的越位、缺位、错位现象。国有资产监管机构作为政府直属特设机构，应根据授权对监管企业依法履行出资人职责。一方面，对国有资本布局、规范资本运作、提高资本回报、维护资本安全等职责，要科学管理、不能缺位；另一方面，应由企业自主经营决策的事项归位于企业，

不该管的要依法放权、决不越位。在以管资本为主的国资监管体制下，国资监管机构应以市场为导向、企业为主体，有进有退、有所为有所不为，优化国有资本布局，为发展壮大国有经济提供支撑。

（1）改革国资监管方式。“管资本为主”意味着国资监管需要从有形的管人、管事与管资产相结合，转变为无形的管资本。为此，国资监管部门应去除行政化管理的路径依赖，更多地运用法制化、市场化等监管方式， 针对国有企业不同的功能定位，在战略规划、资本运作、人员选用、业绩考核等方面实施更加精准有效的分类监管。重视通过公司治理结构履行出资人职责，管好公司章程，规范董事会运作，严格选派股东代表和董事、监事，将国有资产出资人意志有效体现在公司章程和治理结构中，优化监管流程，提高监管效率，加强监管协同。

（2）完善授权经营机制。在产权明晰的国资监管框架内，国资监管部门和实体企业间不再存在直接的出资人关系和行政管辖关系，而是通过国有资本投资运营公司这一中间平台，实现“政企分开”。为此，国资监管部门应加快转变监管模式，通过对新组建的国有资本投资、运营公司委派董事、监事等，在平台公司范围内进行监管，而不再对其下属公司的经营事务进行干预和管理。国有资本投资运营公司对持股国有企业的发展战略、业绩、重大资金审核及经营风险等重要事项进行重点监控，其他经营权限则下放给持股企业，由其进行自主决定生产经营管理事项。

（3）推进国企分类监管。不同类型的国有企业在经营目标方面存在差异，因此，对不同国有企业的监管与考核方式也应结合实际选取与之相对应的模式。对于商业竞争类国有企业，由于其主要追求经济效益，国资监管机构应以管资本为主，更多采取市场化、法制化等监管方式行使国有股东权力、维护出资人权益。尤其是要针对这类企业，加强其经济业绩指标和国有资产保值增值情况的考核监管，防范国有资产流失。对于公益类国有企业，则适宜继续采取以管资产为主的方式进行监管，主要监管其所提供的公共产品、公共服务的质量和效率，同时兼顾国有资产保值增值。

2.推进国资监管体制与国企混改相协调

推动国有企业股权多元化、探索混合所有制是国有企业改革的主要方向和重要任务。混合所有制是以“管资本”为主，加强国有资产监管的重要实现形式。混合所有制经济就是多元化资本的组合问题，通过市场化方式将社会资本引入国有企业，或让国有资本入股非国有企业，改变国有股权“一股独大”局面，推动国资监管机构通过公司法人治理结构履行出资人职责，实现国资监管向以“管资本”为主转变。

在国有企业中引入非国有资本进行混合所有制改革，能够进一步加强国有企业追求经济效益的动力和活力，缓解国有企业委托链条过长的问题。这是因为，参与混合所有制改革的非国有股东形成了国有企业治理中的制衡力量，能够有效限制国有资本出资人行政干预的因素；非国有股东以获得利润回报为主要目标，能够积极推动企业完善公司法人治理结构和市场化经营机制，实现高水平竞争和高质量发展，有利于竞争类商业国有企业实现做强做优做大，同时保障和发展了国有资本出资人的利益。

随着国资监管体制的转变，在国有企业分类改革和混合所有制改革的基础上，国资监管部门应根据不同企业的功能定位和股权结构而制定针对性的政策措施，形成股东行为规范、内部约束有效、运行高效灵活的现代企业制度，实现改善企业经营绩效、国有资产保值增值的目标。

三、构建党组织与各治理主体协调运转的控制权体系

1.理顺党组织和其他公司治理主体的关系

按照中国特色现代国有企业的制度设计，党委会、股东会、董事会、监事会、经理层“四会一层”等各公司治理主体间各有分工、协作制衡，共同构成中国特色现代国有企业的控制权结构。这就要求在国有企业治理中，既要发挥党的领导作用，也要妥善处理党组织和其他治理主体的关系，形成各司其职、各负其责、协调运转、有效制衡的公司治理机制。

（1）党委、董事会、经理层的功能定位。

①国有企业党委的定位是：把方向、管大局、促落实。

一是把方向。在思想上、政治上、行动上自觉同以习近平同志为核心的党中央保持高度一致，坚决贯彻党的路线、方针和政策，确保企业坚持改革发展的正确方向。把准政治方向，以严明的政治纪律和政治规矩，确保国有企业政令畅通，令行禁止；把准改革发展方向，确保企业发展的总体态势良好，符合战略目标发展方向；把准生产经营方向，确保企业经营方向不偏，实现国有资产保值增值；把准选人用人标准，做好干部的培养、选拔、任用、考核、评价工作，将思想坚定、能力过硬的干部任命到关键岗位上；落实企业发展理念，打造企业品牌文化，在重要的规章制度、企业的重要行动中践行企业发展理念和品牌文化，推动企业持续健康发展。

二是管大局。坚持在大局下行动，议大事、抓重点，加强集体领导、推进科学决策，推动企业全面履行经济责任、政治责任和社会责

任。要管长远，即强化企业改革发展的顶层设计，谋划好企业发展中长期规划，按照建立中国特色现代企业制度的要求，努力打造业内一流企业；要管决策，即切实处理好“三重一大”事项，体现党委会在研究重大事项和作出重大决策时的前置作用，加强过程管理和监督，提高决策质量，把控企业风险；要管稳定，即正确处理好改革、发展、稳定三者关系，确保企业持续健康发展。

三是促落实。管干部聚人才、建班子带队伍、抓基层打基础，领导群众组织并发挥其作用，凝心聚力完成企业中心工作，把党中央精神和上级安排部署不折不扣地落到实处。坚持以上率下促落实，做到领导带头，以身作则；坚持干事创业促落实，发扬钉钉子的精神，从关键事情抓起，从关键环节、工作布置、过程反馈、事后总结分析全过程抓起，做到一抓到底、久久为功；坚持明确责任促落实，落实“党组织书记带头抓、班子成员分责抓、相关部门具体抓”的党建工作责任体系，同时推动党建工作深度融入生产经营全过程、各领域，以生产经营业绩检验党建工作实效。

②国有企业董事会的定位是：定战略、作决策、防风险。

一是定战略。围绕国内外经济环境和需求，研判行业发展趋势；因时因势，提前谋篇布局，推动企业识变应变；聚焦主责主业，研究重大问题，科学编制企业发展战略和规划，并对战略实施进行有效推动、监控和评估。充分发挥外部董事作为股东战略意图传递者的作用，为企业战略制定提供视野支持，为企业改革发展拓宽视野维度。

二是作决策。把握出资人意志，围绕企业发展战略，坚持科学决策、民主决策、依法决策，讨论决定企业重大经营管理事项，坚决防止违规逾矩，杜绝“一言堂”。聚焦企业战略方向、管理目标、改革举措做对决策，围绕企业改革要点难点、痛点堵点做好决策；充分发挥外部董事占多数的管理优势，利用外部董事丰富的管理经验、专业知识、实战本领，提升董事会决策质量，为企业改革发展提供“智囊”支持。

三是防风险。完善风险管理体系、内部控制体系、合规管理体系和违规经营投资责任追究工作体系，统筹发展和安全，牢固树立底线思维和系统观念，有效识别研判和及时揭示重大风险隐患，着力推动防范化解重大风险，切实守住不发生重大风险事件的底线。董事会审议重大经营管理事项，重点研判其合法合规性、与出资人要求的一致性、与企业发展战略的契合性、风险与收益的综合平衡性等。

③国有企业经理层的定位是：谋经营、抓落实、强管理。

一是谋经营。围绕落实企业发展战略和规划，立足企业实际情况，分析研判内外部市场环境和形势，谋划改进企业生产经营的策略和方案。

二是抓落实。组织实施董事会决议，合理配置企业的人、财、物和信息等资源，推动有关工作部署落实落地，确保实现企业的生产经营计划和既定目标。

三是强管理。加强企业内部管理，完善管理制度，优化业务流程，细化执行标准，精细管理、科学管理，防范化解各类风险，确保企业运营管理体系有效运行。

（2）党委、董事会、经理层的主要职责。

①国有企业党委的主要职责包括两个方面：第一，研究决定企业党建等重大事项。国有企业党委根据《中国共产党章程》等党内法规决定企业党建等方面的重大事项。主要包括：一是贯彻执行党的路线方针政策，监督、保证企业贯彻落实党中央决策部署以及上级党组织决议的重大举措；二是加强党的政治建设、思想建设方面的重要事项；三是坚持党管干部原则，加强领导班子建设和干部队伍建设，特别是选拔任用、考核奖惩等方面的重要事项；四是坚持党管人才原则，加强人才队伍建

设，特别是围绕提高关键核心技术创新能力，培养科技领军人才、高技能人才等方面的重要事项；五是加强党的组织体系建设，推进基层党组织建设和党员队伍建设等方面的重要事项；六是加强党的作风建设、纪律建设，落实中央八项规定及其实施细则精神，持续整治“四风”，一体推进不敢腐、不能腐、不想腐，履行党风廉政建设主体责任方面的重要事项；七是党建工作重要制度的制定，党组织工作机构设置和调整方案；八是思想政治工作、精神文明建设、企业文化建设、统一战线工作和群团组织等方面的重要事项。

第二，前置审议重大经营管理事项。国有企业重大经营管理事项必须经党委前置研究讨论后，再由董事会或经理层按照职权和规定程序作出决定。主要包括：一是贯彻党中央决策部署和落实国家发展战略的重大举措；二是经营方针、发展战略、发展规划、经营计划和投资计划的制定；三是重大投融资、资产重组、资产处置、产权转让、资本运作、担保、工程建设事项，年度财务预决算、利润分配、弥补亏损方案，增减注册资本方案，预算内大额度资金调动和使用、超预算的资金调动和使用、大额捐赠和赞助，以及其他大额度资金运作事项；四是重要改革方案，企业及重要子企业设立、合并、分立、改制、解散、破产或者变更公司形式的方案，内部管理机构设置和调整方案；五是公司章程的制定和修改方案的提出，基本管理制度的制定；六是工资收入分配、企业民主管理、职工分流安置等涉及职工权益，以及安全生产、生态环保、维护稳定、社会责任等方面的重要事项；七是董事会授权决策方案等。

②国有企业董事会的主要职责包括两个方面：第一，根据《中华人民共和国公司法》第四十六条规定，董事会主要行使下列职权：一是召集股东会会议，并向股东会报告工作；二是执行股东会的决议；三是决定公司的经营计划和投资方案；四是制订公司的年度财务预算方案、决

算方案；五是制订公司的利润分配方案和弥补亏损方案；六是制订公司增加或者减少注册资本以及发行公司债券的方案；七是制订公司合并、分立、解散或者变更公司形式的方案；八是决定公司内部管理机构的设置；九是决定聘任或者解聘公司经理及其报酬事项，并根据经理的提名决定聘任或者解聘公司副经理、财务负责人及其报酬事项；十是制定公司的基本管理制度。同时，还包括公司章程规定的其他职权。

第二，根据国务院国资委《关于中央企业落实子企业董事会职权有关事项的通知》，应重点抓好的6项职权：一是落实中长期发展决策权，制定企业中长期发展规划、企业年度投资计划等；二是落实经理层成员选聘权，推行任期制和契约化管理，制订经理层选聘工作方案并开展选聘工作；三是落实经理层成员业绩考核权，制定经营业绩考核办法，签订年度和任期经营业绩责任书，合理确定经理层成员业绩考核结果；四是落实经理层成员薪酬管理权，制定并实施薪酬管理办法和薪酬分配方案，建立健全约束机制；五是落实重大财务事项管理权，强化重大财务事项日常管控，制定负债管理制度、担保管理制度等；六是落实职工工资分配管理权，制订工资总额管理办法，编制年度工资总额预算、清算方案，动态监测职工工资执行情况，统筹推进企业内部收入分配制度改革。

③国有企业经理层的主要职责是：根据《中华人民共和国公司法》第四十九条规定，总经理主要行使下列职权：主持公司的生产经营管理工作，组织实施董事会决议；组织实施公司年度经营计划和投资方案；拟订公司内部管理机构设置方案；拟订公司的基本管理制度；制定公司的具体规章；提请聘任或者解聘公司副经理、财务负责人；决定聘任或者解聘除应由董事会决定聘任或者解聘以外的负责管理人员；董事会授予的其他职权。公司章程对总经理职权另有规定的，从其规定。

总的来看，中国特色国有企业治理体系对党委、董事会和经理层等公司治理主体的定位和职责进行了制度安排，各方治理主体间的关系是基本明确的。但是，目前仍然有一些相容性、一致性的问题需要通过持续深化改革来解决：一是理顺国有企业党组织与其他公司治理主体间的职责定位和权责边界，探索不同主体各负其责、协调运转的体制机制，解决管哪些、管什么的问题。二是理顺决策程序，完善议事规则，准确划分公司重大事项决策的边界、流程、方式，尊重公司其他治理主体的地位，把加强党的领导和完善公司治理统一起来，解决怎么管、谁来管的问题。三是确保实现党组织意图，建立董事会的党委成员、经理层的党委成员发表意见、投票表决的报告落实制度，解决该做什么、怎么做的问题。

国有企业党组织参与企业治理，贯穿于经营决策和执行监督的全过程。因此，对决策和执行中的重大问题，党组织前置讨论并形成意见建议。董事会是授权决策机构，履行决策职能，对股东负责，依照法定程序和公司章程授权决定公司重大事项。因此，董事会对于重大经营决策问题，应当事先听取党组织的意见建议，进而结合股东派出董事的意见建议进行决策。经理层是执行机构，负责执行公司决策，对董事会负责，依法行使管理生产经营、组织实施董事会决议等职权。经理层需要对大量具体问题作出判断处理，其中的重大问题也应听取党组织的意见建议，并落实到执行层面上去，确保国有企业真正反映出资人意志、维护出资人权益。

2.健全国有企业控制权向党组织配置的保障机制

在国有企业参与公司治理中，党以民主集中制为组织制度，以为人民服务为出发点和落脚点，以党内规章为纪律标准，其目的是监督国有企业治理活动，贯彻落实国家政策方针，督促国有企业改革遵循国家经济发展的大方向。公司其他治理主体则更偏重于企业盈利目的，旨在创造更高产值和经济价值。由于这一差异的存在，国有企业党组织开展工作时，是有可能与其他控制权主体产生冲突的。为此，健全企业控制权配置机制，保障党组织参与企业治理，实现党组织的功能与作用的有效发挥，是国有企业治理中至关重要的问题，也是党的领导融入公司治理结构中的基础和前提。

（1）通过公司章程进行控制权配置。公司章程是企业内部的根本法，是赋予和保障党组织参与企业治理的基本依据。具体来讲，首先，应在章程总则中明确党建工作“四同步、四对接”要求。其次，在章程中增加“党委（党组）会”专章，明确党组织在公司治理中的职责权限、机构设置、运行机制和保障制度等。再次，除在章程中规定党组织作为治理主体的法定地位外，出台对应的配套制度，将党组织权责落实到公司治理的具体制度中去，比较有代表性的制度包括《“三重一大”决策制度实施办法》《党委（党组）工作规则》《董事会工作规则》《经理层工作规则》等。通过明确其他治理主体与党组织行使控制权相衔接的运行机制，使党组织在公司治理中的法定地位得到名义和实质上的落实。

（2）通过“双向任职，交叉管理”进行控制权配置。党的规章制度对“双向任职，交叉管理”作出了具体规定：符合条件的党委（党组）班子成员可以通过法定程序进入董事会、监事会、经理层，董事会、监事会、经理层成员中符合条件的党员可以依照有关规定和程序进入党委（党组）。党委（党组）书记、董事长一般由一人担任，总经理担任副书记。确因工作需要由上级企业领导人员兼任董事长的，根据企业实际，党委书记可以由总经理担任，也可以单独配备。不设董事会只设执行董事的独立法人企业，党委书记和执行董事一般由一人担任。总经理单设且是党员的，一般应当担任党委副书记。分公司等非独立法人企业，党委书记和总经理是否分设，应结合实际确定；若分设，一般由党委书记担任副总经理、总经理担任党委副书记。国有企业党委（党组）配备专职副书记，专职副书记一般进入董事会且不在经理层任职，专责抓好党建工作。规模较大、职工和党员人数较多的中央企业所属企业（单位）和地方国有企业党委，可以配备专职副书记。国有企业党委（党组）班子中的内设纪检组织负责人，一般不兼任其他职务，确需兼任的，报上级党组织批准。

“双向任职，交叉管理”机制在实践中有两种形式：一是三层交叉任职。即党委会、董事会、经理层交叉任职人员：设副书记、总经理、董事1人；或增设党委常委、总会计师、董事1人。二是二层交叉任职。即：①党委会与董事会交叉设置：设书记、董事长1人；设副书记、董事1人；②党委会与经理层交叉设置：设党委常委、副总经理若干人；③董事会与经理层交叉设置：设副总经理、董事若干人。如图5-1所示。

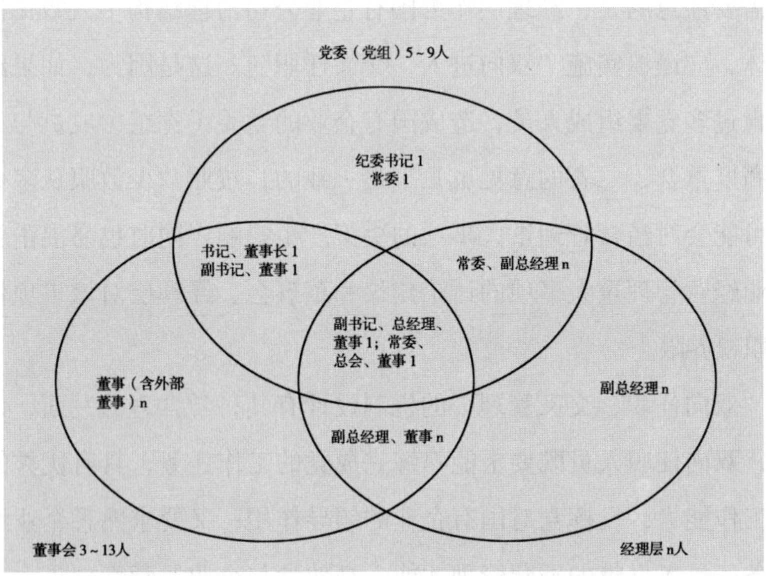

图5-1 “双向任职，交叉管理”机制模型

“双向任职，交叉管理”实现了国有企业主要管理者的双重身份、双重责任，党员行政正职兼任党委副书记，分担党建责任；党组织书记兼任行政副职，参与企业重大决策，但原则上不分管具体经营业务。同时要求相当数量的企业党组织班子成员在董事会、监事会、经理层中任职，并在这些治理主体的决策中代表党组织决定而充分表达意见和建议，相关情况向党委报告。这样就使党组织成员以合法身份进入到国有企业控制权配置中，实现党对国有企业的领导。

科学的控制权主体交叉任职制度，能够有效协调企业控制权的配置，既保证有机统一、协同配合，又保证独立运行、相互制衡，防止出现控制权主体重叠的情况。尤其是董事会作为公司治理重大事项的决策机构，其决策是需要存在不同意见的。某些特殊领域的国有企业，更需要具有卓越专业能力和全面管理能力的人才参与经营管理。

需要注意的是，经理层作为国有企业公司治理结构中人数比例较大的群体，应谨慎实施“双向进入，交叉任职”。这是因为，如果经理层中包含过多党委组成人员，造成国有企业的党委（党组）成员与经理层成员高度重合，二者的意见也几乎是一致的，按照“少数服从多数”原则，可能会对经营管理重大事项的决策产生影响。同时也易混淆党组织对企业经营管理重大事项的讨论建议和董事会、经理层对该事项作出决策的职权界限。

“双向任职，交叉管理”的机制设计有其科学合理的一面，但在现实中，双向任职人员既要求能熟练完成党的工作任务，具有优秀的政治思想工作能力，发挥党对国有企业的领导作用；又要求熟悉企业经营管理业务，具备卓越的经营管理才能，高效参与企业经营管理重大决策，这样的人才是非常稀缺的。因此，这一机制还需要持之以恒地进行探索和实践，并在国有企业治理的过程中不断完善。

3.提升党组织对国有企业治理的监督效能

确保国有资产保值，是国有企业控制权的基本功能，这一功能的实现主要依托党组织对企业治理的监督作用，加强和完善系统性监督体系，强化对权力的制约和监督，增强监督的严肃性、协同性、有效性，从根本上维护出资人利益和国有资产安全。围绕这一目标，主要采取的措施有如下方面。

（1）实施多重监督。国有企业党组织以全面从严治党为遵循，担当对国有企业政治监督的责任，构建党委（党组）统一领导下的，巡视（巡察）、纪检、审计、财经等部门监督资源有效整合，基层职工群众积极参与的“横向到边、纵向到底”的大监督体系，推动各类监督信息共享、效能互补、有机贯通、相互协调，突出对企业重大事项和关键环节的监督，防范重大风险、堵塞管理漏洞、惩治贪污腐败，构筑防止国有资产流失的政治防线。党组织的监督作用主要在以下方面：①强化用制度管权管事管人，加强对制度制定和执行的监督；②突出对关键岗位、重要人员，特别是“一把手”的监督；③强化对董事会、经理层用权履职，特别是在重大决策、财务管理、产品销售、物资采购、工程招投标、企业重组改制和产权变更与交易等方面行权履职的监督；④坚持和完善领导人员述职述廉、诫勉谈话、任职和公务回避、个人事项报告、经济责任审计等制度，强化对权力集中、资金密集、资源富集、资产聚集等重点部门和岗位的监督；⑤对违规决策、违规经营以及不担当、不作为、乱作为、假作为等问题进行监督。

（2）强化责任追究。国有企业党组织作为维护国有资产安全、防止国有资产流失的重要责任主体，依法查办违规违纪导致国有资产重大损失的案件，向相关责任人进行责任追究。同时，对基层单位发生重大违规违纪案件，造成国有资产流失的，追究党组织的主体责任和纪检组织的监督责任，倒逼各级党组织和纪检组织履行全面从严治党责任，加强对企业领导干部的警示教育，强化事先防范。

（3）建立容错机制。在严格执纪监督问责的同时，应准确把握和充分运用“三个区分开来”等容错机制。国有企业党委（党组）对敢担当、善作为的干部要加强激励保护，树立正确的价值观、业绩观，鼓励探索创新，支持担当有为。对于在企业改革发展中大胆创新、锐意改革出现的失误，不属于有令不行、有禁不止、不当谋利、主观故意、专断独行等情形，应当根据有关规定和程序予以容错，做好澄清正名等工作。

4.发挥党组织对国有企业高质量发展的引领作用

中国特色社会主义进入了新时代，我国经济已由高速增长阶段转向高质量发展阶段，追求效率更高、供给更有效、结构更高端、更绿色、可持续、更和谐的增长，推动产业发展向结构更合理、附加值更高的阶段演化。

党的十九大以来，党中央围绕构建新发展格局、实现高质量发展提出了一系列战略部署。《国有企业改革三年行动方案》提出，国企改革的目标要求是，国有企业要成为有核心竞争力的市场主体，在创新引领方面发挥更大作用，在提升产业链供应链水平上发挥引领作用，在保障社会民生和应对重大挑战等方面发挥特殊保障作用，在维护国家经济安全方面发挥基础性作用。党的十九届五中全会提出：“加快构建以国内大循环为主体、国内国际双循环相互促进的新发展格局。”2022年4月，《中共中央 国务院关于加快建设全国统一大市场的意见》印发，从市场基础制度、市场设施、要素和资源市场打造、商品和服务市场高水平统一、市场公平统一监管、规范市场竞争等6个方面部署了工作任务，推动我国加快建设全国统一大市场。

高质量发展是区别于过去资源要素驱动下规模型、粗放型发展的新型发展方式，其实现的过程中，不可避免伴随着规模增速下降、市场竞争加剧、淘汰落后产能等一系列问题，很多传统工业和建筑业国有企业存在转型升级的“阵痛”。如果没有党组织的政治领导和战略引领，企业就容易陷入追求短期利益的短视行为，沿袭不可持续的发展模式，继续固守在低价值产出的产业和产业价值链的低端，陷入低端竞争的“红海困境”，无法实现我国产业整体升级的目标。

国有企业党委（党组）发挥“把方向、管大局、促落实”的领导核心作用，第一位的要求就是把方向。这个方向，就是贯彻落实党的理论和路线方针政策、确保国有企业改革发展的正确方向。围绕党中央提出的高质量发展的战略部署，国有企业党组织担负并发挥三个方面的功能：一是政治引领。国有企业党组织的重要职责，就是确保党的大政方针政策在国有企业得到坚决的贯彻执行，避免企业为追求眼前经济利益而牺牲长远发展，确保国有企业发展与经济社会进步方向相协调，顺应供给侧结构性改革要求，主动融入和服务国家战略，以转型升级实现可持续、高质量发展。二是组织带动。国有企业党组织，特别是基层党组织发挥战斗堡垒作用，组织带动广大干部职工围绕转型升级、市场开发、科技创新、降本增效、质量提升等高质量发展的重点工作干事创业，推动国有企业高质量发展。三是宣传教育。国有企业党组织担负着对党和国家重大方针政策的宣传教育工作，通过理论学习、政治教育、宣传舆论、文化建设等工作实现统一思想、凝心聚力，教育引导国有企业干部职工深入理解和践行新发展理念，筑牢国有企业高质量发展的思想基础。

5.加强党组织在国有企业社会责任中的作用

履行社会责任是国有企业出资人利益实现的重要方式，这是由国有企业的性质所决定的。虽然其他治理主体也可以承担，但我国社会责任工作是由党中央和各级党委（党组）安排部署，体现了党代表广大人民利益的属性。因此，国有企业党组织承担社会责任工作的部署实施，既可以更加高效地与上级进行沟通，也可以更有效地发挥群众优势开展工作。

国务院国资委印发的《关于国有企业更好履行社会责任的指导意见》，是国有企业党组织履行社会责任的依据。其中明确了“三个坚持”的工作原则：一是坚持以可持续发展为核心。在努力创造经济价值、实现自身发展的同时，管理好企业运营对利益相关方的影响，有效利用资源，保护生态环境，坚持以人为本，促进社会和谐，最大限度地创造经济、社会和环境的综合价值。二是坚持社会责任与企业改革发展相结合。把社会责任作为提高依法治企水平、提高发展质量效益和提高企业竞争力的重要内容，将社会责任工作与企业改革发展各项工作作为一个有机整体，统筹安排部署，同步推动落实。三是坚持社会责任与企业运营相融合。将社会责任融入企业战略、治理和日常经营，全面改进、丰富和完善各项制度和管理体系，促进企业不断优化管理，提升管理水平。

现阶段国有企业履行社会责任最重要的6项工作分别是：①碳达峰、碳中和“双碳”工作；②安全环保工作；③全过程、全链条完善风险防控体系建设工作；④乡村振兴和援疆援藏援青工作；⑤质量管理和品牌建设工作；⑥企业社会责任体系构建工作。国有企业党组织要站在战略的高度认识社会责任，将国有企业的改革发展与履行社会责任紧密结合起来，进一步形成具有中国国企特色的社会责任观，有效维护社会和谐和公众利益。

6.强化基层党组织在控制权实现中的特殊作用

中国国有企业在内部各层级均设立了党的基层组织，基层党组织覆盖全体党员，成为落实党的领导的坚强战斗堡垒和执行党的决策部署的骨干力量。企业党委（党组）依托大规模、全覆盖的基层党组织实现对国有企业的基层治理。充分发挥国有企业基层党组织的作用，是确保党对国有企业的领导，实现企业控制权功能的主要路径，也是中国特色国有企业治理方式的重要特征。

（1）组织建设。国有企业应严格按照《中国共产党国有企业基层组织工作条例（试行）》的规定设立党的组织。健全完善基层党组织参与基层单位（项目）重大事项决策的制度保障和工作流程，确保党的领导和政治监督作用有效发挥。严肃组织生活开展，结合形式创新内容及载体，确保党的活动始终围绕和服务保障中心工作，增强党内政治生活的政治性、时代性、实效性。持续整顿软弱涣散的基层党组织，不仅整治人员配备、制度建设、工作开展等方面的缺漏，更要着重整治领导作用不强、政治监督功能缺位、纵容违法违纪行为等问题，把党的组织优势转化为企业的核心竞争力。

（2）政治建设。国有企业党组织要牢牢把握意识形态和思想政治工作的领导权，以主流思想凝聚企业改革发展的正能量。要做好企业重大决策的宣传动员、组织实施和解疑释惑，把全体员工的思想和行动统一到企业发展的战略目标和重大决策部署上来。落实党委（党组）中心组学习、领导干部双重组织生活等党内制度，增强国有企业党员贯彻执行党的路线方针政策的主动性、自觉性，提高引领企业高质量发展的素质和能力。坚持将全面从严治党在基层引向深入，以党的政治纪律和政治规矩树立党员干部职工担当有为、廉洁自律的清风正气，不断提高国有企业基层治理的水平和成效。

（3）文化建设。国有企业党组织要坚持以社会主义核心价值观体系为内涵的企业文化建设，发挥企业文化的导向、凝聚、激励、约束功能，提升企业品牌信誉，塑造企业良好形象。要创新宣传平台载体建设，占领思想舆论高地，坚持主流舆论导向，运用信息化媒体融合带来的多种手段，以职工群众喜闻乐见的方式宣传党的路线方针政策，传播企业文化理念和改革发展的重大成就。要持续推进国有企业文化创新，弘扬以为股东、为客户、为内外相关利益者创造价值为核心的“价值文化”，加快形成适应国有企业高质量发展的思想观念、价值取向和行为模式，将“价值创造”全方位融入企业行为，激发全体员工干事创业热情，实现“文化强企”目标。

（4）群众工作。国有企业党组织要坚持将党的群众工作、群众路线优势与企业民主管理相结合，坚持党建带工建、带团建，充分发挥工会、共青团等群众组织的作用。支持和保证职工代表大会依法行使职权，积极推进企务公开，落实职工的知情权、参与权、表达权、监督权，完善职工董事、监事制度，鼓励职工有序参与公司治理。积极开展基层调查研究和创新创造活动，尊重群众的首创精神和实践经验，发挥职工群众的积极性创造性。坚决维护职工合法权益，以解决关系职工切身利益的问题为突破口，依法保障职工群众的政治权益、经济权益、文化权益和劳动权益。领导和支持工会、共青团组织开展群众工作，积极为职工群众排忧解难，充分发挥工会的桥梁纽带作用和共青团的突击队作用，营造国有企业和谐健康发展的良好环境。

第六章

中国特色国有企业控制权的探索与实践——以中铁十七局为例

第一节　国有企业控制权配置的中铁十七局探索

完善国有企业控制权配置的方式路径，让党组织有效参与国有企业治理，是中国国有企业控制权配置的根本特点和主要任务。作为党领导下的大型建筑央企，中铁十七局围绕党组织参与企业治理、优化控制权配置、实现控制权功能等进行了大量的探索实践。

一、控制权配置的背景

中铁十七局企业控制权的配置，是基于新发展阶段国有企业的政治任务、发展任务和自身的现实需求确定的。

习近平总书记在全国国有企业党的建设工作会议上强调，坚持党对国有企业的领导是重大政治原则，必须一以贯之；建立现代企业制度是国有企业改革的方向，也必须一以贯之。坚持加强党的领导和完善公司治理相统一，明确和落实党组织在公司法人治理结构中的法定地位，是国有企业对出资人应当履行的义务，也是维护出资人利益的根本保障。为此，中铁十七局贯彻落实习近平总书记重要讲话精神，积极践行“国有企业改革三年行动”，以法人治理结构顶层设计为抓手，明确和完善党的领导在现代公司治理中的法定地位、运行机制、实践路径等，切实解决国有企业公司治理主体重叠、责权不清晰、决策不规范等问题，发挥国有企业的独特优势，担当党执政兴国的“六种力量”。

党的十九大提出“深化国有企业改革，培育具有全球竞争力的世界一流企业”的目标要求。国家“十四五”发展规划指出，要深化国资国企改革，做强做优做大国有资本和国有企业。这些表明，国有企业的出资人对国有企业推动高质量发展、实现保值增值提出了新的更高要求。探索一整套能够有效弥补西方企业管理模式缺陷和弊病的中国特色现代国有企业制度，高质量高水平参与国际竞争，以实际行动助力实现中华民族伟大复兴“中国梦”，是国有企业的责任和使命。为此，中铁十七局以提高党组织参与企业决策、监督治理、队伍建设等方面的能力为抓手，发挥党的领导这一国有企业的特殊优势，为加快实现高质量发展提供政治保障、组织保障和纪律保障，进而推动企业生产经营和全面建设各项指标持续稳健攀升，为做强做优做大国有企业、促进国有资产保值增值作出了应有的贡献。

中国经济进入了后工业化时代，中国建筑业正在进入工业化时代，改革开放以来延续数十年的规模速度型的发展模式已经难以为继，市场的集中与分化快速演进，国有企业发展遇到了一系列新的情况和问题。2018年底，中铁十七局一度面临带息负债持续攀升、经营性现金流和货币资金存量下行、风险资产规模居高不下等严峻挑战。尤其是部分单位和项目党的领导缺位、政治生态不良，出现对内中饱私囊、对外利益输送等腐败问题和不正之风，国有资产存在重大流失风险。中铁十七局党委经过分析研判，作出了“发展困境源于项目亏损，项目亏损根源是政治生态出了问题”的判断。为此，必须发挥党组织“把方向、管大局、促落实”的作用，确保党的路线方针政策在企业各层级，尤其是在落实层面得到全面贯彻执行，持续凝聚发展共识、净化政治生态，形成推动企业可持续、高质量发展的强大动力。

二、控制权配置的依据

中铁十七局企业控制权的配置，主要依据是《中华人民共和国公司法》（简称《公司法》）、国家有关部委下发的系列文件，以及《中铁十七局集团有限公司章程》（简称《公司章程》）。其中，《公司法》是法定依据；政策性文件是指导意见；《公司章程》作为企业内部的根本法，是股东共同一致的意思表示和公司组织与行为的基本准则，以契约的约束力实现对公司控制权的分配，公司各治理主体依据《公司章程》享有各项权利并承担各项义务。

《公司法》规定："在公司中，根据中国共产党章程的规定，设立中国共产党的组织，开展党的活动。公司应当为党组织的活动提供必要条件。"

中央先后下发《关于深化国有企业改革的指导意见》《关于在深化国有企业改革中坚持党的领导加强党的建设的若干意见》《贯彻落实全国国有企业党的建设工作会议精神重点任务》《关于扎实推动国有企业党建工作要求写入公司章程的通知》《关于进一步完善国有企业法人治理结构的指导意见》等政策性文件，明确要求"将党建工作总体要求纳入国有企业章程"。

按照《公司法》规定及政策性文件要求，中铁十七局积极推动"党建入章"工作。截至2018年，集团公司及所属单位共14家法人完成"党建入章"，党组织的机构设置、职责分工、工作任务等纳入企业管理体制、管理制度、工作规范，党组织在企业决策、执行、监督各环节的权责和工作方式，以及与其他治理主体的关系得到明确，党组织成为公司法人治理结构的有机组成部分。

《中铁十七局集团有限公司章程》中，写入“党的领导”的具体内容摘录如下。

第七条　根据《中国共产党章程》规定，设立中国共产党的组织，公司党委发挥领导作用，把方向、管大局、促落实，依照规定讨论和决定企业重大事项。公司要建立党的工作机构，配备足够数量的党务工作人员，保障党组织的工作经费。

第十七条　公司设立中国共产党中铁十七局集团有限公司委员会。党委设书记1名，其他党委成员若干名。董事长、党委书记原则上由一人担任，设立主抓企业党建工作的专职副书记。符合条件的党委成员可以通过法定程序进入董事会、监事会、经理层，董事会、监事会、经理层成员中符合条件的党员可以依照有关规定和程序进入党委。同时，公司按规定设立纪委。

第十八条　公司党委根据《中国共产党章程》等党内法规履行职责。

保证监督党和国家方针政策在公司的贯彻执行，落实党中央、国务院、国资委重大战略决策，股份公司党委以及上级党组织有关重要工作部署。

坚持党管干部原则与董事会依法选择经营管理者以及经营管理者依法行使用人权相结合。党委对董事会或总经理提名的人选进行酝酿并提出意见建议，或者向董事会、总经理推荐提名人选；会同董事会对拟任人选进行考察，集体研究提出意见建议。

对公司决策决定的改革发展稳定、重大经营管理事项和涉及职工切实利益等重大问题，先行研究讨论，提出意见建议。

承担全面从严治党主体责任。领导公司思想政治工作、统战工作、精神文明建设、企业文化建设和工会、共青团等群团工作。领导党风廉政建设，支持纪委切实履行监督责任。

第十九条　公司要确保在企业改革中党的建设同步谋划、党的组织及工作机构同步设置、党组织负责人及党务工作人员同步配备、党建工作同步开展，实现体制对接、机制对接、制度对接和工作对接。

第二十四条　董事会决定公司重大问题，应事先听取公司党委的意见。

第五十四条　总经理主持召开办公会议，研究决定公司生产经营管理中的重大问题，应事先听取公司党委的意见。

三、控制权配置的原则

控制权配置中，中铁十七局主要坚持了以下原则。

（1）“一以贯之”的政治原则。“两个一以贯之”是国有企业控制权配置最重要和最根本的政治原则，企业的治理结构、权力分配、责权边界、运行机制等，都要有利于加强党对国有企业的全面领导；有利于党的领导融入到公司治理各环节，把企业党组织内嵌到公司治理结构之中；有利于把党的政治优势转化为治理效能，确保党的路线方针政策在企业治理中得到不折不扣的贯彻落实。

（2）“责权匹配”的制度原则。企业控制权配置的主要任务，是明确党组织在决策、执行、监督各环节的权责和工作方式，正确处理党组织和其他治理主体的关系，划清权责边界，形成各司其职、各负其责、协调运转、有效制衡的公司治理机制，建立各个治理主体充分尊重、彼此信任、相互支撑的良好决策环境。

（3）“深度融合”的治理原则。企业控制权配置的根本目标，是提高企业效益、增强企业竞争实力，促进和实现国有资产保值增值。基于这一目标，必须推动党的领导、党的建设与企业生产经营管理深度融合，实现互促共进，引领、推动和保障企业履行经济责任、政治责任和社会责任，为高质量发展提供坚强政治保障。

（4）“依法合规”的决策原则。企业控制权配置应当严格遵循国家法律法规和党章、党规、党纪，树立“依法合规、优质高效”的决策理念，遵循市场经济规律和企业发展规律，完善决策体系、改进决策制度、优化决策流程，增强决策的权威性和执行力，提高党组织参与企业重大事项的决策效率、决策质量及确保决策落实落地的工作能力和成效。

四、控制权配置的实践

（1）明确党委会权责。中铁十七局将党委纳入公司治理体系，形成了“四会一层”的治理结构（《公司法》规定一人有限责任公司不设股东会，实际为党委会、董事会、监事会、经理层“三会一层”），党委在研究决定党的自身建设工作的同时，通过前置讨论等方式参与企业重大经营事项决策，行使企业控制权。

2019年实施的《中国共产党国有企业基层组织工作条例（试行）》第十一条规定，“国有企业党委（党组）发挥领导作用，把方向、管大局、保落实，依照规定讨论和决定企业重大事项”，并对由党委研究决定的8个方面的事项进行了明确。《条例》第十五条规定，“国有企业重大经营管理事项必须经党委（党组）研究讨论后，再由董事会或者经理层作出决定”，规定了党委6个方面的研究讨论事项。2021年5月出台的《关于中央企业在完善公司治理中加强党的领导的意见》，规范了党委（党组）前置研究讨论重大经营管理事项的要求和程序，明确了党委

（党组）在董事会授权决策和总经理办公会决策中发挥作用的方式。

中铁十七局集团有限公司章程中，明确了党委作为治理主体的职责和程序，包括作出决策、参与决策两个方面：作出决策，即研究决定党建工作等重大事项；参与决策，即前置讨论重大经营管理事项。企业重大经营管理事项必须经党委前置研究讨论，再由董事会或经理层按照职权和规定程序作出决定。具体内容，本章第三节将作出详细阐释。

（2）“双向进入，交叉任职”。在“组织嵌入”的基础上，中铁十七局依据规定实行“双向进入，交叉任职”机制，同步实现“个人嵌入”。该机制主要包括两个层面的要求：第一，党委会成员与董事会、监事会、经理层成员的普遍意义上的交叉任职；第二，党委书记和董事长两个关键职务的“一肩挑”。企业党组织通过“双向进入”，实现对企业经营管理的控制和影响。

1997年1月印发的《中共中央关于进一步加强和改进国有企业党的建设工作的通知》最早提出，“实行公司制的企业，党委书记、董事长可由一人担任”“根据工作需要和人员条件，党委成员可依法分别进入董事会、监事会和经理班子；董事会、监事会、经理班子中的党员，具备条件的，可按照有关规定进入党委会。董事长与总经理原则上分设”。1999 年9月，党的十五届四中全会通过的《关于国有企业改革和发展若干重大问题的决定》提出：“国有独资和国有控股公司的党委负责人可以通过法定程序进入董事会、监事会，董事会和监事会都要有职工代表参加；董事会、监事会、经理层及工会中的党员负责人，可依照党章及有关规定进入党委会；党委书记和董事长可由一人担任，董事长、总经理原则上分设。”2004 年《中共中央组织部、国务院国资委党委关于加强和改进中央企业党建工作的意见》正式提出“双向进入，交叉任职”。2013 年《关于中央企业党委在现代企业制度下充分发挥政治核心作用的意见》、2015 年《关于在深化国有企业改革中坚持党的领导加强党的建设的若干意见》和《中共中央 国务院关于深化国有企业改革的指导意见》等，持续明确“双向进入，交叉任职”的具体要求和措施，并逐步发展成为刚性规定。

中铁十七局集团有限公司党委书记和董事长由一人担任，董事长、总经理分设；总经理同时也兼任党委副书记，进入公司董事会；专职党委副书记进入董事会。通过“双向进入，交叉任职”，从领导体制上保障党组织与董事会、经理层之间进行充分沟通、协调运转。通过领导董事会中的党员，由其按照党组织决议在董事会发表意见，实现将党组织的决议通过法定民主程序转化为董事会的决策，体现党的意志。党委常委、委员以企业经营者身份推动决策的执行，职工代表、纪检委员以监事会成员身份对决策和经营管理进行监督。

（3）规范董事会建设。董事会是现代公司治理的核心。从外部治理角度上看，董事会是市场和企业的联结点，是市场机制发挥作用的纽带和桥梁，也是外部治理转化为内部治理的“中枢”、内部治理接受外部市场影响的“天线”。从内部治理角度上看，董事会是联结所有者与经营者的纽带。董事会对上受股东委托行使对企业的各项权力，对下委托经营管理层具体负责企业的日常运作，是内部机构安排和运行的决定性因素，也是公司控制权分配和制衡的中心环节。

近年来，党中央、国务院围绕国企改革制定出台了一系列指导原则和政策文件。2013 年《中共中央关于全面深化改革若干重大问题的决定》提出，要健全协调运转、有效制衡的公司法人治理结构，加强和改善党对全面深化改革的领导。2015年《中共中央 国务院关于深化国有企业改革的指导意见》提出，推进董事会建设，落实董事会权力，外部董事在董事会中应占多数。2017 年《国务院办公厅关于进一步完善国有企业法人治理结构的指导意见》要求，加强董事会建设，落实董事会职权，优化董事会组成结构，规范董事会议事规则，加强董事队伍建设。2019 年，国务院国资委印发《中央企业公司章程指引（试行）》，对国有独资公司和国有全资、控股公司章程的条款设置，董事会的组成和职权、议事程序等进行了详细规定。2020 年发布的《国企改革三年行动方案》，对国有企业董事会“定战略、作决策、防风险”的权责进行了进一步明确。2021年，国务院国资委印发《关于中央企业加强子企业董事会建设有关事项的通知》《关于中央企业落实子企业董事会职权有关事项的通知》等文件，明确提出落实中央企业子企业董事会职权的相关重点措施及安排部署。

按照党和政府相关工作部署，结合自身实际，中铁十七局积极推进现代企业治理体系建设，构建权责法定、权责透明、协调运转、有效制衡的公司治理机制，持续强化董事会建设，充分落实董事会职权，发挥董事会“定战略、作决策、防风险”重要作用，实现企业持续健康发展。

第一，优化董事会组织架构。结合大型建筑施工企业的特性，科学配置董事会成员，重点选配战略管理、资本经营、工程管理、财务金融、人力资源、行业法律等专业人才，确保董事会成员专业构成和工作经验的多元化、互补性。年龄构成方面，提高董事会成员的年龄结构梯次性，既注重配置具有资深管理经验和工作阅历的人员，也积极配置具有创新探索、拼搏奋斗精神和工作热情活力的中青年董事。制度建设方面，制定下发《完善现代企业制度和推进董事会规范建设工作方案》，推动“外部董事占多数”的董事会建设，制定出台《外部董事履职保障工作方案》《外部董事调研工作制度》等配套制度，为外部董事履行职权、参与决策等提供了制度保障。目前，中铁十七局构建起外部董事人数占董事会半数以上的治理结构，并结合企业实际设立了战略与投资、薪酬与考核、审计与风险等专门委员会，为董事会决策提供咨询意见和建议，形成了高效运转的工作体系。

第二，规范董事会运行程序。中铁十七局及时修订完善《公司章程》《董事会议事规则》，建立董事会授权管理制度，制定授权事项清单，及时推进支撑保障配套制度文件的适应性修订。集团公司本级建立董事会办公室，配备专职董事会秘书，定期制定董事会会议计划，明确董事会会议召集程序、召开流程和决策程序，严格实行集体审议、独立表决、个人负责的决策制度，确保决策的民主性、科学性、有效性。同时，加强董事会议案管理，建立完善会议决议跟踪落实及评估制度，做好会议记录和存档，按要求落实董事会工作报告、重大事项报告等规范性要求。

第三，落实董事会职权。中铁十七局依据《公司法》《企业章程》，清晰界定企业党组织、董事会、经理层等治理主体的权责边界，重点落实董事会的中长期发展决策权、经理层成员选聘权、经理层成员业绩考核权、经理层成员薪酬管理权、职工工资分配管理权、重大财务事项管理权等6项职权，充分发挥"定战略、作决策、防风险"的重要作用。其中，定战略方面，董事会做好全面战略规划，建立健全企业战略规划的研究、编制、实施、评估的闭环管理体系；作决策方面，依照法定程序和公司章程，决策企业重大经营管理事项；防风险方面，推动完善企业风险管理体系、内部控制体系、合规管理体系和违规经营投资责任追究体系等，有效识别、研判、防范和化解企业重大风险。

第四，加强董事队伍建设。中铁十七局高度重视董事队伍建设，加强以专职董事为主、兼职董事为辅的队伍建设工作，有序提高专职董事占比，确保董事有足够的时间和精力履职尽责。建立权责匹配、绩效挂钩的薪酬管理制度，激发董事履职的积极性和主动性。建立健全董事培训交流机制，定期开展董事任职资格、专业技能培训等，实施董事上岗培训考试制度，确保董事具备任职的基本素质与能力。定期开展董事履职能力提升系列培训，实现董事专业知识培训的常态化，持续提升董事履职能力与素质。

（4）经理层任期制和契约化管理。这里包含两个方面的内涵：一是任期制。长期以来，国有企业经理层的聘任和管理通常以任命文件代替岗位聘书，任命文件中通常不规定职务任期，经营业绩考核的结果主要运用在绩效薪酬和任期激励的兑现上，考核结果与经理层成员任免的联系并不紧密。实施任期制，就是职务任命要有明确任期，任期届满即存在聘任或不聘任的不确定性，赋予了考核在契约化管理中更有效的应用，打破职务的“铁交椅”。二是契约化。经理层契约化管理主要有两层含义：第一，董事会（或上级单位）与经理层任职者事先约定工作任务、目标和奖惩措施，以及完成目标过程中双方的权利、责任和义务；第二，经理层任职者应以契约精神对待约定，认真执行并认同承诺。实施契约化管理，就是要做到有职务就落实考核、有业绩就兑现奖励，打破分配的“大锅饭”。

在党的十八大以来的新一轮国资国企改革中，“经理层任期制和契约化管理”作为一项重点改革举措，在多项党和政府文件中予以明确和强调。2015年，中共中央、国务院印发《关于深化国有企业改革的指导意见》中，明确了推行企业经理层成员任期制和契约化管理的重要作用和基本要求。2019 年，国务院国有企业改革领导小组办公室印发《关于支持鼓励“双百企业”进一步加大改革创新力度有关事项的通知》，要求中央企业和地方国资委指导推动“双百企业”全面推行经理层成员任期制和契约化管理。2020年《国企改革三年行动方案》要求，到2022年，国有企业子企业全面推行经理层成员任期制和契约化管理。

按照“国企改革三年行动”要求，中铁十七局认真规范落实经理层授权管理制度，扎实推进经理层成员任期制和契约化管理。2021年12月，中铁十七局举行经理层任期制和契约化管理签约仪式。随后，集团所属三级单位也全部完成经理层契约签订。

2021年11月出台的《中铁十七局集团有限公司经理层成员任期制和契约化管理办法》（简称《办法》）规定：中铁十七局集团有限公司经理层成员实行以固定任期和契约关系为基础，根据合同或协议约定，开展年度和任期经营业绩考核和综合考核评价，并根据考核结果确定经理层成员的薪酬兑现、决定聘任（解聘）。《办法》同时规定了经理层成员的任期管理、契约签订、业绩考核、薪酬激励、退出管理、履职监督、责任追究等方面的程序和内容。

同期出台的《中铁十七局集团有限公司经理层成员经营业绩考核和薪酬管理办法》，明确了经理层年度经营业绩考核和任期经营业绩考核的考核维度、考核权重、考核目标、考核程序、考核结果核定、经理层成员薪酬等。董事会对经理层的考核指标涵盖政治、经济、社会责任等三个方面，既有短期效益指标，也有运行质量、核心竞争力等长期指标。指标设定坚持定量与定性相结合，年度业绩目标与任期经营业绩目标有效衔接，建立健全考核评价机制，构建清晰有效的责权利体系，构建强激励、硬约束的薪酬分配机制。

与此同时，中铁十七局配套建立了经理层权力责任清单，修订完善了《总经理工作细则》《总经理办公会议事规则》，明确了经理层职能，细化了经理层工作流程，为加强经理层治理体系和治理能力建设提供了制度保证。中铁十七局党委和董事会对经理层的执行落实情况进行跟踪监督，形成管控合力，抓住关键环节，刚性运用结果，确保党的领导和决策通过经理层落地见效。

第二节　国有企业控制权功能的中铁十七局路径

一、国有企业控制权的基本功能

国有企业控制权的基本功能是捍卫国有资产安全，即确保国有资产保值、防止国有资产流失。

随着经济社会的发展和现代企业制度的建立，公司组织结构更加细化，企业控制权逐渐从企业所有者转移到专业从事公司经营管理的职业经理层，企业所有者角色转变为企业股东，股东通过对控制权的监督以实现对公司的控制。西方国有企业监督机制受各国政治制度、经济体制的影响而不尽相同，但总体上可以分为外部监督和内部监督。外部监督主要通过议会、审计法院和政府部门进行，这种监督更多是事后的财务审计，对企业经营的过程监督相对较弱。内部监督则主要是依靠股东运用其股权对经营者行为的控制和监督，但在西方现代国家，特别是英、美等国家的公司中，股权高度分散、流动性强，股东发言权有限。同时，股东对经营者的经营行为不感兴趣，即使对业绩不满，一般也不会干预公司经营运转，而只会转让股票，股东对企业监督和控制的能力非常有限。这种情况下，就有可能存在少数控股大股东或公司实际经营者操纵公司的行为，即少数“内部人”对公司进行控制。当“内部人”利益与小股东利益发生冲突而又缺乏监督的时候，“内部人”可以凭借自己所掌握的权力做出不利于小股东的自利、轻率甚至违法的行为，以谋取不当利益。

与西方企业不同，我国国有企业的监督已经初步形成了党内监督（上级党组织、纪检监察、巡视组）、出资人监督（国资委、审计部门）、法定专职业务监督（业务监管部门）、司法监督（公安、检察院、法院）、社会监督（职工、公众和舆论）等多元化的监督主体。其中，党内监督是中国国有企业独具的特色和优势。党对国有企业的监督，保证了国企为国为党为人民的政治本色，从根本上维护了国有资产安全，保障了出资人权益，是中国特色国有企业治理的重要组成部分。

党的十九大将“健全党和国家监督体系”确立为新时代党的建设的一项重大任务，明确提出“构建党统一指挥、全面覆盖、权威高效的监督体系，把党内监督同国家机关监督、民主监督、司法监督、群众监督、舆论监督贯通起来，增强监督合力”。在国有企业治理的过程中，众多监督机构、监督机制得以在党的统一领导和指挥下，围绕特定的企业治理目标，相互配合、协调一致、优势互补、共同发力，共同组成中国特色国有企业的监督控制体系，为新时代全面深化国有企业改革、做强做优做大国有企业提供了坚强保证。

2019年以来，中铁十七局党委坚持全面从严治党、完善党内监督，在党对企业的全面领导的框架下，加强对企业控制权主体的监督和制约，推进企业治理体系和治理能力现代化，在健全完善中国特色国有企业监督体系方面做出积极的探索实践，为维护国有资产安全发挥了积极作用。

1.“治乱追损”

中铁十七局党委履行国有企业党组织的监督治理职责，牵头纪委、审计、经管、法律等部门，全面开展以“治乱追损”为主题的项目综合治理工作，严查项目管理中的乱计价、超计价、应扣未扣、高价采购、违规签订合同等乱象，深挖亏损问题背后的案件线索，运用法律、商业等手段对外谈判，全力追索挽回企业经济损失，维护国有资产安全，改善企业经济状况。

2019年4月，中铁十七局党委正式启动“治乱追损”专项活动，成立以集团公司党委书记、董事长为组长的专项活动领导小组，亲自安排部署工作，定期听取审计汇报；总会计师负责工作计划方案并指导开展工作。中铁十七局所属单位党委全面动员部署工作力量，为开展专项活动提供政治支持和协调保障。领导小组下设16个审计工作组，实行统一工作方案、统一标准口径、统一时间进度、统一报告内容、统一整改问责的“五个统一”标准，以一个标准查到底、一个尺度量到底，保证审计依法公正、审计程序公正、审计结果公正。审计工作组以“422成本管理流程”为主线，在总结历年审计资料和经验的基础上，从工程项目4个阶段、22个关键环节的常见问题和风险清单500余条，针对项目管理易发多发问题进行精准工作，确保见人、见物、见现场，使审计结论经得起质询，经得起历史检验。自2019年以来，专项活动在追回及减少经济损失、推动企业净消化历史风险资产等方面成效显著，有效遏制了工程项目违规计价支付、合同外补偿等问题。

中铁十七局党委建立工作结果应用机制，项目审计基本完成后，纪委及时跟进，对部分移交审计线索和事项进行进一步深入调查，依据党规党纪给予相关人员党纪政纪处分，形成震慑警示作用。同时，针对工作中发现的问题和风险点，及时反馈给业务部门查缺补漏，健全制度、强化内控、堵塞漏洞，形成“以治乱追损倒逼管理提升，以管理提升促进治乱追损”的管理循环上升的工作格局。

2.“巡察专员”

为解决企业三级单位未设董事会（母公司委派执行董事），无法通过外部董事实施有效监督的问题，中铁十七局党委建立“巡察专员”制度，向所属单位委派巡察专员，对各单位贯彻落实党中央、上级党委和中铁十七局党委决策部署情况、执行上级和企业规章制度情况、落实年度重点工作安排情况等内容进行巡察。

中铁十七局党委要求，巡察专员开展工作时注重把握5个切入点：一是对重大问题的信息披露，由结果端前移到萌芽端；二是对重大风险和系统风险及时进行揭示；三是对个别单位存在的“破坏性”的管理活动及时拉响警报；四是对各单位抓工作落实的措施和效果进行过程中评价；五是为倾听基层一线声音增加一个新的接口。

中铁十七局党委明确，除特殊规定外，被巡察单位的公文办公系统及数据报告等资料信息对巡察专员予以开放；被巡察单位召开党委常委会、总经理办公会等重要会议时，需提前将会议时间及议题通知巡察专员，与巡察专员事先商定是否参会；被巡察单位为巡察专员了解实际情况、查阅相关资料、开展调研活动等提供便利条件。巡察专员直接与总部业务部门联系，做好业务对接沟通、反映重要情况、征询决策意见建议、了解政策规定等工作。

“巡察专员”制度的实施进一步拓宽了党组织参与国有企业治理的实现形式，丰富了党的巡察工作的形式和途径，通过防范关口前移、聚焦关键环节，及时监督和发现企业决策、纪律、作风和选人用人等方面的问题，将问题遏制和消除在萌芽状态，有效维护国有企业的利益。

3.“大风控”“大监督”

2021年中国铁建年度工作会议对构建“大风控”“大监督”体系作出了全面部署。对照党中央、国务院国资委党委和中国铁建党委要求，中铁十七局党委从健全企业风险内控体系、提高防范化解重大风险防控能力、促进内部监督资源整合和管理效率提升等角度出发，建立健全“大风控”“大监督”体系，提升国有企业治理能力。

“大风控”是指以法律管控为主，通过建立健全对企业管理过程中各类风险信息的收集、分析、预警、防控机制，守住“不发生重大风险”的管理底线，从而把风险管理、内部控制、法律合规与企业中心工作、业务工作深度融合，促进企业风险管控能力全面提升的体制机制。该体系的建设与运行，突出党的领导、顶层管控，强调全员、全面、全过程管理，覆盖所有单位、部门和员工，包括各业务领域、环节及各类风险，坚持事前防范、事中控制为主，做到提前预见、提前发现、提前管控，推动资源整合、信息共享、同防共治、持续提升，深层次推进企业高质量发展。

“大风控”强调的是工作协同、过程管控、资源整合和有效利用问题，建立以法律管控为主，各单位、各部门全方位、全过程、全员参与的风险防控体系和工作机制。

“大监督”是指对企业经营管理及投融资等经济运行活动进行全方位、全过程、全覆盖的监督。通过党委统一领导、明确职责分工、有效统筹协调、畅通信息共享的协同工作体系，及时发现并解决各类问题，为企业健康发展保驾护航。“大监督”主体分为职能监督和专职监督，其中，职能监督是指负有经济管理责任的相关部门，通过履行经管监督主体责任，强化重点领域、关键环节和关键岗位的全程实时监督，彰显监督的源头作用、基础作用；专职监督包括审计、巡视、纪委监督，通过履行各自监督职责，突出专职监督工作重点，提高专职监督质量和实效，以及对监督过程中发现问题的整改，发挥专职监督作用，捍卫国有资产安全。

“大监督”体系更加注重发挥组织作用和系统优势，实现对企业行为的全面、过程、整体、系统的监督。

在“大风控”“大监督”体系的构建中，中铁十七局党委主要遵循了以下原则：一是协同作战。通过建章立制，构建起责任清晰、管控到位的责任体系，细化完善各职能部门职责范围内的工作分工，实现各专业领域的协同作战，全方位、多角度、系统性地形成监督合力，既防止重复监督，又提高监督效率和效果。二是高效联动。打破部门间工作壁垒，压实所有部门、全体人员均作为风控监督主体的责任，实现资源共享、信息共享、成果共享，重点消灭苗头性、倾向性问题。三是严格考核。建立以风险评估统计、风险事件统计和风险应用统计为主要内容的风险管理考核机制，将考核结果计入各单位、各部门年度绩效考核，严格落实奖惩兑现，增强各级防控风险的积极性、主动性和实效性。

中铁十七局党委成立了以主管领导为组长的“大风控”“大监督”管理委员会，下设多个管理办公室，构建了全员、全过程、全覆盖的风险管控与监督责任体系。在根据企业实际评估风险等级和发生风险可能性的基础上，强化风控监督目标导向，分类分级进行风控管理。同时，建立“大监督”联席会议制度，对重点问题和重大风险进行跨部门联合研判分析，制定解决方案，落实责任分工，确保防控监督到位。

2021年4月，中铁十七局党委组织开展了2021年重大、重要风险评估工作，根据风险评估结果，制定了企业重大、重要风险管控方案，按季度对风险进行管理和监控。同时，开展2021年内控体系有效性的自查自纠工作，覆盖集团总部各部门、各子分公司及所属工程项目等单位，共排查出各类共性缺陷135项（次），逐项制定整改方案并抓好落实。通过一系列举措，打通了企业内部风控监督体系，有效防范化解了各类风险，实现了国有资产保值的目标。

“大风控”“大监督”是以中国铁建及中铁十七局为代表的国有企业党组织，健全完善企业风控监督机制，防范化解国有企业重大风险的重要实践。通过“大风控”“大监督”打破部门间界限，融合相近职能，避免信息孤岛、灰色地带等不利于决策的情况的出现，确保信息高速传递和大职能范围内的充分利用，以高效监督实现对企业的治理。

4.党组织政治监督

党组织的政治监督是中国特色国有企业特殊的监督形式。新时期国有企业党的政治监督，以坚持党的领导为根本要求，以全面从严治党为基本遵循，覆盖企业管理运行的各个关键环节，及时发现和有效整治企业治理中存在的问题，保障和促进国有企业安全健康发展。

2019年以来，中铁十七局党委积极构建政治监督体系，注重政治监督职能发挥，从以下5个方面开展政治监督工作：一是监督企业各级党组织学习贯彻落实习近平总书记重要讲话和指示批示精神、党中央重大决策、国务院国资委党委和中国铁建党委部署要求的相关情况。二是监督所属单位贯彻落实新发展理念、推动高质量发展，严格履行国家法律法规和上级、行业、企业制度规定相关情况。三是监督各级党组织履行全面从严治党主体责任，对新形势下党内政治生活的若干准则、“三重一大”、选人用人、主题教育等制度的执行情况。四是监督各级党政领导班子执行中央“八项规定”及领导干部履职从业规定、作风建设要求等的情况。五是完善事中、事后监督机制，强化纪检监察和巡视巡检工作。

中铁十七局党委紧盯企业经营管理重点环节，依法有序监督权力运行。围绕工程承揽、资金管理、物资采购等重点领域和关键环节，采取有力措施严防权力垄断，实行分工合作、集体决策，避免腐败产生。依规对企业主要负责人、重要岗位人员进行经济责任审计，主要负责人对所管工程项目负终身责任。印发《关键岗位人员管理暂行办法》，对经营计划、投资开发、财务资金、设备物资、经济管理、安全生产、工程技术、组织人事、审计纪检等部门以及掌握企业核心商业秘密的关键岗位人员进行常态化监管。

中铁十七局党委在贯彻落实党中央、上级党委要求的基础上，结合新时代中国特色国有企业治理的要求，进一步扩大政治监督的内涵和范围。党委牵头整合纪检、巡察、审计、法务、财务、风险内控等监督资源，以政治监督为龙头，促进各项监督协调互动、信息互通、资源互补，增强监督治理整体效能。同时，建立健全保障基层党组织政治监督职能履行的制度体系，确保政治监督延伸和覆盖基层一线，聚焦“项目防亏、干部防腐”等主题，紧盯职工群众反映强烈的问题以及选人用人、资金拨付、集中采购等权力运行的关键岗位和关键环节，以政治监督倒逼企业治理体系完善。

5.责任追究

责任追究是党组织参与企业治理的重要方式，是党组织履行政治监督职能的闭环。中铁十七局党委针对各类威胁、危害国有资产安全的管理乱象、腐败现象和不正之风，以无禁区、全覆盖、零容忍的态度追究责任。2019年以来，中铁十七局党委重点围绕重大管理性亏损项目，督促审计部门规范线索移交，领导纪委开展案件查处和执纪问责，做到终审一起、移交一起、追责一起，不仅处理造成亏损的责任人，更进一步倒查选人用人主体责任和职能部门监管责任，构建不敢腐、不能腐、不想腐的体制机制。

中铁十七局党委聚焦管理性亏损项目责任，强化治亏追责，从严查处管理失职、渎职问题。2020年，局、处两级纪委共完成对12个亏损项目的核查，给予追责61人。同时，着力惩治顶风违纪、临建超标、违规担保、私刻公章、违规使用亲属劳务等典型问题，对项目经理、物资设备、计划财务等重要岗位、关键领域违纪行为进行深挖彻查、逐案过筛，重点案件督办取得明显成效。

面对国家监察体制改革、职务犯罪由监委管辖的情况，中铁十七局纪委组织编印《预防职务犯罪工作手册》（简称《工作手册》），对监委管辖的6大类、88项职务犯罪案件罪名中的贪污罪、挪用公款罪、受贿罪、私分国有资产罪，以及签订、履行合同失职被骗罪，重大责任事故罪等13个主要罪名的立案标准、刑罚、表现形式等进行了阐释。《工作手册》发放至所属单位和项目重要岗位人员，并组织开展专项学习。

确保国有资产保值、保障国有出资人权益是国有企业控制权的基本功能，也是国有企业党组织的政治责任。加强党对国有企业的监督和控制，充分发挥国有企业党组织的政治优势、组织优势和纪律优势，进一步将亏损治理、决策监督、风险控制等工作纳入全面从严治党范畴，堵住国有资产流失的漏洞，构建国有企业良好的政治生态，有利于中国特色国有企业治理体系的健全完善，有利于加强党对国有企业的全面领导，有利于国有企业党组织做实工作、创造价值，是提升国有企业治理能力、确保国有资产安全的重要保障。

二、国有企业控制权的发展功能

促进国有资产增值是国有企业控制权的发展功能，也是国有企业治理的基本内容和主要目标。坚持以“高质量发展”为主线，以“新发展理念”为指引，提高经济效益、增强市场竞争力，是国有企业党组织工作的出发点和落脚点。

习近平总书记指出：“要准确把握新发展阶段，深入贯彻新发展理念，加快构建新发展格局，推动‘十四五’时期高质量发展。”新发展理念是以习近平同志为核心的党中央在深刻总结国内外发展经验教训、深入分析国内外发展大势的基础上形成的，是针对我国改革发展中的突出矛盾和问题提出的，是党立足中国特色社会主义进入新时代这一历史新方位作出的战略选择，也是国有企业顺应时代潮流、把握发展机遇、厚植发展优势的思想和行动遵循。全面、完整、准确地贯彻新发展理念，是国有企业党组织参与国有企业治理的根本保证，也是必须完成的重大政治任务。

贯彻新发展理念是国有企业遵循自身经济属性的必然要求，主要体现在以下三个方面：一是为股东（出资人）创造更多投资回报是企业存在的价值和意义。“理直气壮做强做优做大”“促进国有资产保值增值”“加快建设世界一流企业”，本质上是党中央、国务院国资委代表出资人对国有企业提出更高的投资回报要求。国有企业必须贯彻新发展理念，履行“在经济领域为党工作”的重要使命，在实现第二个百年奋斗目标中当先锋、作表率、站排头。二是追求利润是企业作为经济组织的天然使命。党的十九大以来，中国实施区域协调发展、交通强国建设和新型城镇化等重大战略，“一带一路”倡议持续纵深推进，加快构建经济“双循环”格局，为国有企业发展提供了良好的机遇和空间。国有企业要实现做强做优做大，就必须贯彻新发展理念，主动与国家重大战略衔接，抢抓机遇、顺势而为，持续提升发展规模和质量。三是竞争是市场经济的基本特征，也是市场经济条件下企业的基本属性。中国经济发展已经进入后工业化时代，大量行业市场由增量市场向存量市场转变，企业的分化与集中进一步加剧，逐渐形成了“三个世界”的格局：头部企业垄断优势加快形成，人才、资本等优质资源持续集中；中间企业靠持续改进管理提高生产率，保持较快增长；底层企业在“红海”中挣扎求存，实质上沦为“包工队”。为在日益激烈的市场竞争中赢得生存和发展的机会，国有企业必须贯彻新发展理念，加快提升核心竞争力，培育差异化竞争的比较优势。

2019年以来，中铁十七局党委坚持以新发展理念统领企业改革发展和全面建设各项工作，围绕“实事求是、守正创新、行稳致远”的工作方针，遵循中国铁建打造“品质铁建”的战略部署，着力推动战略创新、理念创新、管理创新、措施创新，创造了一系列国有大型建筑企业贯彻新发展理念、推动高质量发展的工作实践。

1.“品质铁建”十七局方案

2019年以来，中铁十七局党委以中国铁建打造“品质铁建”整体战略为指引，制定实施了“品质铁建”十七局方案。从“实力更强、效益更好、生态更美”三个角度阐释了国有大型建筑企业高质量发展的内涵：实力更强，就是要发展的“高质量”，竞争要从拼价格、拼数量的“红海战略”向比优势、比品牌的“蓝海战略”转型，增长要从要素驱动向投资驱动、创新驱动的价值链高端转型，发展要从国内工程承包商向国际化建筑产业集团转型，治理要从经验主义、人治思维的粗放式管理向制度管人、流程管事的标准化管理转型，提高综合实力和市场竞争力。效益更好，就是要经济的“高质量”，以有质量的订单保障盈利水平，以有质量的管理实现创效目标，以生产要素的效率最大化降低成本、扩大利润空间，切实提高企业资产质量和经济指标。生态更美，就是要党建的“高质量”，树立价值引领、业绩至上的价值导向，塑造改革创新、真抓实干的文化氛围，建设以人为本、以企为家的人文家园，打造高素质的干部人才梯队，不断满足职工群众对美好生活的向往。

2.“四步走”规划目标

2021年1月，中铁十七局年度工作会议提出“一年夯实基础、两年巩固提高、三年全面发展、五年赶超先进”的“十四五”规划目标，参照系统和行业不同发展阶段、不同发展水平的企业，在经济指标和发展质量上设定了4个量级的赶超对象。一年夯实基础，就是2021年实现新签合同、营业收入等主要指标进入系统第二梯队上游，所属公司整体脱困；

两年巩固提高，就是2022年实现新签合同、营业收入等主要指标进入系统第一梯队，1～2家所属公司跻身系统一流；三年跨越发展，就是2023年实现新签合同、营业收入等主要指标进入系统前列，50%以上所属公司跻身系统一流；五年赶超先进，就是2025年实现新签合同、营业收入等主要指标稳居系统前列，达到行业领先企业平均水平，部分所属公司跻身行业一流。为企业高质量发展制定了科学合理的阶梯型、渐进式目标。

3."24字"高质量发展战略

2021年7月在中国井冈山干部学院管理干部培训班上，中铁十七局党委书记、董事长陈宏伟提出"向北巩固、向南发展；优化中间、拓展两端"的发展战略，要求集中资源拓展东南沿海省份、成渝地区等潜力市场，将西部、北方等属地和传统优势区域做成支撑企业发展的基本盘、根据地；要求集团公司通过向产业价值链高端转型提高价值创造能力，工程公司进一步提升工程承包业务的创效能力和竞争优势。在集团公司2021年四季度生产经营工作会上，陈宏伟董事长围绕加快发展、赶超先进的目标，又提出了"提升存量、创新增量"的发展战略，即：持续改善综合工程公司经济质量，推动生产经营各项工作向上提升、向好发展；在新项目、新单位、新市场直接对标一流企业，向市场先进水平看齐，加快实现赶超目标。2022年元月，"向北巩固、向南发展；优化中间、拓展两端；提升存量、创新增量"的"24字"战略正式写入企业"十四五"规划，成为指导中铁十七局"十四五"高质量发展的总体战略。

4."四种精神"价值标尺

2021年12月29日，中铁十七局第四次党代会提出，大力弘扬"四种精神"，将其作为企业鉴别、选拔、任用和评价干部的价值标尺。"四种精神"即：一讲"精气神"，有敢打敢拼，嗷嗷叫、向前冲的亮剑精神，勇于拼搏、敢于竞争，在迎接挑战、超越自我中实现价值。

二讲“责任心”，有守土尽责，讲担当、没借口的忠诚精神，始终对党忠诚、对企业尽职、对职工负责，不等不靠、善作善成。三讲“执行力”，有令行禁止，干实事、重结果的实干精神，践行“价值创造”的企业价值观，将上级决策部署转化为落实有力、结果做盈的工作成效。四讲“专业性”，有干事成事，有本领、具匠心的专业精神，以高品质的产品和服务展示中铁十七局的实力和品质。

5.“三新”管理理念

2019年1月23日，中铁十七局年度工作会议提出，坚持“三新”管理理念，促进管理升级。即：一是以新理念破除工期依赖型管理，重新认识建筑产品成本管理中的“时间”因素，坚持工期“以我为主”，从企业利益最大化的角度科学合理优化和缩短工期，减少时间成本，为客户创造有效价值。二是以新标准破除质量依托型管理，重新认识所提供产品的责任范畴，将质量管理上升到产品品质管理，建立规范的施工生产管理体系及流程，实现在不同地域、不同领域、不同项目中质量始终如一的“制式标准”。三是以新方法破除效益等待型管理，改变“成本加成”的定价理念，将效益策划和成本控制贯穿项目全生命周期，做好新上项目成本预控、在建项目成本节支、收尾项目成本锁定，通过对工期、质量、效益等不确定性的有效控制和消除，进一步实现企业盈利能力的有效提升。

6.项目专项治理

2019年以来，中铁十七局党委以捍卫国有资产安全、促进国有资产保值增值为目标，在全集团启动项目治理专项活动，围绕企业历史项目存在的风险资产问题，开展“治乱追损、项目减亏、计价清理、清欠清收、五项锁定”等系列活动。工作覆盖全集团300多个项目，追回及减少损失数十亿元，严肃查处惩治了项目违规计价支付的顽疾，有力促进了项目管理水平的提高，实现了国有企业经济质量和政治生态的同步改善。同时，针对专项治理中发现的问题，安排部署“提升经济质量20项专项工作”，加大对计价支付、地材加工、设备租赁、材料超耗、大额消缺费用等亏损易发多发环节的监督检查，在“查找问题⟷健全制度⟷查找问题”的循环中，推动了企业管理的螺旋式上升。

7.“三项制度”改革

2019—2020年，中铁十七局党委在中国铁建系统率先启动“三项制度”改革，将两级机关及附属机构1918人压减至1151人，292个部门压减至204个，管理费用显著压降，从根本上消除了长期以来机构臃肿、人浮于事的体制弊端。对国际公司、管廊公司、房地产公司、抢险救援队等小单位进行资源整合，调动各单位自力更生、主动发展的内生动力。重塑企业绩效考核体系，突出盈亏、增量、责任、效率等关键指标，实行工资总额与产值挂钩、绩效激励与业绩挂钩的分配机制，加大对经营功臣、创效项目经理和优秀管理者的激励力度，使“创效光荣、亏损可耻”成为全员干事创业的新风尚。

以新发展理念为指引，中铁十七局经济指标和全面建设取得了新的业绩，2019年以来，企业经营承揽连续三年刷新历史纪录，房建、市政、城轨等新板块占比超过60%。2018年以前存在重大风险的项目基本出清，486个项目按期优质交付；新获詹天佑奖5项、国优工程18项、省部级以上优质工程54项，公路信用评价在10多个省份保持AA级，水利信用评价保持AAA级；新获国家科技进步二等奖1项、省部级以上科技进步奖36项，企业技术实力持续增强，在中国铁建子公司绩效考核中的得分创历史新高。

中铁十七局党委在《以党的建设推动企业高质量发展》课题研究中，对践行新发展理念的经验和启示进行了总结，具体内容摘录如下。

第一，担当政治使命。党的领导是中国特色社会主义的重要特征，国有企业作为党执政兴国的重要物质基础和政治基础，必须贯彻落实党中央的决策部署，将新发展理念作为企业制定战略、布局市场、实施管理、建设队伍、塑造文化的根本依据和遵循，做到中央有要求、国企有行动、落实见成效。实践证明，坚定不移与以习近平同志为核心的党中央保持高度一致，与党和国家同心同向而行，以新发展理念指导和推动企业生产经营、改革发展和党的建设各项工作，是国有企业实现可持续、高质量发展的必由之路。国有企业要深入贯彻落实习近平新时代中国特色社会主义思想，坚决拥护"两个确立"，做到"两个维护"，树牢"四个意识"，增强"四个自信"，成为党执政兴国的"六种力量"。

第二，融入国家战略。国有企业是人民所有的企业，服务于社会发展和人民福祉是天然使命，也是最重要的价值体现。从京津冀协同发展、长江经济带、粤港澳大湾区建设，到新型城镇化、环保治理、清洁能源，再到抗击疫情、脱贫攻坚、抢险救灾，都是国有企业彰显作为、创造价值的主战场。实践证明，国有企业只有紧跟国家重大战略部署，履行"国之大者"的政治使命，找准"经济建设国家队"的发展定位，才能够获得经久不衰的发展动能，在实现伟大复兴中国梦的征程中实现自身的可持续、高质量发展。

第三，坚持创新驱动。习近平总书记指出，创新是企业的动力之源。中国经济发展的逻辑已经从要素驱动、投资驱动转向创新驱动，新的增量价值必须要靠新思路、新模式、新技术、新产品、新服务来获取，创新是决定国有企业在未来的国内乃至全球市场竞争中处于什么价值层次、是走上升之路还是走沉沦之路的关键因素，也是企业价值创造能力和市场竞争力的根源。为此，国有企业必须深化供给侧结构性改革，按照"三个有利于"要求推进体制机制改革，以踏石留印、抓铁有痕的决心，革除制约企业高质量发展的制度障碍和管理弊端，扎实推进质量变革、效率变革、动力变革，以全面创新为企业发展注入强大的生机和活力。

第四，坚持统筹协调。习近平总书记指出，协调既是发展手段又是发展目标，同时还是评价发展的标准和尺度。国有企业经营管理是一个复杂的系统性工程，在高质量发展的形势任务下，正确、积极、稳妥地处理好传统市场与新兴市场的关系、深化改革与维护稳定的关系、优化存量与提升增量的关系、抢抓机遇与防控风险的关系等，兼顾全局与局部、当前与长远、重点与一般，是国有企业亟待解决的重要问题。立足新发展阶段，国有企业要坚持运用“协调”的发展理念推动高质量发展各项工作，统筹推进改革措施、优化生产要素组合、持续扩大职工福祉，进一步提高资源配置效率和劳动生产率，有效对冲和化解市场洗牌、行业变革、动能转换带来的一系列挑战，实现发展的行稳致远。

第五，坚持开放共享。“开放”“共享”是新发展理念的重要内涵，也是国有企业可持续、高质量发展的根本保证。现代企业竞争的本质是供应链的竞争，企业实力是其供应链上所有成员的实力之和，在社会化分工体系下，任何企业都不可能靠单打独斗获得长远发展。以开放姿态促进合作、以共享理念巩固合作，是国有企业推进高质量发展必须遵循的原则。为此，国有企业要在市场竞争与合作中主动担当产业链“链长”责任，加强上下游产业协同，构建融合畅通、稳固高效的自有供应链和产业生态体系，以良好的利益分配回馈合作伙伴，打造优势互补、合作互利的商业联盟，构筑起共建、共享、共生、共赢的命运共同体。

三、国有企业控制权的衍生功能

中国国有企业的控制权功能，除了实现国有资产保值增值外，还具有其特殊的一些衍生功能，包括但不限于：落实国家战略、提供社会公共服务、培育市场经济体制、促进人员稳岗就业、保障国民经济健康发展、应对重大突发事件等，这些衍生功能总体上被称为国有企业的社会责任。因此，国有企业在事实上成为政府参与经济和社会管理、实施政策性调控的有力手段。

国有企业社会责任的履行与企业控制权的稳定和发展有着重要关系。从国有企业的经济属性来看，随着现代企业的发展，人们对企业目标的关注逐步由实现“企业股东利益最大化”转向实现“企业价值最大化”。由于企业本身由各种利益相关者通过契约关系联结而成，包括股东、管理层、职工、债权人、供应商、消费者、政府等一切可以从公司运营中获利的主体，公司治理的目标应当满足多方利益相关者的不同需求。从企业治理环境和实践的角度来看，履行社会责任可以获得声誉、信誉、人脉等社会资本，并转变为市场竞争优势，从而保持企业控制权的稳定与发展。

从国有企业的非经济属性来看，中国国有企业全民所有制的性质，决定了其以实现社会主义生产为目的，以实现国家战略和维护社会整体利益为目标的基本属性。这一政治属性的存在，导致国有企业在中国扮演的是“双重身份”：一方面作为独立的经济个体，在市场经济中运行；另一方面作为全体国民所有，承载着实现全体国民控制权的目标，这就决定了国有企业控制权具有公共性和营利性的双重属性。因此，国有企业既要提高生产经营能力，实现自身的利润目标，创造更多经济财富，也要尽可能地为公众利益服务，体现其社会公共性的一面。通过加强党对国有企业的领导，强化国有企业控制权的衍生功能，使国有企业充分体现党的意志，维护国家和人民的利益。

自2008年国务院国资委发布《关于中央企业履行社会责任的指导意见》以来，以中央企业为代表的国有企业，在建立完善社会责任履行体系上进行了大量探索实践。2019年，国务院国资委综合局调整为“科技创新和社会责任局”。2022年，国务院国资委进一步将社会责任局单设，并从“碳达峰碳中和‘双碳’工作”“安全环保”“乡村振兴和援藏援疆援青”“质量管理和品牌建设”“社会责任体系构建”等方面设置专职机构、制定专项政策、出台指导意见，标志着中央企业社会责任建设工作迈上了新台阶。

中铁十七局党委积极履行中央企业的社会责任，发挥国有企业在新时代“三大攻坚战”（防范化解重大风险、精准脱贫、污染防治）中的主力军和先锋队作用，保障国家“六稳六保”政策（稳就业、稳金融、稳外贸、稳外资、稳投资、稳预期，保居民就业、保基本民生、保市场主体、保粮食能源安全、保产业链供应链稳定、保基层运转）落实落地，积极投身疫情防控和抢险救灾，广泛开展精神文明建设和志愿服务，为推动经济社会和谐健康发展作出了应有的贡献。

1.建立健全社会责任体系

中铁十七局将社会责任理念和要求融入企业发展战略和日常经营管理，构建起与企业改革发展目标相一致的社会责任工作体系。

中铁十七局制定完善劳动保护、职业安全和职业健康、环境保护、社会公益、慈善、扶贫等社会责任制度体系，将履行社会责任纳入各级业绩考核评价，每年定期听取所属单位社会责任履行情况，并向上级递交社会责任履行情况报告，内容涵盖重点工程建设、响应国家战略、科技创新成果、社会责任采购、安全质量管理、精准扶贫、捐资助学、志愿活动、社区共建、职业健康、权益维护、抢险救灾、节能减排、环境保护等21个大项，通过捐助、援建、派遣扶贫队等各种方式，实现对社会责任的精准有效履行。同时，中铁十七局将履行社会责任作为企业“价值文化”的重要组成部分，在实践中不断发展“强企报国”的优良文化，实现履行社会责任与塑造品牌形象的同步推进。

2.践行国家战略

中铁十七局围绕国家"十四五"规划中提出的"以国内大循环为主体、国际国内双循环相互促进"以及区域协调发展、核心城市群建设、新型城镇化等战略，主动调整市场布局和产业结构，实现践行国家战略与推动企业高质量发展的相统一，取得良好成效。

中铁十七局加强对粤港澳大湾区、长江经济带等国家经济发展重点地区的战略性布局，加强华南、东南等区域指挥部力量配置，在南京、深圳、广州等地新设立子公司，成立了港澳部和北京市场开发部，统筹协调全集团资源对接服务国家战略。在新冠肺炎疫情多点散发、社会经济下行压力加大的考验下，2019年至2021年，企业经营承揽实现翻番，广东、江苏、四川等地新签合同额平均增长超过3倍。

中铁十七局响应国家"一带一路"倡议，优化海外市场布局，集中资源和精力打造核心国别市场，形成品牌、持续发展。同时，与大型窗口企业和外经单位打造利益共同体，强化协同经营，推进自主经营，实现海外结构与布局、规模与效益同步提升。2019年以来，企业在19个国家在建及新中标工程30项，阿尔及利亚、埃塞俄比亚、安哥拉、巴基斯坦、印度尼西亚等核心国别市场持续稳健发展。

3.投身脱贫攻坚

中铁十七局党委响应党中央号召，积极投身脱贫攻坚战，在做好产业扶贫、就业扶贫、消费扶贫等工作的同时，选派8名干部分别前往青海果洛藏族自治州甘德县江千乡协隆村，山西省汾西县勍香镇勍香村、佃坪村等地，扎根基层一线推动精准扶贫落地。

中铁十七局深入发掘高原特色产业，在青海省甘德县江千乡规划建设了近千亩现代化畜牧基地，引进现代化畜牧企业，实行"牧户+合作社+企业”的新型畜牧业模式。通过产业扶贫，实现牧民保增收、保就业“双收益”。在甘德县协隆村援建的万亩饲草种植基地、扶贫产业园区及现代农牧业循环示范园等，为当地藏族同胞提供了可持续的长期收益，年人均增收超万元。投资建设的甘德县青少年活动中心，以及发起成立的“铁建爱心助学基金”等，让数十户贫困家庭适龄儿童圆了上学梦，实现了教育扶贫的目标。

在山西省临汾市汾西县勍香村、佃坪村，中铁十七局成立扶贫开发工作领导小组，帮扶当地成立的香菇产业基地实现年营业收入24万元。同时，企业帮扶村内修缮基础设施，扩大核桃种植、生猪养殖产业，建设沼气系统等，显著改善了当地的人居环境，受到了村民的广泛好评。

中铁十七局积极推进就业扶贫工作，阿里地区改则县至察布乡公路改建项目将工程攻坚与扶贫工作互促互融，通过优先租用当地藏族同胞的机械、招收当地贫困藏族同胞务工等措施，增加藏族同胞收入，带动地方建设与经济发展。大瑞项目提出“一年‘走出去’，三年掌握一套先进技术”的口号，为当地“被扶贫工班”量身打造脱贫致富方案，根据实际情况对村民进行技术扶贫，传输先进技术和理念，提高村民的职业技能，实现贫困人口的可持续脱贫，营造了和谐的路地关系。

5年来，中铁十七局先后投入2000余万元，广泛开展产业扶贫、消费扶贫、教育扶贫。2019年，中铁十七局对口帮扶的3个贫困村相继脱贫摘帽，村民人均年收入从不足2000元增长至超过万元。中铁十七局青年干部、协隆村驻村扶贫书记刘印洲获评“全国脱贫攻坚先进个人”。

4.建功“双碳行动”

中铁十七局高度重视履行环境保护的社会责任，落实碳中和、碳达峰“双碳行动”要求。从集团公司本级到子分公司及工程项目，建立自上而下的节能环保组织管理体系，指定专（兼）职人员负责相关工作。

同时，中铁十七局将各单位及项目节能减排和环境保护管理成效纳入绩效考核，对环保工作实行“一票否决制”，确保工程项目严格遵守《中华人民共和国环境保护法》等法律法规及当地政策规定，从工程上场即组织进行环境因素识别，编制环境因素清单，制定影响环境因素的管理方案，对施工过程中可能出现的植被破坏、水土流失和扬尘、泥浆、噪声、固体废弃物污染等及时采取相应措施。“十三五”期间，企业万元营业收入综合能耗比同比降低16%。

中铁十七局济莱高铁项目强化扬尘污染预防和整治力度，对施工现场（隧道洞口、临时弃渣场、桥梁下方桥位复垦、路基边坡和本体等）的所有裸土，均采用密目绿网进行覆盖；同时加强施工中的洒水降尘、土方车辆封闭运输、临时道路硬化等工作，有效控制了扬尘污染。

中铁十七局天庄高速公路项目加强施工危废品管理，建立危废品存储仓库，严格落实危废品管理规定，及时对施工现场易产生污染的废旧油桶、速凝剂桶、减水剂桶等进行收集归库，并与地方危废品收集单位签订协议，进行定期清理，防范危废品环境污染风险。

中铁十七局运三高速公路项目混凝土拌合站全部采用国五排放标准罐车，拌合站罐顶均安装除尘设施；冬期施工时，全部采用燃油暖风机供风保暖，禁用火炉等烧煤设施，减少二氧化碳和二氧化硫的排放，减少大气污染。

中铁十七局桐新高速公路项目根据当地自然生态环境特点，提出“四节、一环保”理念，充分利用隧道洞渣进行路基填筑，不仅降低了取弃土场用地对环境造成的破坏，同时保证了路基填料质量，达到了节能环保的良好效果。

中铁十七局厦门第二东通道项目在生活区、办公区及施工管养路段推广照明节能技术，布置了LED泛光灯（70瓦）替代高压钠灯（250

瓦），平均每月节约用电6700度，有效降低成本、节约能源，实现绿色清洁施工。

5.吸纳就业和权益维护

中铁十七局积极做好“稳就业、促发展”工作，发挥建筑业用工规模优势，广泛吸纳各类社会劳动力。同时，建立职工薪酬、社保、培训、教育等权益维护的相关机制，为缓解就业压力、保障和谐稳定作出积极贡献。

2020年，中铁十七局共接收来自全国75所高校的应届毕业生713人；通过现场招聘、网络招聘等形式，新接收劳务派遣员工、人事代理员工300余人，累计提供工作岗位超过1000个，季度平均带动农民工就业人数超过6万人，为残疾人提供就业机会110余个。

中铁十七局党委贯彻落实《劳动合同法》《工会法》等法律法规，与职工签订劳动合同，基本实现“五险两金”全覆盖。认真抓好职业健康防护，建立了由党政领导主抓、相关职能部门指导监督、工程项目组织实施、作业层面具体操作的职业健康机制，全集团在建工程项目降噪除尘、有害物处理、劳动防护等经费投入超亿元。企业广泛开展职业病防治法和职业健康知识普及活动，利用网上平台开辟职业健康专栏，提高了广大从业人员自我防护的意识和能力。企业每年组织全体职工、农民工进行健康体检并建立健康档案，尤其是对从事接触职业病危害因素作业的人员，进行上岗前、在岗期间、离岗时的职业健康专项体检。全集团职工体检覆盖率达到100%，建档覆盖率达到100%。

6.参与疫情防控和抢险救灾

新冠肺炎疫情暴发以来，中铁十七局党委响应习近平总书记号召，积极参与和全力打赢疫情防控阻击战，守护人民群众和职工生命健康安全。

2020年初，新冠肺炎疫情暴发，中铁十七局党委在第一时间组织动员所属中心医院160余名医护人员踊跃请战，其中8人驰援武汉方舱医院、太原第四人民医院抗疫一线，22人远赴尼日利亚驰援中国铁建海外防疫工作。中心医院获评“中国铁建抗疫先进集体”，白小芳同志荣获“中央企业抗疫先进个人”，22名同志分获省、市抗疫工作表彰。

2022年，新冠肺炎疫情再次出现局部暴发，中铁十七局快速反应、迅速行动，集团中心医院派出上百名医护人员奔赴周边社区、村镇等地的14个采样点，完成了4万余名居民的核酸采样及检测；派出6名医护人员组成医疗队前往长春，配合当地方舱医院开展工作，协助制订疫情管理手册，完善疫情防控措施。企业所属单位及项目组织施工人员，赴长春、无锡等地协助建设方舱医院，赴泉州、晋江等地建设临时隔离点，施工人员留驻当地协助社区开展防疫巡逻、宣传等工作。广大职工积极参与志愿者活动，协助社区完成核酸检测、信息采集、道路管控、搬运防疫物资等工作。

面对洪涝、塌方等重大自然灾害，中铁十七局依托所属国家级救援队，主动请缨、勇挑重担，第一时间奔赴前线开展救援工作。同时，基于分布在全国各地的工程项目，及时统筹调度设备及人员赶赴险情一线展开救援工作，有效保障了人民群众的生命财产安全。

2020年6月，受连续暴雨影响，鹰厦线大洲至上游区间发生多处塌方断道和接触网断线塌网。中铁十七局兴泉项目出动120余人，紧急奔赴山体滑坡地区抢修线路，用时24小时48分钟，至6月13日胜利完成抢修任务。

2020年8月，受持续罕见暴雨袭击，甘肃陇南文县境内基础设施严重受损，文县通往武都、碧口和九寨沟三个方向的道路因泥石流、山体滑坡和洪水过境全部中断。中铁十七局武九项目派出65人、11台机械设备参与救援。经持续两周时间的不间断作战，国道、省道实现全部打通，当地交通恢复正常运输秩序，地方政府和业主给予高度赞扬。

2020年8月，山西省内南同蒲、侯月等铁路先后出现险情，中铁十七局组织抢险救援队及五公司太焦、侯马和运三项目，建筑公司晋城项目等的设备和人员，历经数个日夜的持续抢险，圆满完成了救援任务，确保了铁路及时恢复通车。

2021年7月，河南新乡突发重大洪涝灾害，根据国家安全生产应急救援中心指令，中铁十七局抢险救援队紧急出动驰援受灾地区，成为第一支抵达集结点的队伍。救援队历时14天，转战4个救援点，连续抽排作业180小时，清除积水18.7万立方米，圆满完成了各项救援任务，共收到当地政府及群众赠予的锦旗、感谢信和荣誉证书10余件。

第三节　国有企业控制权实现的中铁十七局实践

一、党组织与公司治理结构的融合与嵌入

在中国特色国有企业中，党对国有企业的领导最直接的体现就是在决定、参与和影响企业重大决策上。国有企业党组织依照规定讨论和决定企业重大事项，发挥“把方向、管大局、促落实”作用，体现了党组织代表党和国家对国有企业发展方向的控制。因此，参与企业重大事项决策是国有企业党组织的一项主要职责，这是党对国有企业全面领导的必然要求，也是实现党对国有企业领导的重要途径。

《中共中央关于进一步加强和改进国有企业党的建设工作的通知》中规定：“国有企业党组织参与决策的重大问题，主要有经营方针、发展规划、年度计划和重大技术改造、技术引进方案；财务预决算、资产重组和资本运作中的重大问题；中层以上管理人员的选拔使用和奖惩；

企业的重要改革方案和重要管理制度的制定、修改；涉及广大职工切身利益的重要问题。”以上内容涵盖国有企业生产经营、改革发展、资金运作、内控管理、干部人事等各个关键环节，是党组织参与企业治理的体现，这些权责规定和保障了党组织成为国有企业改革发展稳定的压舱石。

1.党组织议事规则

中国国有企业公司治理结构一般由“四会一层”（党委会、股东会、董事会、监事会、经理层）构成，党委会和董事会、监事会、经理层同属公司治理结构的主体。因此，党委会应当根据法律和企业章程规定，直接履行相应的公司治理职责。国有企业党组织直接承担公司治理部分职权，直接面向公司治理发挥作用，主要形式是依照规定讨论和决定企业重大事项，把好政治方向、改革方向、发展方向，使党的理论和路线方针政策在国有企业得到贯彻执行，这种控制和影响更加直接和深入。

中共中铁十七局集团公司委员会全体会议（简称全会）及常务委员会（简称常委会），是中铁十七局党委参与企业治理的主要形式。党委依据相关制度办法，主要对涉及贯彻执行党的路线方针政策、党和国家的法律法规、上级决定的重大举措，以及企业党的建设工作、重要人事任免、重要机构设置、职工切身利益等重大事项进行决策，并交由董事会、经理层等相关治理主体按程序办理。

《中国共产党中铁十七局集团有限公司委员会议事规则》，规定了党委直接研究决定的事项范围，具体内容摘录如下。

全会研究决定的公司重大问题：贯彻执行党的路线、方针、政策的重大举措；党的建设、思想政治工作、意识形态工作、精神文明建设、企业文化建设的重大问题；加强领导班子建设的重大问题；党风建设和反腐倡廉工作的重大问题；听取和审议党委常委会工作报告；其他应由党委全会讨论决定的重大问题。

常委会研究决定下列重大问题：贯彻执行党的路线、方针、政策和上级党组织决议、决策部署的主要措施；党的政治建设、思想建设、组织建设、作风建设、纪律建设的重要问题；党的建设年度工作计划和重点工作任务；党的建设的制度、规定及办法的制定和修订；党风建设、纪检监察和反腐倡廉工作中的重要问题；集团公司本级干部、各子（分）公司及直属单位领导班子成员及非领导职务人员的任免、奖惩；后备干部队伍建设；加强领导人员、经营管理人员、专业技术人员、党群工作人员、技能人员等人才队伍建设的规划、计划和重要措施；思想政治工作、意识形态工作、精神文明建设、统一战线工作、企业文化建设、网络安全工作、信访稳定工作、保密工作、扶贫工作的重要问题；涉及公司和职工队伍稳定的重要问题；党群系统机构设置和编制定员；党内先进典型的评选、表彰和奖励；向股份公司党委等推荐的表彰单位和人选；对违纪违规和重大决策失误等行为的责任追究和纪律处分问题；工会、共青团工作中的重要问题；其他应由常委会讨论决定的重大事项。

2.参与“三重一大”决策

“三重一大”集体决策制度，是国有企业党组织实现权力制衡和有效监督的重要路径。党领导下的“三重一大”集体决策，主要是为了避免因权力过于集中到某个管理者身上，而引发机会主义行为，规避个别管理者的非理性决策，提高企业重大事项论证的科学性，提高决策质量，维护企业利益。

2010年，中共中央、国务院印发《关于进一步推进国有企业贯彻落实“三重一大”决策制度的意见》（简称《意见》）提出，凡属重大决策、重要人事任免、重大项目安排和大额度资金运作（简称“三重一大”）事项，必须由国有企业领导班子集体作出决定。《意见》同时明确，国有企业党委（党组）、董事会、未设董事会的经理班子应当以会议形式，对职责权限内的“三重一大”事项作出集体决策；董事会、未设董事会的经理班子研究“三重一大”事项时应事先与党委（党组）沟通，听取党委（党组）的意见。进入董事会、未设董事会的经理班子的党委（党组）成员，应当贯彻党组织的意见或决定。

中铁十七局党委贯彻落实党中央、上级党委政策要求，先后制定下发了《工程项目贯彻落实“三重一大”制度实施办法》《进一步贯彻落实“三重一大”决策制度实施细则》等文件，并于2019年、2021年两次修订相关制度，对照加强党对国有企业的全面领导和新时期党的建设总要求，进一步细化“三重一大”决策事项清单，明确了重大事项经党委前置研究讨论后，交由董事会、经理层作出决定的工作流程。

中铁十七局《规范落实“三重一大”决策制度实施细则》（简称《细则》）详细规定了企业重大决策事项、重要人事任免事项、重大项目安排事项、大额度资金运作事项等四个大项下的40个小项、62个子项，以及决策会议、决策程序和决策顺序。重大决策方面，包括贯彻执行党和国家决策部署的重大措施、运营管理重大决策、党的建设重大决策、安全稳定重大决策等。重要人事任免事项方面，包括高管人员聘任与解聘、集团本级干部管理、下属企业和单位人员管理、控股和参股企业人员管理等。重大项目安排事项方面，包括年度投资计划、融资和担保业务、重要设备和技术引进、采购大宗物资和购买服务、重大工程建设项目等。大额度资金运作事项方面，包括年度预算内大额度资金支付和使用、超预算的资金支付和使用、对外大额捐赠和赞助等。

《细则》规定，“三重一大”事项应由集团公司党委全会（常委会）、总经理办公会、董事会等治理主体，以会议形式进行集体决策，不得由个人或少数人作出决策，也不能以个别征求意见形式作出决策。“三重一大”事项提交会议集体决策前，方案应“先报党政主要领导共同审定”。

中铁十七局在所属子分公司均建立了规范完善的“三重一大”决策实施制度，规范了党委会、董事会、经理层的决策界面和决策程序。同时，中铁十七局推广运用“三重一大”决策和运行监管系统，实现集团总部、子分公司“三重一大”决策信息的实时上传和在线监控，层层落实党组织前置研究讨论程序，确保党的领导融入各层级的公司治理。

中铁十七局党委建立考核评价体系，通过年度党建工作责任制考评，对基层落实党组织前置研究讨论程序的情况进行考核，并纳入“大监督”体系，确保党的领导作用有效发挥。从顶层设计上厘清了公司治理主体的权责边界，从运行机制上充分保障了党的领导、党组织的意志在企业重大决策中得到充分体现，确保了党对国有企业的全面领导。

3.党组织决策前置程序

国有企业党组织在企业重大事项决策前履行前置讨论程序，既能够保障党组织参与企业治理的权力，又能够充分有序地发挥董事会的决策作用、监事会的监督作用、经理层的经营管理作用。

2016年全国国有企业党的建设工作会议提出：“明确党组织研究讨论是董事会、经理层决策重大问题的前置程序，重大经营管理事项必须经党组织研究讨论后，再由董事会和经理层作出决定。”随后，中共中央组织部、国务院国资委党委《关于印发〈贯彻落实全国国有企业党的建设工作会议精神重点任务〉的通知》中，正式将“讨论前置”确立为所有国有企业都必须采用的决策机制。

中铁十七局党委认真履行党组织讨论决策前置程序，在“三重一大”决策制度的基础上，对党委会、董事会、监事会、总经理办公会等治理主体的议事规则进行了修订完善，使党委参与企业重大问题决策有章可循、有法可依，确保各治理主体在党的领导下，实现协同配合、高效运转。

中铁十七局《规范落实“三重一大”决策制度实施细则》明确，“党委会研究决定党群工作重要问题、重要人事任免，对企业生产经营重大决策事项提出意见建议。凡涉及党委参与企业生产经营重大问题决策的内容，要把党委会研究作为前置程序，先召开党委全会或常委会，党委以集体讨论形成的决议或决定，向董事会、经理层提出对集团公司重大问题决策和生产经营管理中重大问题的意见和建议，并通过依法进入集团公司董事会、监事会和经理层的党委成员，将党委的意见、建议体现到董事会、监事会和经理层的决策中去”。

中铁十七局党委在《中国共产党中铁十七局集团有限公司委员会议事规则》中，明确了党委参与重大问题决策前置研究讨论的途径和方式，具体内容摘录如下。

1.前置研究讨论。按照党组织决策前置程序，公司党委对拟提交董事会或经理层决策的重大经营管理问题，须经党组织主要领导议事小组会议充分酝酿后，公司党委召开全会或常委会进行研究讨论，形成意见建议后，再提交董事会或经理层审议；党委认为另有需要董事会、经理层决策的重大问题，可向董事会、经理层提出。

2.提出意见建议。充分发扬民主，在达成共识的基础上，就有关决策事项作出决定，然后向董事会、经理层提出建议。

3.进行会前沟通。党委书记、董事长、总经理在重大问题决策前，就党委的有关意见和建议与董事会、经理层其他成员进行充分的沟通和磋商；董事会、经理层需要向党委通报或征求意见的重大事项，分别由董事长、总经理负责。

4.表达党委意见。进入董事会、经理层的党委常委、委员和党员要落实党委决定，按照党委决定在董事会、总经理办公会上发表意见，体现党委意图，并将决策情况及时向党委报告。

5.保证监督决策。进入董事会、经理层的党委常委、委员和党员发现拟作出的决策不符合党的路线方针政策和国家法律法规，或可能损害国家、社会公众利益和企业、职工的合法权益时，要提出撤销或缓议该决策事项的意见，会后及时向党委报告，通过常委会或全会形成明确意见后并向董事会、经理层反映。如得不到纠正，要及时向上级党组织反映。

根据上述制度规定，中铁十七局党委履行决策前置程序，遵循“把全局、议大事、抓重点”的原则，围绕企业重大战略、重要规章制度、重要人事任免、重点改革事项、重大项目安排、大额资金使用、大额资产处置、考核奖惩兑现等事项，把好政治关、政策关、程序关，重点把控决策事项是否符合党的路线方针政策，是否契合党和国家的战略部署，是否有利于提高企业效益、增强竞争实力、实现国有资产保值增值，是否维护社会公众利益和职工合法权益等，然后按照法定程序提交董事会、经理层决策。

4.重大决策事项监督

国有企业党组织直接参与企业治理的另一个方面，是对其他治理主体决策事项的监督。具体体现在，监督董事会、经理层依法经营，对涉及科学决策、依法治企、廉洁从业、维护公众和职工利益等事项进行监督。对于董事会拟审议的重大事项或拟作出的决策，不符合党的政策和法律法规或可能损害国家、企业、职工合法权益时，企业党组织应及时提出明确意见，得不到纠正时要向上级报告。

中铁十七局党委在企业决策实施过程中发挥监督作用，发现重大决策不符合党和国家方针政策、法律法规及可能损害企业利益时，及时提出纠正意见。主要程序是：对于属于党组织监督范围内的事项，根据监督检查情况出具相关决议或意见，具体程序按照党章及党内法规相关要求履行。同时，通过建立“巡察专员”“大监督”等机制，确保决策在执行层面的有效实施。

在中国特色国有企业治理体系下，党组织对企业重大事项作出决策、参与决策或监督决策，从事实上构建起了党和国家的政策信息快速、直接进入企业决策程序的通道，确保中国国有企业的发展方向始终与出资人的利益诉求相一致。通过党组织直接参与企业治理，保障国有企业严格按照党的方针路线、顺应国家大势进行决策，推动国有企业落实中央宏观调控各项政策措施，履行党和国家赋予国有企业的政治责任和社会责任，在重大问题上和突发事件中自觉服从和维护国家利益，将生产经营行为从单纯追求利益最大化转为追求经济、社会可持续发展的多目标行为。同时，通过党组织的有效参与，国有企业能够以更开阔的视野、更长远的思维、更完整的信息进行决策，促进企业可持续、高质量发展，使党组织参与的企业决策具有长远的科学效果。

二、“党管干部”“党管人才”的方式与路径

党组织间接参与企业治理，主要体现在对人力资本的影响上。人力资本是企业控制权的重要来源，很大程度影响着企业控制权功能的实现。随着后工业化时代到来，人力资本对企业治理优化和高质量发展的推动作用日趋增加。

人力资本对企业控制权功能实现的影响，可以通过以下几种途径来实现：一是基于人力资本功能的控制权安排。让企业中的管理专家或技术专家等有重大作用的、高度专用的人力资本所有者参与企业重大事项决策，让他们拥有对企业的控制权，即人力资本所有者拥有利用企业资产和企业组织、决定企业经营管理重大事项的权力。这种安排下，人力资本所有者与物质资本所有者一同进入企业经营管理的决策机构。二是基于人力资本激励的企业控制权安排。对拥有企业家才能的经营者给予控制权激励。经营者控制权激励计划是一项通过采取是否授予特定控制权，并且选择对授权者的影响程度来鼓励经营活动的机制安排，是动态调节经营者权力的决定机制，决策内容主要为如何获得控制权、授予谁、授权后如何制约等。这种安排在企业治理中的具体体现方式是公司各治理主体的权力分配及制衡，以及管理层级的设置和安排。

国有企业中的干部作为管理层，是人力资本的重要组成部分，某种意义上可以看作是企业控制权的主体，对企业控制权的稳定和控制权功能的实现具有重大影响。国有企业党组织通过“党管干部”“党管人才（后备干部）”，对干部选拔、使用和履职等全过程进行控制，通过对企业控制权主体——干部的任免监督，实现党组织对企业治理的间接参与。“党管干部”是党在长期革命、建设和改革开放实践中取得的宝贵经验，解决的是“为谁选人”“选什么样的人”的问题。坚持“党管干部”是党的干部工作的根本原则，目的是为党和人民的事业选人，按照党和人民的意愿用人，确保国有企业的控制权始终掌握在忠于党和人民的人手中。

党的十九大报告强调，“坚持党管干部原则，坚持德才兼备、以德为先，坚持五湖四海、任人唯贤，坚持事业为上、公道正派，把好干部标准落到实处”。2016年10月，习近平总书记在全国国有企业党的建设工作会议上指出：国有企业领导人员是党在经济领域的执政骨干，是治国理政复合型人才的重要来源，肩负着经营管理国有资产、实现保值增值的重要责任。国有企业领导人员必须做到对党忠诚、勇于创新、治企有方、兴企有为、清正廉洁。国有企业领导人员要坚定信念、任事担当，牢记自己的第一职责是为党工作，牢固树立政治意识、大局意识、核心意识、看齐意识，把爱党、忧党、兴党、护党落实到经营管理各项工作中去。2021年5月发布的《中国共产党组织工作条例》明确提出，“着力培养忠诚干净担当的高素质干部，着力集聚爱国奉献的各方面优秀人才，充分发挥基层党组织战斗堡垒作用和党员先锋模范作用，为坚持和加强党的全面领导、坚持和发展中国特色社会主义提供坚强组织保证”。

中铁十七局作为国有大型建筑企业，市场布局覆盖除港澳台外的全国各省份及海外20多个国家。截至2021年底，企业共有员工16689人，其中干部10962人、专业技术人才9404人。中铁十七局党委贯彻落实“党管干部”“党管人才”要求，提出“价值引领、业绩至上”的选人用人观，健全完善干部人才管理的制度体系，实现企业干部人才队伍增长有序、结构合理、思想稳定，为企业高质量发展提供了支撑。

1.“价值引领、业绩至上”的选拔原则

中铁十七局党委在确保政治过硬的前提下，坚持将业绩作为选拔干部人才的第一标准，制定出台《关于坚持“三个优先”激励领导人员干事创业的实施意见》《关于推进工程公司领导人员能上能下的暂行规定》等制度，对在企业改革发展中坚决贯彻落实党中央、上级党委和企业决策部署，主动到困难单位任职及在急难险重任务中挺身而出、作出突出贡献的干部，予以职务晋升、评先推优、绩效评价、薪酬待遇等方面的政策倾斜，切实让想干事、能干事、干成事、干好事的干部“政治上有提升、精神上受鼓舞、物质上得奖励”。

为充分调动和激发以青年员工为主体的干部人才队伍的活力，在2018年12月20日召开的中铁十七局第五届团代会上，中铁十七局党委提出了“五型人才观”，即：业绩出众的人，中铁十七局最吃香；真抓实干的人，中铁十七局最看重；忠诚企业的人，中铁十七局最尊敬；真才实学的人，中铁十七局最欢迎；善于学习的人，中铁十七局最看好。其中，“业绩为上”是根本标准，“令行禁止”是基本条件，“对企忠诚”是政治原则，“能力出众”是重要因素，“勤思善学”是进步基础。基于这一理念，中铁十七局党委创新运用竞争性选拔方式，匡正人才选任标准，净化人事工作风气，打造了多角度、多层次的选才育才工作体系，有效调动和激发了全集团干部职工实干担当、创造价值的积极性主动性，为促进企业高质量发展发挥了积极作用。

2019年1月，中铁十七局党委全面开展工程公司领导班子后备人选公开遴选工作，突出能力素质要求，坚持程序公开透明，重点把握业绩审核、公开演讲、现场答辩等3个环节，进行全面衡量比选，优选出29名忠诚于企业、能力出众的干部并纳入工程公司领导班子后备队伍。截至目前，已陆续考察使用19名干部担任工程公司领导职务，其中班子正职6人、副职6人、处级非领导职务7人。同时，中铁十七局党委大胆提拔重用在急难险重任务中贡献突出的干部，对“治乱追损”活动中敢于担当、业务精湛，价值创造成果显著的6名年轻干部，优先提拔到工程公司领导岗位上使用。

中铁十七局党委创新搭建建筑企业工程项目经理人才库，通过对企业360余个大中型在建工程项目重点绩效指标的大数据分析，科学构建起国有大型建筑企业工程项目经理的能力评价模型，配套研发数据信息系统，形成了创效、后备、失信项目经理等人才类别库，全面准确掌握企业项目经理业绩，对创效创誉业绩突出的项目经理向工程公司领导、大型项目负责人岗位上优先提拔、使用，对列入失信名单的项目经理在全集团范围内实施岗位禁入、杜绝“带亏提拔”，推进企业项目经理队伍职业化建设。

2020年新冠肺炎疫情暴发以来，中铁十七局党委在响应党中央和上级党委号召，坚决打赢疫情阻击战的同时，注重在“战疫大考”中发现和识别优秀干部，对在疫情防控、复工复产等工作中表现突出的8家先进集体和26名先进个人进行了表彰，对在援鄂等疫情防控一线上敢于担当、表现突出的3名干部按程序进行了提拔使用。

2.可持续、高质量的人才培育体系

中铁十七局党委结合企业高质量发展的人才需求，遵循人才培养和成长的客观规律，着力打造全生命周期的人才培育体系。企业制定出台《专业技术人才培养专项方案》《工程公司专业技术人才激励保障工作规定》，实行分级、分类培养，建立专业人才成长晋升的保障体系和绿色通道，构建起数量相对充足、梯次合理有序，整体配置基本满足改革发展需求的人才队伍。

2018年12月20日召开的中铁十七局第五次团代会上，中铁十七局党委提出青年人才成长的“四条捷径”：一是深入基层、扎根一线，在丰富实践中打牢事业的基础；二是瞄准新要求、掌握新知识，在解决问题中彰显个人的才干；三是勇于担当、敢于负责，在自我加压中抓住成才的机遇；四是坚定信念、永不言弃，在不断奋斗中收获成功的果实。“四条成才捷径”阐述了国有企业青年人才成长的目标、方向和路径，对企业青年员工成长成才具有实际的指导意义。

中铁十七局《专业技术人才培养专项方案》通过将专业技术人才分为新员工、初级专业技术人才、中层技术管理人才、骨干管理人才等4个类别，针对各类人才在能力、经验、需求、心理等方面的不同特点，采用差异化培养方法，因材施教、循序渐进，形成了贯穿专业技术人才职业生涯的全生命周期培育保障体系。其中，新员工通过导师带徒、岗位练兵等方式做细培养工作，突出能力培养和岗位胜任，确保顺利从学校过渡到企业；初级专业技术人才通过落实结对帮扶、业务比武、技术攻关等机制，力求在3～5年内成长为职业专精、独当一面的技术管理人才；中层技术人才采取轮岗交流、靶向培养等方式，充分挖掘其职业特长，选取一个或多个长期发展的职业方向进行深度培养，向企业专家或领导干部岗位锻炼；骨干管理人才通过后备培养、创新激励、专家选拔等方式进行重点培养，给予级别、待遇、荣誉等方面的政策倾斜，实现人才成长通道的全畅通。

中铁十七局党委制定出台《工程技术专家选拔任用管理办法》，畅通技术干部晋升成长路径。2019年12月，中铁十七局全面启动工程技术专家选拔工作，26名技术成果丰硕的人才脱颖而出，分别当选集团公司桥隧、轨道等专业领域的首席专家、一级专家和二级专家。2020年12月，中铁十七局启动经济管理类专家选拔工作，遴选18名专业水平和工作业绩突出的人才，担任集团公司经济管理高级专家和一、二级专家，打通了专业人才的晋升通道，为全集团技术人才的成长进步提供了良好的示范作用。

中铁十七局党委实行集团总部、工程公司、工程项目三级“导师带徒”签约制，以创新“传帮带”载体为手段，实现近3年一本院校新员工签约全覆盖，集团公司领导班子成员、“三总师”副职人员和总部部门负责人亲自上手带徒教学，将工作直通一线。围绕培训教育体系建设，依托企业职工培训中心和企业大学，引入开放、合作的办学理念，先后与北京交通大学、中国井冈山干部学院等国内知名院校合作举办各类中高层业务培训研修班，提升关键岗位干部人才专业水平与综合素质。同时，中铁十七局以“17局工匠”等评选为载体，每年定期举办测量、试验、物资管理、无人机驾驶、盾构机操作等工种技能大赛，激发技能人才钻研业务、提升技艺的争先创优动力，为企业高质量发展提供蓝领支撑。

3.干部人才队伍建设的市场化探索

按照“国有企业改革三年行动”相关要求，中铁十七局党委将干部人才队伍建设与市场化选人用人机制相结合，既突出国有企业的政治标准，又强调企业的市场经济主体地位，围绕提升经营活力与管理效率，对内深化劳动、人事、分配“三项制度”改革，对外打造市场化的“选用育留”系列机制，实现“干部能上能下、员工能进能出、收入能增能减”的建设目标。

中铁十七局党委落实国务院国资委、中国铁建关于“国有企业改革三年行动”的有关部署，推行国企高管人员任期制与契约化管理，落实董事会对经理层的选聘权、业绩考核权、薪酬管理权，充分激发经理层成员的活力和创造力，提升企业市场化、现代化经营水平。改革中重点把握“任期管理规范化、常态化”“突出契约目标科学性、挑战性”“落实考核结果差异化、联动化”“体现薪酬兑现强激励、硬约束”等4个重点环节，坚持业绩与薪酬直接联动，刚性执行退出管理机制，形成了“一套方案、两项配套制度、三个专项文件”的工作体系，有序指导和推进经理层成员任期制和契约化管理。

中铁十七局党委建立校园招聘毕业生高校目录，通过笔试、面试、无领导小组讨论等方式，实行“逢进必考”。制定优秀高校毕业生专项引进培养计划，为“双一流”院校优秀学子提供院校津贴、上岗补助、签约补助、人才补助等引才待遇。加强与重点院校企校合作力度，通过开展实习实训等形式多方位引进人才。创新疫情形势下的招聘模式，利用网络平台开展空中招聘、直播宣讲、线上签约，实现企业人才引进与缓解就业压力的双赢。

中铁十七局党委围绕企业投资运营和海外业务等新兴业务战略布局，加大对投融资运营管理人才和紧缺技术、管理人才的引进力度。通过与猎头公司、招聘机构合作，引进企业急需的人才，在薪酬政策、履职待遇、职业成长等方面实施“一人一策”，加快高端人才引进与使用力度。2020年以来，企业先后启动了勘察设计、投融资、区域经营等招聘工作，采取外部调入、契约化招聘方式，累计引进160名成熟技术人才，优化了企业人才队伍结构。

中铁十七局党委在《国有企业党组织落实“党管干部”的路径探索》课题中，对相关经验和启示进行了总结，具体内容摘录如下。

第一，落实“党管干部”，培养和选拔忠诚干净担当的国有企业干部队伍，对于推进国有企业治理体系和治理能力现代化具有重要意义。国有企业贯彻落实“党管干部”原则，是维护中国共产党执政理念和执政地位的实际行动，是保证党对国家社会经济建设领导的前提条件，也是国家政治稳定、经济发展和社会进步的基石，不仅关系国有企业的健康发展，更关系国民经济建设大局。坚持党对国有企业的全面领导，最直接也是最重要的体现就是“党管干部”。

第二，坚持“党管干部”原则，是推动国有企业干部队伍建设健康发展的必然要求和必需举措。优秀的国有企业干部不仅是重要的国有资产，同时也是国家社会经济发展的重要的创新驱动力量。由于各种各样的历史和现实原因，一些国有企业干部出现了贪污腐败和违法乱纪现象，造成大量国有资产流失，对国有企业健康持续发展造成了严重负面影响。新时代坚持“党管干部”原则，就是要充分发挥党的领导在干部管理中的“指挥棒”作用，加强对国有企业干部履职行为的规范约束监督，预防违法违规违纪行为发生，引导国有企业干部担当作为、做好表率，自觉承担起保障国有资产保值增值的责任和使命。

第三，坚持“党管干部”原则，是科学管理、高效使用国有企业人力资源的重要途径。立足新发展阶段，国有企业如何适应和把握我国人力资源建设的特色要求，坚持中国特色国有企业制度与市场经济体制相结合，既体现以人民为本的发展方针，又体现市场化的业绩导向，从而把最合适的干部人才选用到最适合的岗位上，这是国有企业改革发展的关键性问题。只有在国有企业中建立强有力的党的领导核心，才能将党的意图完整、全面、深刻地贯穿于企业经营管理的全过程，提升国有企业的管理水平和经济效益。

三、党建工作融入生产经营的探索与实践

在中国特色国有企业中，党组织的作用发挥是党组织参与企业治理的一条特殊路径，不仅区别于其他公司制企业，同样也区别于其他国家的国有企业。

党的十九大以前，《党章》并未对国有企业不同层级的党组织的地位和作用进行细分，而是统一表述为“党的基层组织”。党的十九大后，新修订的《党章》则把国有企业党组织按照层级分为党委（党组）和基层组织两大类，同时明确：国有企业党委（党组）的地位和作用是“发挥领导作用，依照规定讨论和决定企业重大事项”，基层党组织的职责是“围绕企业生产经营开展工作”。这条修订内容，充分体现了党中央对国有企业治理认识的深化和成熟。

以《党章》为依据，将国有企业特别是国有控股企业的党组织参与企业治理的方式分为两条路线：第一条是在同一层级上横向参与治理，主要是党委（党组）与董事会、监事会、经理层协商和协作公司治理事

项，影响企业决策、参与企业治理。第二条则是在不同层级间垂直的治理效能发挥，其主体是纵向贯穿于国有企业各层级的党组织。前者自上而下表达和推行公司治理的意图，后者自下而上落实和回应公司治理的要求。

实际工作中，党组织在企业内的各个层级设立了“全覆盖”的基层组织体系，这些基层组织和基层骨干既是贯彻落实企业党委决策部署的战斗堡垒，也是执行企业董事会、经理层各项决策的骨干力量，从事实上形成了企业决策系统与执行系统的深度融合，构成了国有企业高效的“执行矩阵”。通过设立大量基层组织，国有企业建立起了以党委为中心、党支部为节点的树状控制权实现系统。通过这一系统，党委能够有效地将决策传动至基层党组织节点，依托基层党组织的思想教育、组织活动和文化影响等功能，进行企业中不同系统、不同层级的协调控制，合理调节企业各方利益，规避内部的过度冲突和无序状态，使企业整体处于积极有序的状态，实现发展的协调有序。

对建筑企业来说，基层党组织的重要性更甚于制造业、服务业等企业。由于建筑企业是项目型公司，一个产品就是一个项目，一个项目只生产一件产品，建筑企业就是若干项目及其管理机构的集合。这就决定了建筑企业下属有众多时空高度分散的基层组织，基层治理成为建筑企业治理的核心问题。基于这一认识，2019年以来，中铁十七局党委以加强党的基层组织建设为重点，逐步构建起上下贯通、执行有力的企业党的基层组织体系和基层党建工作体系，为企业改革发展稳定发挥了积极的引领、保障和支撑作用。

1.基层党组织建设

基层党组织建设在国有企业治理中具有独特的优势和功能，可以用一句话概括为“打造强有力的基层战斗堡垒”。这一“战斗堡垒”的作用和地位主要体现在4个方面：一是宣传党的主张。基层党组织作为党的组织体系的“末梢神经”，担负着宣传党的路线方针政策以及党中央、上级党组织和本级党组织的决定、决议等重要任务，将党的意志、党的声音、党的要求和党的重大工作部署及时传达到基层，指引全体党员和职工群众的方向和行动。二是贯彻党的决定。基层党组织按照党的路线方针政策和决策部署开展工作，执行党中央、上级党委和本级党组织的决定及各项具体任务，并结合实际创造性地开展工作。三是领导基层治理。基层党组织的重要职能就是将党的领导落实到企业基层治理中去，参与及监督基层重大事项决策，保障和引领企业基层治理有序开展。四是团结动员群众。基层党组织发挥贴近和融入职工群众的天然优势，及时了解掌握基层职工群众的问题和诉求，团结和凝聚最广泛的为企业创造价值的基层力量，在引领职工干事创业中担当“主心骨”“领路人”角色。

中铁十七局党委充分发挥基层党组织在企业治理中的效能，推动党建工作重点向管理现场、施工一线倾斜，着力提升基层党组织的政治领导力、组织驱动力、队伍战斗力，为企业高质量发展提供组织保证和政治保证。

截至2021年底，中铁十七局党委下辖所属单位党委17个、党工委10个、党支部525个。企业党组织按照隶属关系，一般实行集团公司党委→工程公司党委→工程项目党支部等3级垂直管理模式。在部分工程量较大、党员人数较多的项目，根据实际情况设立党工委，党工委下设若干党支部，实行集团公司党委→工程公司党委→工程项目部党工委→工程项目分部党支部等4级管理模式。

中铁十七局党委按照全覆盖、立体化的基层党组织建设要求，落实“四同步、四对接”（党的建设和国有企业改革同步谋划、党的组织及工作机构同步设置、党组织负责人及党务工作人员同步配备、党的工作同步开展，实现体制对接、机制对接、制度对接、工作对接）要求，与企业法人设立、项目部成立同步设立党组织，同步配备党组织书记，同步明确职责任务，同步开展党的工作。中铁十七局党委制定印发《加强和改进基层党组织建设的指导意见》《党建工作标准化系列手册》，弘扬“支部建在连上”的光荣传统，将党支部建在项目上、建进作业班组，实现党建无盲区死角、无边缘地带，企业党组织在基层单位覆盖率达到100%。

中铁十七局党委结合“治乱追损”等活动，大力整治软弱涣散的基层党组织，把贯彻执行中央、上级党委和集团公司党委决策部署不力，把关作用缺失、放任违规决策，对领导干部和关键岗位人员违纪行为未有效监管，导致项目亏损和国有资产流失，以及党组织应建未建、党组织书记应配未配、党务工作不健全、党内生活不严肃的项目党组织作为整治重点，持续开展软弱涣散基层党组织整治工作。2018年以来，中铁十七局党委以软弱涣散党组织整顿为抓手，对4个工程公司、3个直管项目党组织负责人进行了岗位调整，1个工程公司、2个项目党组织书记受到警告、记过等处分，以强有力的思想教育、政治监督和执纪问责，扭转了项目亏损失信、队伍涣散的被动局面。

2.党员队伍建设

作为有着红色基因的中央企业，中铁十七局党员数量占到员工总数的近一半，是实施企业基层治理、推动企业改革发展的重要骨干力量。中铁十七局党委将基层书记队伍、党务干部队伍、党员队伍“三支队伍”建设作为夯实基层党建的关键抓手，注重发挥党组织书记的头雁作用、党务干部的表率作用和党员的骨干作用。

中铁十七局现有党员6708名，占集团员工总数的46.9%；从党员岗位统计，管理人员2687人，占党员总数的40%；专业技术人员2772人，占41.3%；工勤技术人员596人，占8.9%；离退休党员540人，占9.8%。从学历结构统计，研究生学历179人，占2.7%；本科学历3876人，占57.8%。

中铁十七局党委深入学习贯彻习近平新时代中国特色社会主义思想，在企业各级党组织深入开展“两学一做”学习教育、“不忘初心、牢记使命”主题教育和中国共产党党史学习教育等，引导基层党员拥护“两个确立”，做到“两个维护”，增强“四个意识”，坚定“四个自信”。建立党组织书记“选拔任用、岗位交流、培训提素、责任考核、监督问责”五项机制，提出“懂党务、懂业务、懂管理，会解读政策、会疏导思想、会解决问题，政治过硬、作风过硬、廉洁过硬”的“三懂、三会、三过硬”基层党组织书记培养目标，通过每年定期举办培训班、选派干部参加外部培训、加强岗位实践锻炼等途径，着力提升党组织书记的能力素质。常态化开展党委中心组学习、“三会一课”、组织生活会、民主评议党员和主题党日等党内生活，加强党员的政治理论教育、党的宗旨教育、党章党规教育和革命传统教育，创新开展党员“政治生日”、红色基地主题教育等活动，强化党员的身份意识，激励党员发挥先锋模范作用。

中铁十七局加强党员管理，针对铁路建设施工流动性大的特点，应用“互联网+”手段，推行“党员电子身份证系统”，使每一名党员都及时进入党支部和党小组，参加党的组织生活，置于党组织的监督管理下，杜绝有基层生产经营单位无党组织、有施工生产班组无党员和有党员无党组织的情况。每年定期举办发展对象培训班，在发展党员上注重控总量、提质量，做好在生产经营一线青年职工中发展党员工作，把各类技术骨干、生产骨干发展成党员，把青年职工中的优秀分子吸收为党员，确保党员队伍的先进性。

中铁十七局党委通过各种形式激励基层党员立足本职岗位干事创业、建功立业。通过在项目中设立党员责任区、党员先锋岗、党员突击队、党员服务队等，引导广大党员围绕创效创誉、降本增效、经济质量提升等重点工作创先争优、攻坚克难，争当生产经营的能手、创新创业的模范、提高效益的标兵、服务职工群众的先锋。项目党支部紧密结合生产实际和单位实际创新服务载体，开展党员群众技术帮扶、党小组科研或新技术项目攻关、党员服务品牌及党员“亮身份、亮职责、亮承诺”等活动，不断增强基层党组织的活力。

中铁十七局党委注重挖掘先进党组织和先进党员典型，发挥先进的打标立样和示范带动作用。中兰铁路项目党工委开展党员技术攻关，先后攻坚技术难题3项、创造“五小成果”8项，将48个月的建设工期优化到24.5个月，被评为企业2020年度“先进基层党组织”，并在《国企》杂志举办的庆祝建党百年“双百”评选活动中荣膺“百家标杆党支部”。中铁十七局党委、工会发掘并选树了奋战在施工一线，从事钢轨探伤工作的“钢轨医生”关改玉，其先后荣获“全国三八红旗手标兵”“全国‘最美职工’”等荣誉。中铁十七局党委及时召开汇报会、基层宣讲等活动，广泛宣传先进典型的事迹，使党员学有榜样、行有力量。

3.党建责任制考核和党组织书记述职评议

中铁十七局党委建立和实施党建责任制考核和基层党组织书记述职评议制度，以企业发展成效来检验党建工作成效。通过制度的刚性约束和指标的量化考核，进一步压实基层党组织对党建主体责任和企业发展责任的同担共抓，增强了各级党务工作者的责任意识、担当意识和赶超意识，有效提升了基层党建工作的质量和成效。

中铁十七局党委实行“动态化”的党建责任制考核与基层党组织书记述职制度，每年根据党中央、上级党委会议精神和企业重点工作部署，对相关指标进行修改、调整，坚持在全面涵盖党建工作的基础上，突出生产经营工作，考核承揽任务、完成产值、实现利润等主要经济指标。考评形式采用现场考核、报告评审、党委书记抓基层党建工作述职评议等方式进行全面综合考核，有效改变了传统国有企业党建思想政治工作定性多、定量少的做法，对各项工作目标设立参照进行细化量化，实现“软任务”向“硬指标”的转变。

中铁十七局党委健全党建责任制考核制度体系，细化任务、层层压实，构建起党建工作部署、落实、监督、考核、兑现的完整管理链条。每年年初召开的“三会”上，中铁十七局党委与所属子分公司党委签订《党建工作责任书》，所属各单位党委同各基层党组织签订《基层党建工作责任书》，基层党支部再将党建工作目标细化至每个党员的岗位和责任区，实现“横向到边、纵向到底”的党建责任全覆盖。同时，根据上级党委要求，结合不同阶段工作重点，实行定期检查与日常检查相结合、定量考核与定性考核相结合、自我评价与组织考核相结合、工作绩效与民主测评相结合的动态化管理，考核工作全过程公开，确保结果公平公正。

中铁十七局党委明确，各级党委是履行党建工作责任制的责任主体，书记是第一责任人，要亲自抓、总负责，形成“谁主管谁负责、谁负责谁落实”的工作机制。参加述职评议的党组织书记要对照上年度整改承诺、今年基层党建重点任务完成情况和巡视反映的问题等，制定整改措施和时间表、责任人，切实兑现整改承诺，防止问题“年年述、年年改、年年在”。工作实践中，中铁十七局党委着力解决“领导抓、抓领导”这个关键问题，在每年“三会”上对上年度责任目标落实情况进行奖罚兑现，有效增强各级党组织和领导班子特别是“第一责任人”的责任意识和工作动力。

4.基层党组织参与重大事项决策

截至2021年底，中铁十七局有400多个在建项目党组织，分布在30多个省份、200多个城市，以及10多个国家。中铁十七局党委制定下发《关于加强和改进基层党组织建设的指导意见》，规定项目部党组织要按照“把方向、建班子、管党员、育人才、带队伍、保稳定、促发展”的要求，按规定参与项目重大问题决策，为项目正确决策、科学管理提供可靠保证，进一步促进项目管理的科学化规范化，确保项目生产经营目标顺利完成。

中铁十七局党委印发《工程项目“三重一大”决策实施细则》和《决策事项清单》，指导企业基层党组织按规定参与项目生产经营、施工管理、行政管理等工作中的重大问题决策。项目实行“双向进入，交叉任职”的领导体制，凡涉及“三重一大”事项以及项目重大问题，包括经营目标和规划、工程承揽和任务分割、外部劳务使用、大宗物资设备采购和租赁、工程款支付、经济合同签订、工程验工计价及其他大额财务开支，以及工资奖金分配、职工奖惩、项目部人员的调配使用、重要规章制度的制定和修改等，必须先经过项目部党组织研究讨论，再由项目领导班子集体决策。

针对党组织参与项目生产经营管理等重大问题决策中不会参与、参与质量不高等困难和问题，中铁十七局党委注重选优配强项目党组织书记，选拔政治坚定、原则性强、熟悉党务、善于做思想政治工作，并懂得生产经营管理，具有大局观念和解决复杂问题能力的同志担任项目党组织书记。岗位设置上，将项目书记和项目经理放在同等职级上，做到党政主管同等地位、同等待遇、同等要求。在实施奖惩上，项目经理和项目书记同奖同罚，杜绝人为造成地位上的一重一轻、人员上的一强一弱、待遇上的一高一低。同时，制定出台《关于实施“156计划”加强项目党工委书记队伍建设的指导意见》，建立了党组织书记选拔任用、岗位交流、培训提素、责任考核、监督问责等相关机制，全面提升党组织书记政治引领、参与决策、党建业务、综合素质、沟通协调、合作共事等“六项能力”，坚持学习培训与实践锻炼相结合，全面提升企业基层党组织书记的素质能力。

5.党管意识形态

意识形态是一种观念集合，是人的观念、观点、概念、思想、价值观等要素的总和。意识形态源于社会而存在，它决定了人的行为选择，引导人的努力方向，告诉人们往何处努力、达到何种目标。意识形态受思维能力、环境、信息（教育、宣传）、价值取向等因素影响。在企业中，当作为人力资本的职工的意识形态与企业控制权目标一致时，其所选择的行为就是有利于企业的；当职工的意识形态与企业控制权目标相悖时，所选择的行为往往以牺牲企业理性为代价，保证个人目标的实现或维持。

在2016年召开的全国宣传思想工作会议上，习近平总书记强调：“经济建设是党的中心工作，意识形态工作是党的一项极端重要的工作。”意识形态工作是中国共产党的优良传统和政治优势，也是国有企业贯彻落实党的路线方针政策的重要路径之一。作为国家经济建设的重要支柱和党的建设的关键阵地，国有企业加强新形势下的意识形态工作，确保占领和牢牢守住这块激烈交锋的“主阵地”，构建起国有企业高质量发展所必需的思想和政治环境，这项任务显得尤为迫切。

2019年以来，中铁十七局党委贯彻落实党中央、国务院国资委党委和中国铁建党委部署，主动适应新时代加强党对国有企业的全面领导的形势要求，结合高质量发展的新目标，加强对干部职工的意识形态教育，在责任落实、制度建设、阵地管控等方面进行了一系列工作实践，推动党管意识形态与企业改革发展稳定工作同步推进，对中国特色国有企业公司治理结构和治理体系完善的路径进行了创新探索。

中铁十七局党委将意识形态工作纳入党建责任制考核，将意识形态工作要求体现在对领导班子、领导干部的考核评价中。所属各单位将意识形态工作列入年度计划，每半年召开1次意识形态工作专题会议，对重要情况进行通报，及时了解掌握干部职工思想动态，制定有针对性的对策措施。各级党委中心组学习中纳入党中央、上级党委关于意识形态工作的重要会议和指示精神内容，以集中辅导、专题讨论、学习交流等形式，推进意识形态理论武装和理论建设。强化形势任务教育，通过专题宣讲、职工讲堂、宣传教育、主题实践活动等多种方式，引导广大职工爱党爱国、强企报国，旗帜鲜明地抵制和反对各种错误思潮，凝聚发展正能量。

中铁十七局党委坚持以多种形式组织学习和传播习近平新时代中国特色社会主义思想，开展党支部书记、党务工作人员和党员集中轮训，用好党报党刊和特色教材，以党委中心组学习、“三会一课”、主题党日活动、教育培训等载体，采取专家授课、干部培训班现场教学等方式，不断提高党员干部职工的理论素养。落实党建联系点制度，通过领导干部下基层宣讲、调研、谈心谈话等形式，加大政治理论宣讲力度，了解掌握基层员工的思想动态，巩固意识形态阵地。结合重要节点开展精神文明建设和爱国主义教育等活动，抓好思想引领，达到暖人心、聚人心、筑同心的作用。中铁十七局及所属多家单位连续蝉联“全国文明单位”，多次获评国家政研优秀成果及山西省政研工作优秀单位。

中铁十七局党委贯彻落实“党管宣传”的原则，加强对企业“报刊网微”等内部媒体的管理以及网络、报刊、电视广播等外部媒体的沟通，严格监控讲座、报告会等意识形态阵地，保证企业媒体的正面引导和宣传工作的政治方向。加强企业内外部舆情监测，全天候监控社会舆情情况，定期审查梳理内部舆论宣传阵地运行情况，强化对“信用中国”等公示不良信息及负面舆情考核问责制度，组织专题工作小组对网络负面舆情、论坛不良言论进行坚决澄清和回击，运用行政、法律手段对造谣者及传播者进行惩治和威慑，维护国有企业品牌信誉这一“无形资产”安全。

6.“价值文化”的构建与弘扬

企业文化是企业人格化的特征。从苹果的“创新文化”到华为的“狼性文化”，从“盈利能力最大化”的万喜战略到“品质保障、价值创造”的中建信条，国内外一系列明星企业崛起的背后，不断积淀和创新的企业文化起到了强有力的支撑作用。新时代国有企业文化创新如何构建与实施，是国有企业治理的重要课题。

2019年以来，中铁十七局党委基于中国铁建文化和企业价值理论，塑造了符合国有企业实际、具有自身特色的“价值文化”，充分发挥企业文化内化于心、外化于行、润物无声的影响，凝聚和引导全体员工主动干事创业、创造价值，以柔性方式实现党组织对国有企业的治理。

中铁十七局“价值文化”的来源有两个方面。

第一，以“铁道兵精神”为基因的中国铁建文化。从中国铁建文化的成长历程看，“铁道兵精神”是贯穿始终的基因。1978年铁道兵成立30周年之际，叶剑英元帅题词称赞：“逢山凿路，遇水架桥，铁道兵前无险阻；风餐露宿，沐雨栉风，铁道兵前无困难。”这是铁道兵战斗和生产生活的真实写照，也是对铁道兵精神的高度凝练。兵改工后，中国铁建党委进一步将铁道兵精神总结为“听党指挥的大局观念，令行禁止的组织纪律，敢打必胜的顽强作风，以苦为荣的乐观态度，勇争一流的进取意识”，将传承和弘扬铁道兵精神写入企业发展战略规划，并制定专项红色文化发展规划。2021年，中国铁建发布新时代企业文化宣言，形成了以铁道兵精神为内核、品质铁建为主题的新时代中国铁建文化。

第二，以“价值创造”为核心的经济学企业价值理论。企业价值理论认为：企业的意义在于创造价值而非创造交易，企业的使命就是为股东、客户和内外部利益相关者创造价值。《国企改革三年行动方案》明确要求：国有企业必须发挥经济功能，创造市场价值，更好为党和人民服务。作为国有企业，促进国有资产保值增值、巩固党的执政基础，是为股东创造价值的体现；贯彻落实国家战略、发挥创新引领作用，是为客户创造价值的体现；服务保障社会民生，带动产业链、供应链升级，是为利益相关者创造价值的体现。提高国有企业价值创造能力，是国有企业改革的重要目标，也是高质量发展的必然要求。构建基于国有企业历史使命和行动价值的“价值文化”，为新时代国有企业文化创新提供了新的视角和探索方向。

“以客户为中心，以价值创造者为本”是“价值文化”的核心价值观，其内涵主要包括三个方面：一是为股东创造价值。作为国有企业，“为股东创造价值”有4个层面的内涵：其一，坚持做强做优做大企业、实现国有资产保值增值；其二，提高盈利能力和效益水平，为投资人创造更多投资回报；其三，积极履行社会责任，在保障社会民生、应对重大风险中担当作为；其四，坚持和加强党对企业的全面领导，成为党执政兴国的“六种力量”。二是为客户创造价值。为客户创造价值是企业的根本使命，要将客户对企业产品和服务的满意度、对企业实力和信誉的认可度作为根本的评价标准，坚持以高品质的产品和服务，提供超出客户需求的“质量剩余”，形成市场竞争的差异化优势和核心竞争力。三是为利益相关者创造价值。企业的内部利益相关者主要是员工，外部利益相关者主要是供应链合作伙伴。为内外利益相关者创造价值，要保障和增进职工福祉，形成政通人和、同心同向的良好发展局面；重视和维护合作伙伴利益，构建价值共创、利益共享、风险共担、长期共生的自有供应链。

以中铁十七局的生产经营管理活动为基准，“价值文化”表现为价值创造、价值管理、价值评价、价值保障、价值共创、价值共享、价值传播等7个方面的实践，具体内容摘录如下。

价值创造：做强做优做大企业、促进国有资产保值增值，是“价值文化”的根本目标。“价值文化”要求国有企业持续提高价值创造能力、实现高质量发展，增强国有经济的竞争力、创新力、控制力、影响力、抗风险能力。中铁十七局加快向行业价值链高端攀升，大力拓展勘察设计、投融资、运营管理等高附加值、高利润产出业务，运用PPP、EPC等新商业模式拓展客户需求，加快从施工商向投资商、总承包商转型升级，投融资、EPC、物贸物流等新兴板块保持年均50%以上快速增长，企业新签合同、营业收入等指标连续三年刷新历史纪录，市场竞争力持续增强。

价值管理：为客户提供超出预期的高品质产品和服务，是“价值文化”的行为遵循。“价值文化”要求国有企业持续增加和改进自身的价值驱动因素，不断提高产品和服务的层次和品质，为客户创造更多更好的价值。中铁十七局基于项目管理的要素控制理论，通过工期自主、制式生产、大成本管控等系列措施，提高项目标准化、精细化管理水平，构建成本优势、质量优势、品牌优势。2020年以来，大瑞、大临、玉磨等国铁集团“三大重难点工程”相继实现突破，集团及所属单位在11个省份获得13项公路信评AA级，3家单位获得全国公路信评AA级，被中国铁建评为安全生产优秀单位，10余项工程分获詹天佑奖、国家优质工程奖。

价值评价：树立“创效光荣、亏损可耻”的业绩观、人才观和价值评判标尺，是“价值文化”的实践基础。“价值文化”要求国有企业以“价值创造”为追求，突出创效创誉在选人用人、绩效考核、薪酬分配等方面的核心地位。中铁十七局从总部、子分公司、区域指挥部和工程项目等4个层面重构以“盈亏、增长”为核心的绩效考核体系，将业绩作为提拔使用干部的第一标准，营造“盈利光荣、亏损可耻”的优良文化氛围，全员成本意识和创效活力明显增强。

价值保障：推进党建工作与企业生产经营深度融合，是“价值文化”的政治保证。“价值文化”要求国有企业党组织发挥“把方向、管大局、促落实”的重要作用，紧密围绕中心任务开展党建工作，创造价值、彰显价值。中铁十七局党委创新党建工作实施路径和形式载体，制定实施《重大经济事项项目党组织书记联签制度》，将生产经营业绩与党建责任制考核、党组织书记述职评议挂钩；对太焦、玉磨等亏损项目开展巡察整改，及时扭转了项目亏损失信、组织涣散的被动局面；指导所属单位及项目400余个党组织与驻地政府、业主及合作单位搭建“党建联盟”开放式工作平台，为滚动经营和施工生产发挥了积极的保障促进作用。

价值共创：打造互惠互利、合作共赢的自有供应链，是“价值文化”的内在要求。“价值文化”要求国有企业将供应链合作伙伴作为自身的重要力量构成和竞争力来源，实现价值共创、成果共享、合作共赢，构建高质量发展的命运共同体。中铁十七局围绕企业自有供应链建设，先后制定出台了分包商年度考核、信用评价及物资集采供应等一系列管理制度，按照分包商的实力、信誉、合作情况等给予任务分配、单价、支付等方面的优惠，为推行“集群式+制式”的项目标准化、集约化管理提供了供应链支撑。

价值共享：真心实意为职工办实事、做好事、解难事，是“价值文化”的行动宗旨。“价值文化”要求国有企业坚持以人民为中心的发展观，在价值创造中不断给予职工价值分享和价值回馈。中铁十七局党委针对关系职工群众切身利益的突出问题，以“我为群众办实事”活动为契机，制定实施基层职工工资、社保兑现专项督查，专业技术人才薪酬保障及在岗问效，农民工实名制等工作机制，推动薪酬社保兑现、待遇留人、土地开发、建家建线、扶危济困等民生热点问题逐步得到解决。同时，中铁十七局各级党组织和工团组织大力开展导师带徒、劳动竞赛、劳模创新工作室等活动，“17聚”爱心基金、“17约会吧”青年联谊等活动形成品牌，9家单位、6名职工分别荣获全国工人先锋号、青年文明号、全国三八红旗手标兵等荣誉称号。

价值传播：履行国有企业社会责任、传播国有企业先进文化，是“价值文化”的社会实践。“价值文化”要求国有企业始终心系“国之大者”、担当“大国重器”，成为党执政兴国的“六种力量”。中铁十七局牢记国有企业的初心使命，在服务保障社会民生和应对重大风险事件中主动作为，积极响应党中央、中国铁建党委号召，派遣医疗队驰援武汉、远赴尼日利亚抗击疫情，定点帮扶青海甘德县、山西汾西县3个贫困村摘帽脱贫，在河南、山西等地洪灾抢险中冲锋在前，受到了地方政府及人民群众的高度赞誉，以实际行动彰显了新时代的央企实力、央企担当、央企作为。

7.以职工为本的治理理念

现代企业的职工不单纯是向企业提供简单劳动，而是对公司做出了一种人力资本投资，因此，职工也是企业控制权重要的人力资本来源。尤其是基层员工，作为企业控制权功能实现的基本单元，对国有企业治理的实施和成效有着重要影响。国有企业党组织作为职工利益的代表，通过维护职工合法权益，推动职工共享企业治理成效，将职工利益与企业利益摆在相互促进的位置而非对立面，对国有企业治理产生积极的正面影响。

随着我国社会经济的快速发展，国有企业职工的利益诉求更趋复杂化、多元化。特别是在后疫情时代，职工面临的生产、生活和心理压力增加，企业所有者、管理者和职工间的矛盾存在激化风险。国有企业工团组织作为党联系职工群众的桥梁纽带，直接承担着党的群众工作任务，肩负着新的历史条件下确保国有企业改革发展稳定的艰巨任务。发挥工团组织参与企业治理的职能，在坚持党的领导、协调劳动关系、做好双向维护等方面发挥国有企业的特殊优势，是国有企业党组织、工团组织的重要政治任务和时代课题。

在推动中国特色国有企业治理体系建设的时代背景下，中铁十七局党委围绕坚持和加强党的全面领导、协调治理主体利益分配、回应职工美好生活期盼等方面，领导企业工团组织发挥自身的独特优势，持续探索和创新工作理念、工作模式、工作载体，通过构建多样化的权力分配、利益协调和价值共享机制，形成了职工参与企业治理、维护合法权益、共享发展成果的良性机制和生动局面。

围绕“以职工为本”的基层治理方式，中铁十七局党委及工会主要从以下4个方面进行了探索实践：一是坚持党的领导。中铁十七局认真贯彻落实党中央、上级党委会议精神和制度要求，全面落实职代会制度，充分发挥职工董事、监事的参政议政作用，落实工会定期向企业和党委汇报工作制度，开展基层工会主席直选，使职工广泛参与到企业民主管理中去，并对企业制定的决策实施监督，全方位构建具有国企特色的服务型工会。二是强化权益保障。中铁十七局持续强化工团组织服务职能，改进和创新服务手段，在传统的帮扶维权的基础上推出“点单式、清单式、精准化”等一系列服务菜单，推进“工会进万家”“微心愿”等活动，以助困、助医、助学为重点，常态化开展“五送关爱”活动，通过技能培训、技术创新等方式为职工成长成才赋能。三是服务中心工作。中铁十七局大力弘扬劳模精神、劳动精神和工匠精神，各级工会组织积极组织开展劳动竞赛及测量、试验、物资、盾构操作等技能大赛，进行职工合理化建议评比等活动，积极选树劳动模范、企业工匠、岗位能手等先进典型，强化产业工人队伍建设，深入激发职工创新创造的热情。四是坚持实事惠民。中铁十七局将“我为群众办实事”纳入清单管理，梳理明确涉及职工薪酬社保、劳务人员权益保障、困难职工关爱慰问等8个方面、33项重点民生项目清单，逐一制定推进方案。截至2021年底，已完成全部既定办实事事项清单，制度化、长效化工作机制初步建立。

中铁十七局健全完善职工民主管理相关制度和机制，畅通职工群众参与企业管理的路径方式，引导职工积极投身高质量发展事业。企业先后获评中华全国总工会“全国厂务公开民主管理示范单位”、全国铁路工会“组织民主管理工作最佳‘三有’创新成果”、山西省总工会“六有”工会、福建省总工会“企业民主管理规范化建设示范单位”等荣誉称号。

中铁十七局党委建立职工薪酬社保兑现督导机制，由党委干部（人力资源）部牵头督促各单位按时发放职工工资、缴纳社保，对存在困难的单位给予帮扶，对无故新增拖欠的单位和项目严肃问责。同时，开通职工向工会反馈工资社保问题的渠道，切实保障基层职工权益。针对农民工工资发放问题，建立劳务人员薪酬发放督察督办机制，督促各单位做好劳务人员工资支付。同时，在所属单位及项目中全面推广劳务实名制，加强与地方政府的沟通联动，及时处置化解薪资矛盾，保障劳动关系和谐稳定。

中铁十七局工会印发《关于做好在岗困难职工帮扶救助工作的通知》，从三个方面加大精准服务保障力度：一是困难家庭长效帮扶。通过入户走访调查，结合职工实际需求，对20名在岗困难职工家庭逐一制定个性化帮扶措施，由工会干部及志愿者为其提供就业帮扶、医疗帮扶、助学帮扶、生活帮扶等方面的服务保障。二是受灾职工专项慰问。2021年向河南地区受灾的13个项目拨付专项慰问金7万元，对参与山西暴雨抗洪抢险的6家单位共1135人进行慰问，投入防汛救灾资金57.3万元对19个受灾项目、34户受灾职工家庭给予帮扶。同时，对受恐怖袭击爆炸影响的巴基斯坦项目进行建家建线帮扶，对46名在巴职工进行慰问。三是防疫抗疫专项慰问。制定《防疫抗疫医疗人员服务保障方案》，对出征武汉、尼日利亚抗疫的医护人员，每周末逐一入户慰问、送上生活物资，为在一线抗疫的医护人员做好后方保障工作。

针对职工家庭因大病致困需要大额帮扶，政策性帮扶资金难以有效覆盖的问题，中铁十七局于2018年设立了企业内部的公益性、互助性基金——“17聚”爱心基金，并出台了相应管理办法，通过职工自愿捐赠善款筹集资金，帮扶救助因病致贫或遭受重大灾害导致生活困难的职工家庭。帮扶范围覆盖企业职工（含劳务派遣人员）、职工供养的直系亲属及内部退养、离退休职工、职工遗属等。自“17聚”爱心基金设立以来，共筹集善款190余万元。截至2021年底，已分5个批次，累计为23名困难职工及家属提供了共计75万元的大额帮扶，拓展了职工权益保障体系和救助效果。

中铁十七局工会在全体职工中发起“万人读书活动”，开设“读书吧”“读书会”等学习交流平台，组成了职工悦读会、职工大讲堂等阅读团体，举办了一系列读书学习活动。企业累计建成包括4个“全国职工书屋”在内的各级职工书屋、职工阅读便利点114个，覆盖职工及劳务人员逾2万人。中铁十七局团委自2012年以来连续10年举办“我们‘17’约会吧”青年联谊活动，共有超过百对员工情侣步入婚姻殿堂，成为山西省、中国铁建系统具有较大影响的婚恋交友品牌。2020年8月，该活动入围全国总工会婚恋服务活动品牌。

通过落实主体责任、丰富服务载体、融洽劳动关系等举措，中铁十七局党委在巩固和发展人力资本途径的企业控制权来源，加强和完善新时代国有企业治理方面取得了积极成效，相关经验可以总结为三点：一是推动国有企业高质量发展，必须进一步提高基层治理能力，构筑职工积极参与、主动作为的企业治理体系，充分发挥全员价值创造力。二是充分发挥国有企业党组织的战斗堡垒作用和工团组织的桥梁纽带作用，通过党建、群团等工作的特殊治理途径和手段，增强党组织的企业控制权，确保党对国有企业的全面领导。三是坚持以推动企业改革发展成果共建共享、真心实意为职工办实事做好事解难事为最大公约数，增强全体职工的凝聚力、战斗力，广泛凝聚一切能够为企业创造价值的力量，形成推动国有企业高质量发展的命运共同体。

总的来看，国有企业基层党组织作为完善企业治理的特殊途径，具有独特优势和不可替代的地位，这些优势和地位可以从以下三个方面去进一步理解。

第一，控制权的实现，即充分向下传达党的意志和落实党的工作部署。国有企业基层党组织根据党员人数分别设立党委、党总支、党支部，把党的组织建到作业班组、经营网点、工程项目、服务窗口等，确保党的组织和党的工作对企业各层级的全覆盖，构建起上下贯通、执行有力的严密组织体系。依托这一组织体系，基层党组织能够高效履行宣传党的主张、贯彻党的决定的重要职责，充分、快速地将党中央的重大决策部署和上级党委的要求落实到基层一线，执行到党员个人，推动党的主张和重大决策转化为企业的战略目标、工作举措等，实现党对国有企业的全面领导。

第二，控制权的巩固，即发挥党组织和党员的政治优势。国有企业基层党组织以习近平新时代中国特色社会主义思想等党的先进理论为指导，具有广泛的先进性，拥有良好的基层群众基础和政治影响力，是国有企业特殊的、宝贵的政治资源。通过基层党组织思想政治建设、组织建设、作风建设等工作，以及基层党员先锋模范作用的发挥，能够有效团结带领广大职工拥护党的领导、执行党的决策，实现做强做优做大、促进国有资产保值增值的共同目标。

第三，控制权的强化，即广泛团结和凝聚职工力量。国有企业基层党组织及其领导的工团组织扎根于职工群众，担负着组织群众、宣传群众、凝聚群众、服务群众的重要职责，并在这一过程中建立起与职工群众直接、经常、密切的联系。通过职工权益维护、劳动竞赛、技能比武、扶危济困、建家建线、成长成才等各项工作，为职工办实事做好事解难事，赢得职工的信任和支持，进而引导职工群众听党话、跟党走，将各方面的基层力量最大限度地凝聚起来，调动推动国有企业高质量发展的一切积极因素。

国有企业控制权的配置、功能与实现路径，是中国特色国有企业治理体系建设的关键问题和前沿问题，也是新时代国有企业高质量发展重要的理论和实践基础。当前，学界对国有企业控制权的研究仍处在一个不断深化的过程中，国有企业党组织的责权和定位也随着国企改革，尤其是现代企业制度公司治理结构的健全完善而持续调整和演进。在此形势下，从控制权角度探讨和构建中国特色国有企业治理方案，不仅为党组织作为国有企业出资人代表和特殊治理主体，合理合法“融入”和“嵌入”公司治理结构提供了全新视角，也是对源于西方的现代企业制度的一种补充和完善，亦将为全世界国有企业治理提供新的思路和政策选择。